Les Industri

Métiers et professions en France

Emile de La Bédollière

Alpha Editions

This edition published in 2023

ISBN : 9789357952897

Design and Setting By
Alpha Editions
www.alphaedis.com
Email - info@alphaedis.com

Contents

INTRODUCTION.

Le seul moyen de connaître les véritables mœurs d'un peuple, c'est d'étudier sa vie privée dans les états les plus nombreux; car s'arrêter aux gens qui représentent toujours, c'est ne voir que des comédiens.

J.-J. ROUSSEAU.

Cet ouvrage a pour objet de peindre les mœurs populaires, de mettre la classe aisée en rapport avec la classe pauvre, d'initier le public à l'existence d'artisans trop méprisés et trop inconnus.

Ce n'est guère que depuis un demi-siècle que cette masse laborieuse qu'on appelle le peuple est comptée pour quelque chose. De la foule obscure et dédaignée, de la gent taillable et corvéable à merci, on a vu sortir des capitaines, des poëtes, des savants, des artistes, des jurisconsultes, des mécaniciens, des commerçants, des hommes qui ont remué le monde avec la pensée ou l'action; et pendant que de brillantes individualités surgissaient, la multitude elle-même, longtemps comprimée, étendait ses membres robustes, redressait la tête, rêvait la gloire, la science, le bien-être, devenait si grande, si forte, si puissante, qu'il faudra tôt ou tard remanier pour elle la législation et la société. Comment y réussir? quelles théories réformatrices méritent d'être prises en considération? C'est ce qu'ont à débattre les économistes et les hommes politiques. Quant à nous, nous nous sommes bornés à étudier des types, à nous rapprocher des ouvriers, pour en tracer le portrait d'après nature. Deux amis ont voyagé de conserve; ils ont exploré les villes et les campagnes; ils ont cherché des modèles dans les ateliers, dans les chaumières, sur les grandes routes, sur les places publiques; ils ont constaté les nuances distinctives que crée entre les travailleurs l'influence transformatrice des occupations habituelles; et ils offrent au public le fruit de plusieurs années de patientes investigations[1].

[1] *Les industriels* sont en préparation depuis 1837.

Les moralistes d'autrefois ne pensaient guère au peuple; au delà du grande monde il n'y avait pour eux que le néant. «Ariston est d'une haute naissance; il a de l'esprit et du mérite, mais il se souvient trop qu'un de ses ancêtres est mort à la première croisade. Ceux qui n'ont que dix quartiers sont à ses yeux de petites gens; son blason est sculpté sur toutes les murailles de son hôtel; les panneaux de son carrosse sont décorés de ses armoiries; il voudrait faire savoir à toute la terre qu'il est noble comme un Bourbon, et qu'il monte dans les carrosses du roi. On assure qu'il est assidu près de Bélise; elle est jolie; mais pourquoi tant de mouches et de rouge? D'où vient qu'elle persiste à se défigurer en essayant de s'embellir? Mondor et Cléobule sont les rivaux d'Ariston; que dirai-je de Mondor, si ce n'est qu'il doit son crédit à ses richesses, et que ses vertus sont dans ses coffres-forts? Vous regardez Cléobule comme un bel esprit, parce qu'il babille avec suffisance, élève la voix, ouvre bruyamment sa tabatière d'or, rit, plaisante, fredonne l'ariette à la mode, et possède le jargon des ruelles; mais Cléobule n'est qu'un fat impertinent.»

Voilà les physionomies que les observateurs saisissaient jadis, au milieu d'une société guindée, roide, conventionnelle. Ils ne descendaient jamais dans la rue; aucuns même établissaient une distinction injuste entre le *peuple* et les *honnêtes gens*. Le théâtre seul osait placer sur le second plan des valets, des jardiniers, des laboureurs, Lisette, Frontin, Pierrot, Mathurin; mais les premiers rôles étaient généralement réservés à la classe supérieure, à Damis, Clitandre, Orgon, Florval, Melcour ou Dormeuil. La manie de mettre en scène des gens riches n'a jamais été poussée plus loin que dans les vaudevilles représentés sous la Restauration; on n'y voit que des millionnaires; on y traite en bagatelles les sommes les plus considérables. Frédéric de Luzy manque provisoirement de fonds pour offrir une corbeille de mariage à Cécile Dormeuil, la somnambule. «Comment, morbleu! lui dit aussitôt Gustave de Mauléon, ne suis-je pas là? et si une vingtaine de mille francs peuvent d'abord te suffire...» puis, après le couplet obligé (*tirant son porte-feuille*): «Tiens, voilà toute ta somme.»

Au lieu de nous transporter au sein d'un monde doré, chimérique, invisible à l'œil nu de la majorité des mortels, pourquoi n'avoir pas observé la classe ouvrière? N'est-ce pas la seule qui, n'étant pas nivelée par l'instruction universitaire, n'étant pas soumise à certaines convenances invariables, ait conservé toute la verdeur de son originalité primitive? N'est-ce pas chez elle que l'on trouve variété de costumes, variété de mœurs, variété de caractères, tandis que les rangs plus élevés ne présentent qu'une monotone uniformité? Quand on contemple les travailleurs, ne leur applique-t-on pas involontairement ce que Virgile dit des abeilles laborieuses:

«Dans ces petits objets que de grandes merveilles!»

En dessinant des tableaux populaires, nous croyons avoir été mieux inspirés que si nous nous étions traînés sur les traces de nos devanciers, que si nous avions ressassé, pour la centième fois, les qualités et les travers de la bourgeoisie.

Notre cadre restreint ne nous permettait pas de vous entretenir de tous les industriels. Considérez, en effet, qu'il faut distinguer parmi eux ceux qui produisent ou transforment la matière première, et ceux qui vendent les articles fabriqués; que les métiers, correspondant à tous les besoins de la vie, se divisent en métiers d'aliment, d'habillement, de logement, d'ameublement, de transport, etc., et qu'à chacune de ces classes appartient, directement ou par analogie, un très-grand nombre de corps d'états; il a fallu nécessairement choisir les figures les plus tranchées, les plus excentriques: c'est ce que nous avons tenté de faire.

L'on trouvera peut-être le ton de ce livre trop sérieux; il n'est pas, en effet, de nature à plaire à ceux qui veulent s'amuser de toutes choses et à tout prix. Certes, un écrivain ne doit point repousser la saillie qui naît du sujet même; mais sacrifier constamment le côté grave au côté plaisant, grimacer, gambader, pirouetter, pour arracher un sourire aux lecteurs; amonceler les bouffonneries les plus grotesques, les pointes les plus bizarres, au détriment de la vérité, c'est un rôle qu'il faut laisser aux acteurs des parades. Dans beaucoup de livres publiés récemment, sous prétexte de peindre les mœurs, les auteurs n'ont qu'une intention, celle de faire rire. Ils n'hésitent jamais entre l'incertitude et un bon mot; il semble, à les voir secouer leurs grelots, que les gens de lettres ne soient que les fous en titre d'office du public souverain.

Tel n'est pas sans doute le but de la littérature; sa mission est d'instruire, d'éclairer, de moraliser. Si l'on peut glaner dans les *Industriels* quelques enseignements utiles, si nos esquisses ouvrent aux lecteurs une source de fructueuses méditations, nous serons amplement dédommagés de nos travaux.

E. DE LA BEDOLLIERRE.

Le Suisse d'Eglise.

I.
LE SUISSE DE PAROISSE.

. . . . Marchant à pas comptés,
Comme un recteur suivi des quatre facultés.

(Boileau, satire III.)

SOMMAIRE: Le Suisse dans les petites villes et les villages.—Ses occupations à Paris.—Règlement à son usage.—Qualités qu'on exige de lui.—Ancienne profession qu'il exerçait.—Sa patrie.—Ses prétentions à la beauté physique.—Son rôle dans les processions.—Ses appointements.—Son casuel.—Autres serviteurs de l'église.—Bedeau.—Sacristain.—Sonneur.— Donneur d'eau bénite.—Enfant de chœur et Chantre.

Puisque nous allons faire défiler devant vous une procession d'industriels, trouvez bon que nous commencions par le Suisse, auquel la nature de ses fonctions donne le privilége d'ouvrir la marche. Il va donc s'armer de son étincelante hallebarde, pencher sur l'oreille son bicorne galonné, et poser majestueusement devant nous.

Le Suisse, à l'état de fonctionnaire permanent, ne se trouve qu'à Paris et dans les grandes cités. Pour faire un Suisse de petite ville, on recrute dans sa boutique un cordonnier ou un tisserand, on l'accoutre le dimanche d'un habit rouge d'arracheur de dents, et, déguisé de la sorte, on l'expose à l'admiration ou aux inconvenantes railleries des fidèles. Nous signalons aux adversaires du cumul le Suisse de campagne, tout à la fois bedeau, sacristain, sonneur et fossoyeur, maître Jacques des paroisses rurales. A Paris, la multiplicité des occupations nécessite la division du travail, et le Suisse préside seul à la police intérieure du temple. Il y entre le premier et en sort le dernier. Habitant de quelque recoin des bâtiments ecclésiastiques, à cinq heures et demie en été, à six heures et demie en hiver, il pénètre dans l'église par une porte latérale. Il parcourt la nef, le chœur, les bas-côtés, examine si tout est en ordre, si des voleurs sacriléges ne se sont pas introduits dans l'enceinte confiée à sa garde; puis il ouvre les portes, et commence dans l'église sa promenade quotidienne. Par intervalles, le fer de sa canne à pomme d'argent, la lance de sa hallebarde, retentissent sur les dalles sonores. Il poursuit avec une sainte colère les chiens intrus dont les aboiements troublent l'office divin, expulse les perturbateurs, précède les familles, joyeuses ou éplorées, aux baptêmes, aux mariages, aux convois; et le soir, vers sept heures et demie, ayant dûment visité l'église, il en referme les portes, et retourne dans ses foyers. Alors

Le masque tombe, l'homme reste,

Et le *Suisse* s'évanouit.

Pour que le Suisse ne perde jamais de vue ses devoirs, ce à quoi la faiblesse humaine est malheureusement exposée, ils sont énumérés sur un tableau appendu aux parois de la sacristie. Cette monographie ne serait point complète, si nous ne donnions un spécimen de ce code de notre fonctionnaire. Voici donc les principales dispositions du règlement affiché dans la sacristie de la paroisse Saint-Eustache:

ART. 1. Les Suisses sont au nombre de deux.

2. La fonction des Suisses est d'ouvrir et de fermer les portes de l'église, de veiller à y maintenir le bon ordre et la décence, soin qui leur est particulièrement confié; de marcher à la tête des processions et autres cérémonies; de précéder M. le curé dans toutes ses fonctions curiales; d'ouvrir le passage à l'ecclésiastique qui fait la quête les dimanches et les jours de fêtes; d'amener Messieurs les membres de la Fabrique à l'offrande, et de les reconduire à leur place; d'aller chercher M. le prédicateur, et de le ramener à sa chambre après le sermon; d'introduire messieurs les Marguilliers et les membres des sociétés de charité lors des assemblées, etc.

3. Il leur est enjoint de réprimer ceux qui causent du tumulte dans l'église; d'empêcher qu'on y entre avec des paquets ou des provisions; de ne pas y souffrir des personnes portant des papillotes, qu'ils doivent avertir doucement de sortir quelques minutes pour se présenter avec plus de décence.

4. Les Suisses ne se tiennent jamais à la sacristie, mais dans l'église.

5. Les portes de l'église doivent être ouvertes une demi-heure avant la première messe, et fermées une demi-heure après la prière du soir, excepté le samedi et la veille des grandes fêtes, à cause des confessions, etc., etc.

Il est facile de voir, par les prescriptions ci-dessus, que l'emploi de Suisse est un poste de confiance. Aussi ne l'accorde-t-on qu'à un brave et honnête homme, sur la moralité duquel le soupçon n'a jamais mordu. Les renseignements les plus minutieux sont pris sur sa vie publique et privée. On veut qu'il ait dépassé l'âge de l'inexpérience et des escapades; quelques cheveux gris ne le déparent point. Si l'on apprenait qu'il est enclin à *boire comme un Suisse*, on lui en refuserait inévitablement l'emploi; et quand il se laisse aller à vider quelque bouteille, c'est le soir, clandestinement, afin que, le lendemain, rien dans son allure ne trahisse une débauche inaccoutumée.

Le clergé, qui a horreur du sang, et dont le blason portait le mot PAX pour devise, le clergé tire habituellement le Suisse des rangs de l'armée. Le Suisse de la Restauration sortait de la vieille garde impériale; celui de 1841 a également appartenu à un corps d'élite, à la garde royale, ou à la maison militaire de S. M. Charles X. Il passe brusquement de la vie mondaine, tumultueuse et déréglée d'un soldat, à l'existence paisible, dévote et presque contemplative d'un clerc. Par intervalles, en voyant sur ses omoplates les riches épaulettes de colonel, il peut s'imaginer qu'il est resté au service, et qu'il a fait son chemin. Frivole illusion! Victime des bouleversements politiques, il a failli perdre la vie le 28 juillet 1830. Blessé et demi-mort d'inanition, il a été secouru par un bourgeois compatissant; quelques jours après, on lui a fait savoir que son régiment était licencié. Sans ressources, éloigné de son pays natal, il est venu demander l'hospitalité à la porte d'une église, et on l'a accueilli, le pauvre soldat, en considération de ses bonnes mœurs et de ses cinq pieds six pouces.

Notre héros ne ressemble pas au *factotum* du magister Perrin-Dandin, à ce Petit-Jean

> *Qu'on avait* fait venir d'Amiens pour être Suisse.

Presque toujours le Suisse de paroisse est un véritable enfant de l'Helvétie, ou des contrées voisines. S'il était appelé à prendre la parole, on entendrait sortir de sa bouche des locutions qui dévoileraient son origine tudesque; heureusement pour nos oreilles, le Suisse est un personnage muet. On n'exige de lui ni éloquence, ni brillantes capacités. Il lui suffit de pouvoir rivaliser, par la stature, avec les tambours-majors de la ligne et les géants élevés de six pieds *au-dessus du niveau de la mer*. C'est un Hercule converti, un demi-dieu païen soumis à la loi chrétienne. Aussi comme il est orgueilleux de sa beauté! comme il se pavane, comme il s'admire! Chaque jour il cherche à rehausser ses charmes naturels en ajoutant de l'or, des galons, des broderies à son costume. Il fatigue le tailleur, il harcèle le passementier d'indications minutieuses. Il essaie tour à tour de la culotte courte et du pantalon collant, et ne se croit jamais assez élégamment harnaché.

Pourtant, que sa prestance est imposante! que de chuchotements élogieux sa tournure martiale lui obtient! Quel effet il produit à la tête des processions! Qu'est devenu le temps où elles se déroulaient solennellement dans les rues, entre deux haies de draps blancs et de bouquets, sur un sol jonché de fleurs? Alors la foule ondulait à l'approche du Suisse. Les pères, prenant leurs enfants dans leurs bras, le leur désignaient du doigt; les gamins du quartier s'échelonnaient sur les bornes pour l'apercevoir, ou perçaient les groupes pour toucher son baudrier. Les plus familiers le saluaient par son nom, ravis de prouver publiquement qu'ils connaissaient le superbe dignitaire....

L'audace *de notre âge* arrêtant ce concours,

En des jours ténébreux a changé ces beaux jours.

Si le Suisse est fier de sa personne, chaque paroisse est fière de son Suisse, tâche d'éclipser ses compagnes en le choisissant de carrure irréprochable, et prodigue les oripeaux et les dentelles pour lui assurer la supériorité. Dans les occasions importantes, on emprunte un Suisse comme un meuble!

Un pasteur écrit à un autre:

«M. le duc de C*** et Mlle la vicomtesse de X*** se marient; ils recevront demain la bénédiction nuptiale en notre paroisse. Ayez la bonté de me prêter votre Suisse; le nôtre a beaucoup maigri depuis sa dernière maladie, et il a deux pouces de moins que le vôtre.»

Lors des funérailles des victimes de Fieschi, il y eut une espèce de concours entre les Suisses de toutes les paroisses de Paris. L'honneur de figurer à la cérémonie funèbre échut à celui de Saint-Leu, homme remarquable entre tous par l'élévation de sa taille, la régularité de ses traits et la noblesse de son maintien. Il a reparu avec avantage au service du maréchal Lobau.

Les appointements fixes du Suisse ne montent pas à plus d'une quarantaine de francs par mois; mais le casuel qu'il perçoit aux mariages, aux funérailles, et surtout aux baptêmes, porte ses émoluments à douze cents francs par an. Dans les villes où nos pères ont bâti quelque admirable cathédrale, riche de sculptures naïves et de délicates dentelles, à Rouen, à Bourges, à Chartres, à Amiens, le Suisse augmente ses revenus en servant de *cicerone* aux voyageurs. De peur d'être éconduit, aussitôt après l'office il ferme le chœur et les chapelles principales. Les étrangers arrivent, avides de voir le tombeau de Georges d'Amboise ou de Louis de Brézé; malheureusement une balustrade les en sépare. Le Suisse se présente, complaisant mais avide, poli mais peu désintéressé, s'imposant comme un garnisaire, comme une condition *sine qua non*; il guide les curieux, et, sa tâche accomplie, il se place à la porte, comme un tronc vivant, de sorte que les voyageurs passent tour à tour par les fourches Caudines du *pour-boire*.

Le Suisse de ce genre n'est pas Suisse. Français de naissance et de cœur, il rançonne surtout les *gentlemen*, en se disant: «C'est autant de pris sur l'ennemi.»

Le Suisse est le plus brillant, le plus éblouissant, le plus voyant des serviteurs de l'Église. Il surpasse en éclat ses collègues, le Bedeau, le Sacristain, le Sonneur, le Donneur d'eau bénite, l'Enfant de chœur et le Chantre. En vain ils prétendent marcher de pair avec lui; le public, juste appréciateur du mérite, reconnaît la qualité supérieure du Suisse. Le Bedeau seul pourrait l'égaler, s'il n'avait dans ses attributions la tâche humiliante de balayer l'église, et d'être envoyé en courses comme un simple commissionnaire.

Dans les paroisses parisiennes, le Bedeau portait autrefois une règle en baleine, et une robe dont la couleur variait suivant que l'église était sous l'invocation d'un martyr, d'une vierge, ou d'un saint roi. Il est vêtu aujourd'hui d'un habit noir à la française, d'un gilet-veste, d'une cravate blanche, d'une culotte courte, et de bas de soie noire. Il a au côté une épée à poignée d'acier, et à la main un petit bâton d'ébène garni d'argent. C'est sous ce costume de gentilhomme que le Bedeau suit les processions, pour les empêcher d'être coupées, accompagne le prêtre qui quête, et crie d'une voix cadencée: «Pour les besoins de l'Église, s'il vous plaît.»

Le Sacristain prend soin du luminaire, des ornements, du vestiaire, pare ou dégarnit les autels. Le Sonneur gagne quatre cents francs par an à sonner l'*Angelus* et le salut, et à carillonner les grandes fêtes. On l'accuse d'aimer le vin; mais soyez convaincus qu'il en consomme autant par nécessité que par inclination. Que le Muezzin boive de l'eau, après avoir jeté quelques syllabes du haut d'un minaret; mais il faut du vin au Sonneur. Chaque secousse qu'il imprime à la masse métallique lui coûtant plus d'une goutte de sueur, ne serait-il pas bientôt réduit à la sécheresse d'une momie, s'il ne réparait cette effrayante déperdition de fluide? La quantité de liquide qu'il absorbe est toujours en raison directe du volume de la cloche. Si les hommes qui mettaient en branle *la Rigaud* ont donné lieu au proverbe: *Boire à tire-la-Rigaud*, c'est que cette cloche de la cathédrale de Rouen était de dimensions extraordinaires.

Le Quasimodo parisien ne partage point les préjugés de celui de province; il ne s'aviserait jamais de sonner les cloches pendant l'orage, sous prétexte de le dissiper; pratique superstitieuse qui a été la cause de nombreux accidents. Aussi, le 8 juillet 1841, à Carlucet, près de Cahors, le bourdonnement de la cloche s'unissait au roulement du tonnerre, quand la foudre tomba sur le clocher, renversa les meubles du presbytère, et mit en pièces les boiseries.

Vieillard infirme, parfois contrefait, le Donneur d'eau bénite ne reçoit d'émoluments que les aumônes du curé et des fidèles. La mort ne sera qu'un changement de cercueil pour ce pauvre homme claquemuré entre quatre planches, attaché à sa place comme un polype à un écueil, et ne bougeant que pour avancer un maigre bras armé d'un goupillon.

L'Enfant de chœur, au contraire, est plein de sève juvénile. On a peine à contenir sa pétulance, à l'empêcher d'aller jouer à *la tapette*, au lieu de solfier avec le maître de musique et de répéter son catéchisme. La Fabrique paie ses mois d'école, et lui accorde, en outre, une gratification proportionnée à son mérite. Si ses dispositions musicales se développent, l'ingrat abandonne brusquement l'Église pour l'Opéra. Il est vrai que, reconnaissant envers la paroisse, il y reste souvent attaché en qualité de Chantre, psalmodiant au lutrin pendant la journée, et chantant le soir *le vin, le jeu, les belles*. Presque tous les Chantres de Paris sont Choristes en divers théâtres.

On a vu des enfants de chœur devenir menuisiers, mais d'autres aussi se sont acquis un renom dans les arts. On assure que Duprez a fait ses premiers débuts à Saint-Eustache. Un célèbre compositeur de musique sacrée, Nicolas Rose, entra comme enfant de chœur à la collégiale de Beaune à l'âge de sept ans, en 1752, et étudia avec tant d'ardeur, qu'à dix ans il fit exécuter un motet à grand orchestre qu'il avait composé. Ce bel exemple devrait être écrit en lettres majuscules dans la salle d'étude des enfants de chœur.

Si quelque critique vétilleux nous accusait d'avoir placé à tort les serviteurs de l'église au rang des industriels, nous lui objecterions qu'indépendamment de leurs fonctions cléricales, tous exercent des métiers; les uns sont concierges, et confient à leurs femmes la garde de la porte pendant qu'eux-mêmes s'acquittent de leurs devoirs à l'ombre des gothiques arceaux; d'autres sont tailleurs, cordonniers en vieux, fabricants de paillassons, marchands d'allumettes, etc. Les personnages ci-dessus décrits ayant deux cordes à leur arc, nous avions donc doublement le droit de les incorporer dans notre collection physiologique.

Le Pêcheur des Côtes.

II.
LE PÊCHEUR DES CÔTES.

Or, un jour qu'il marchait le long de la mer de Galilée, il vit Simon, et André son frère, qui jetaient leurs filets dans la mer, car ils étaient pêcheurs.

SAINT MARC.

SOMMAIRE: Mœurs générales.—Esprit religieux des pêcheurs.—Leurs journées.—Femmes de pêcheurs.—Pierre Coulon.—Humanité des pêcheurs.—Amour des pêcheurs pour le sol natal.—Pierre Vass.—Le trou à Romain Bizon.

Ce serait un curieux et pittoresque voyage: s'embarquer sur un caboteur, et, de port en port, de village en village, visiter tout le littoral de la France; aller de Dunkerque à Bayonne dans l'Océan, de Port-Vendre à Cannes dans la Méditerranée; voir tour à tour défiler les dunes onduleuses du Nord, les blanches falaises de Normandie, les âpres rochers du Finistère, les riants bocages de la Vendée, les landes boisées de la Gironde; et, se mêlant à la population amphibie des côtes, étudier de près matelots, pêcheurs, douaniers, maréyeurs, paludiers; tous ceux qui vivent de la mer, en sillonnent l'étendue, en sondent les abîmes, en affrontent les redoutables caprices!

Les pêcheurs surtout forment une race à part, d'autant plus digne d'être observée, que, par son genre de vie et ses habitudes, elle contraste complétement avec les ouvriers de l'intérieur. Partout elle offre des traits de caractère communs, quoiqu'elle soit échelonnée sur un littoral dont le développement est de plus de 390 lieues marines. L'espèce des poissons qu'elle enlève à leurs liquides retraites varie suivant les parages; les agrès employés se modifient selon les localités et la nature de la proie que l'on poursuit; mais, au midi comme au nord, on retrouve chez les pêcheurs un esprit et des mœurs analogues. Celui qui harponne le thon, près de Marseille, diffère peu du Normand qui approvisionne la halle de Paris, ou du Breton qui tente, par l'appât de la *rogue*, les bancs de sardines voyageuses. Sur tous les points ce sont les mêmes cabanes tapissées de filets, à demi enterrées dans les sables, ou perchées comme des nids sur la cime des rochers. Ce sont les mêmes hommes à la figure mâle, aux jambes nerveuses, au teint hâlé; actifs, agiles, infatigables, sobres autant par tempérance que par nécessité, affranchis des vices et de la corruption par l'isolement et le travail.

L'entraînement des plaisirs, les objections des sceptiques, les mille soins des affaires mondaines ont étiolé la foi dans le cœur des citadins. Chez les pêcheurs, elle survit profonde comme la mer, inébranlable comme le rocher. Ignorant toute science humaine, ils n'analysent ni ne raisonnent; mais la majesté de l'Océan les impressionne invinciblement. Le mouvement régulier ou tumultueux de la masse liquide leur atteste la présence de l'intelligence suprême; il y a dans les marées et les orages, dans le calme et la rafale, dans l'harmonie et le désordre, une voix mystérieuse qui parle de Dieu.

Aussi la religion préside à tous les actes importants de l'existence des pêcheurs. Lancent-ils une chaloupe, ils la font bénir et baptiser par leur pasteur; vont-ils pêcher le hareng en vue de Yarmouth, la morue à Saint-Pierre Miquelon, ils entendent avant leur départ une messe solennelle; ont-ils échappé à quelque formidable grain de vent, ils montent à la chapelle de Notre-Dame-de-Grâce, s'agenouillent avec recueillement, psalmodient de simples cantiques, et implorent le Maître qui choisit parmi les pêcheurs ses premiers apôtres et le chef de son Église.

Tout enfants, les habitants des côtes sont exercés à recueillir sur les grèves les salicoques, les palourdes et autres coquillages; et aussitôt après leur première communion, ils accompagnent leur père à la pêche. On part à la marée montante, et l'on profite du nouveau flux pour revenir; ainsi douze heures sur vingt-quatre, la moitié de la vie des pêcheurs, se passent en mer. Leur chaloupe est à la fois leur atelier, leur réfectoire, leur dortoir et leur magasin.

Non moins laborieuses que leurs maris, les femmes des pêcheurs tendent des lignes le long du rivage, raccommodent les filets, ramassent les huîtres sur les rochers, portent le poisson au marché, sans négliger, toutefois, les soins du ménage et l'éducation d'une postérité toujours nombreuse. Elles épient le retour de leurs époux, et, quand ils rentrent au port, aident à décharger les chaloupes sur lesquelles le produit de la pêche étincelle en monceaux argentés. Souvent, hélas! elles attendent en vain; souvent il ne revient au rivage que des agrès rompus et des cadavres défigurés! Récemment encore, dans les premiers jours de juillet 1841, une foule nombreuse était rassemblée sur le rivage de Saint-Valery-sur-Somme, une violente rafale refoulait les eaux du fleuve, et l'on apercevait au loin un homme cramponné à la quille d'une barque chavirée. Sur ses épaules était un enfant, dont les faibles bras serraient convulsivement le cou de son père, et le triste couple flottait ballotté par les vagues.

Un pêcheur avait mis son canot à la mer, et, parvenu après de longs efforts à peu de distance des naufragés, il leur tendait une gaffe, que le père essayait de saisir d'une main, sans quitter la quille à laquelle il était suspendu. En ce moment une femme, portant dans un panier du pain et des légumes cuits à l'eau, rejoignit les spectateurs de cette scène de désolation. «Qu'est-ce qu'il y a donc?» demanda-t-elle.—Regardez!» lui dit un ouvrier du port; «c'est Pierre Coulon qui se noie avec son fils.»

C'était la femme du pêcheur; avant le soir, c'était sa veuve.

Les pêcheurs, qui hasardent leur vie par métier, savent l'exposer au besoin pour le salut des marins en péril. Ils ont jeté la corde de sauvetage à bien des matelots échoués; ils ont halé hors des flots bien des victimes, recueilli sur les récifs bien des malheureux demi-noyés, obtenu bien des récompenses publiques. Le Dieppois Boussard, qu'on avait surnommé le *Brave Homme*, a trouvé plus d'un successeur parmi ses compatriotes. Une seule de nos côtes, celle du Finistère, a longtemps été redoutable aux navires en détresse. Les habitants plaçaient une lanterne entre les cornes d'une vache, dont ils attachaient la tête à la jambe droite avec une corde. L'animal, en pliant le genou pour marcher, baissait et relevait alternativement le front, et les mouvements qu'il communiquait à la lanterne imitaient ceux d'un fanal. Les matelots errants croyaient voir en ces lueurs vacillantes un guide fidèle vers une plage hospitalière; mais trompés par une fraude infâme, ils se précipitaient d'eux-mêmes sur les écueils, et à leurs derniers cris répondaient les sauvages clameurs des pirates. Ces actes de barbarie ont heureusement cessé; le pêcheur breton est, comme autrefois, avide d'épaves, mais l'amour du pillage n'étouffe point en lui tout sentiment d'humanité.

Aucune classe d'hommes ne pousse plus loin l'affection pour le sol natal. On tenterait en vain de les naturaliser ailleurs qu'aux bords de la mer, où ils sont nés, où ils veulent mourir. Leurs précaires et chétives cahutes leur sont plus chères que des palais. Quelquefois les sables mouvants, que le vent pousse en monticules immenses, engloutissent des hameaux entiers. Un beau matin les habitants, tout stupéfaits de ne pas voir lever l'aurore, s'aperçoivent qu'ils ont été ensevelis à domicile, mettent le nez à la cheminée, sortent par le tuyau, et déblaient patiemment le terrain. En d'autres parages, la côte est bordée de falaises, dont les pêcheurs occupent les plates-formes, tandis que la mer en ronge lentement le pied. Voilà pourtant quelles demeures plaisent à ces hommes familiarisés avec tous les dangers des flots, des vents et des récifs.

Pierre Vass s'était établi sur la côte du Calvados, entre le bourg d'Armanges et le fort de Maisy, à peu de distance de Grandchamp. Pierre Vass avait perdu sa femme; le dernier de ses fils était mort à Trafalgar, et il ne lui restait qu'une fille de douze ans. Quoique ayant dépassé l'âge mûr, il était encore assez robuste pour pêcher, avec le concours de sa fille. Logé dans une cabane, en haut d'une falaise escarpée, il descendait à la mer par des degrés pratiqués dans le sol crayeux. Il jalonnait dans le sable des pieux auxquels la petite Louise attachait de longs filets, et, à la marée basse, les soles, les merlans, les cabillauds, les carrelets, étaient pris au passage en remontant vers la pleine mer.

Les voisins de Pierre Vass lui adressaient parfois des observations sur le peu de sûreté de son domicile. Les lames minaient la falaise, qui s'en allait lambeaux par lambeaux. «Ma maison n'est peut-être pas bien solide,» disait Pierre Vass, «mais j'y demeure depuis trente ans; tous mes enfants y sont nés; ma pauvre femme y a vécu... que Dieu me rapproche d'elle quand il le jugera à propos! je veux mourir entouré de mes vieux souvenirs.»

Un jour, une tempête horrible éclata; les lames battaient la falaise avec furie; le vent courbait la maison de Pierre Vass, et les rochers se lézardaient en craquant. Le vieux pêcheur, d'humeur habituellement mélancolique, était plus rêveur qu'à l'ordinaire. De temps en temps il entr'ouvrait la fenêtre pour regarder au dehors, puis venait se rasseoir, et demeurait la tête appuyée sur ses mains, comme en proie à une étrange hallucination.

«Louise,» dit-il à sa fille, «prends ce panier de poissons, et va le porter à ton oncle de Grandchamp.

—Par le temps qu'il fait, mon père!

—Il régale des amis demain, et il a besoin de provisions. Allons, dépêche-toi,» ajouta le vieux pêcheur, avec une brusquerie mêlée d'une indéfinissable expression de tendresse.

Louise était accoutumée à l'obéissance passive, et elle fut bientôt prête. «Adieu, mon père; je reviendrai ce soir.—Non; couche chez ton oncle; tu rentreras demain. Adieu, mon enfant, adieu; le ciel te garde!»

Il l'embrassa avec effusion, s'arracha de son étreinte, et la laissa s'éloigner en la suivant longtemps d'un œil humide. La maison de Pierre Vass et cinq vergers voisins disparurent pendant la nuit!

Cet attachement du pêcheur pour les rochers de son pays, pour les flots nourriciers, pour les avantages et les dangers même de sa profession, fait qu'il se soumet au service militaire avec une insurmontable répugnance. Ce n'est pas qu'il soit lâche; il montre au contraire une bravoure éprouvée. Séparé de la mort par quelques planches fragiles, il se lance en pleine mer, et se laisse bercer insoucieusement au gré des lames orageuses. Des pêcheurs de Portsmouth ou de Jersey lui cherchent-ils querelle, il ne recule point devant une lutte qui lui procure l'occasion de venger *son empereur*. Mettez-le en réquisition pour la marine, installez-le sur un vaisseau de guerre, et il ne bronchera point devant les bordées tonnantes. Mais ne lui embarrassez pas la tête d'un schako, les mains d'un fusil, les reins d'une giberne; il serait à la caserne comme un goéland en cage, pauvre oiseau dont les ailes, accoutumées à se déployer entre le ciel et l'eau, sont meurtries par d'étroits barreaux. On ne parviendrait point à transformer le pêcheur en soldat; il succomberait à l'ennui de l'apprentissage; l'air des chambrées le tuerait avant les balles étrangères.

Un pêcheur d'Étretat, nommé Romain Bizon, faisait partie de la classe de 1810. Les autres conscrits quittèrent leurs foyers, mais Romain Bizon ne répondit point à l'appel. Sa mère déclara qu'il était parti nuitamment sans lui faire ses adieux. Sa fiancée le pleura comme à jamais perdu pour elle, et se montra ouvertement sensible aux vœux d'un second prétendant. Le signalement du réfractaire fut envoyé à toutes les brigades; les gendarmes fouillèrent le village et les environs; mais Romain Bizon avait disparu.

A une demi-lieue d'Étretat est une falaise d'une hauteur démesurée; le côté qui fait face à la pleine mer s'élève à pic, et l'on ne saurait en donner une idée plus exacte qu'en le comparant à une gigantesque tranche de biscuit de Savoie. Vers le milieu de cette immense façade est une grotte, qu'on appelle aujourd'hui dans le pays le *trou à Romain Bizon*. C'était là, en effet, qu'il s'était réfugié. Il était monté au sommet de la falaise, y avait solidement attaché une corde, et s'était laissé glisser perpendiculairement jusqu'à l'ouverture de la grotte, située à cent cinquante pieds plus bas. De là, au moyen d'une autre corde, il descendait la nuit sur la plage, pêchait entre les fentes des rochers, recevait les visites de sa mère et de sa fiancée, qui lui apportaient des vivres, et remontait avant le point du jour dans son inaccessible retraite. Déjà plusieurs mois s'étaient écoulés, quand l'audacieux réfractaire fut trahi par les clartés du feu qu'il eut l'imprudence d'allumer pendant la nuit. Le maire avertit le lieutenant de gendarmerie, et tous deux jurèrent de prendre mort ou vif le rebelle Romain Bizon. Mais comment arriver jusqu'à lui? On ignorait la route qu'il avait prise; son asile était à plus de cent pieds au-dessus de la plage, et le bas de la falaise était baigné par la marée montante.

A l'heure du reflux, le maire, ceint de son écharpe, le lieutenant à la tête de son détachement, s'avancèrent sur la grève et hélèrent Romain Bizon, qui ne donna point signe de vie. «Ce drôle-là veut un siége en règle!» s'écria le maire; «allons, lieutenant, faites votre devoir.—Apprêtez... armes!» commanda d'une voix formidable le lieutenant de gendarmerie.

Bientôt un feu de peloton fut dirigé contre la grotte, pendant qu'armés de perches, de crampons, d'échelles, de cordages, des ouvriers faisaient les préparatifs d'une périlleuse ascension. Romain Bizon était toujours invisible; mais, au moment où l'on allait tenter l'assaut, il se montra tout à coup et détacha à coups de hache des quartiers de roche qu'il fit pleuvoir sur les ennemis. Il y eut dans la troupe un mouvement rétrograde, et le flux qui montait décida la victoire en faveur du réfractaire.

Le lendemain, le cordage qui lui servait d'échelle pendait de la caverne sur la grève; mais Romain Bizon n'était plus là. Ce ne fut que huit ans après qu'il revint à Étretat. Il y arriva vers neuf heures, par un brumeux soir d'automne. Il n'y avait d'ouverte qu'une seule porte, au-dessus de laquelle on lisait: *Bon cidre à dépotéyer*. Romain Bizon entra, s'assit, et invita le cabaretier, qui se trouvait seul, à partager avec lui un pot de cidre.

L'hôte, surpris de la visite d'un étranger à cette heure indue, entama le premier la conversation. «Vous n'êtes pas de ce pays?

—Non; mais j'y ai passé il y a longtemps, sous *l'autre*. C'était à l'époque où un certain Romain Bizon faisait beaucoup parler de lui. Avez-vous idée de ça?»

Malgré l'indifférence affectée de l'inconnu, il tremblait en prononçant ces mots.

«Parbleu! dit l'hôte, qui est-ce qui n'a pas su cette histoire? on l'a cherché assez longtemps; mais il paraîtrait qu'il s'est embarqué sous un faux nom sur un corsaire du Havre, et qu'il est mort prisonnier en Angleterre. Il n'y a pas plus de six mois que sa mère est enterrée, la pauvre femme! elle était diablement âgée.»

L'étranger garda le silence; mais, sans ôter ses coudes de dessus la table, il fit claquer ses mains l'une contre l'autre, et les joignit avec violence en poussant un profond soupir.

«Tiens, reprit le cabaretier, ça paraît vous faire de l'effet; est-ce que vous connaissiez cette famille?—Un peu, balbutia l'inconnu. Romain ne devait-il pas épouser une nommée Madeleine Lebreton?... Qu'est-elle devenue?—Madeleine!... c'est ma femme.—Bah!...»

Cette exclamation révélait un amer désappointement, une vive douleur, une stupéfaction profonde.

«Ça n'a rien d'étonnant,» dit l'hôte sans s'émouvoir; «elle ne pouvait pas toujours rester fille, parce qu'il avait plu à son futur de décamper.» L'étranger avait le front entre ses mains et ne répondait pas.

«Barnabé,» cria en cet instant une voix, «est-ce que tu ne fermes pas? Il est tard, et nous serons mis à l'amende.

—Une minute, Madeleine, répliqua le cabaretier; je cause avec un monsieur. Couche les enfants; je suis à toi.»

Poussée par sa curiosité féminine, Madeleine descendit dans la boutique. En l'entendant venir, l'étranger s'était levé, avait jeté sur la table une pièce de monnaie, et il tenait la clef de la porte au moment où Madeleine se présenta. Il ne put s'empêcher de tourner la tête pour regarder celle qu'il avait tant aimée. Elle le reconnut aussitôt: «Ah! mon Dieu! c'est Romain! s'écria-t-elle.

—Adieu, Madeleine! adieu! Voici l'alliance que vous m'avez donnée il y a huit ans. Vous ne me verrez plus.»

Il jeta la bague à ses pieds, et sortit en courant du côté de la mer. L'hôte s'élança sur ses traces, et lorsqu'il arriva sur la grève, il entendit un cri d'agonie se mêler au mugissement des flots.

Le Maraîcher.

III.
LE MARAÎCHER.

Ne méprisez pas la campagne, si vous vous y attachez, vous serez enivrés de joies et de plaisirs, et les fruits se multiplieront pour combler votre espérance; mais il faut, pour cela, n'épargner ni peines ni travaux, et ne rien omettre de ce qui peut contribuer à féconder votre terrain.

Le père RAPIN, *poëme des Jardins, ch.* IV.

SOMMAIRE.—Définition du mot *marais.*—Erreur des rédacteurs du Dictionnaire de l'Académie.—Aspect d'un marais.—Maison du maraîcher.— Vente des légumes.—Arrosement.—Cloches et châssis.—Culture.—Activité du maraîcher.—Maraudeurs.—Ignorance du maraîcher.—Ancienne corporation des maraîchers.—Le maraîcher et le général en chef.

La dénomination de marais offre naturellement à l'esprit l'image d'une espèce de lac verdâtre, fangeux, peu odoriférant, émaillé de nénufars jaunes, de joncs aigus, de grenouilles en été, de bécassines en hiver. Telle n'est point la localité appelée *Marais* aux environs de Paris; elle a pu jadis être couverte ou abreuvée par des eaux qui n'avaient point d'écoulement, mais elle a été depuis transformée en jardin potager.

«*Marais,*» dit l'Académie, cette Cour de Cassation littéraire, «signifie aussi à Paris *un terrain où l'on fait venir des herbages, des légumes.*»

On pourrait s'imaginer, en lisant cette définition, que ce terrain est un entrepôt de végétaux comestibles. En effet, que dit encore le Grand Dictionnaire?

Faire venir, donner ordre ou commission pour qu'une chose soit envoyée d'un lieu quelconque au lieu où l'on est. «*Faire venir des truffes du Périgord, faire venir une voiture, faire venir un fiacre.*»

Le terrain où l'on fait venir des légumes serait-il donc *celui où l'on donne l'ordre d'en envoyer?* En aucune façon, et l'Académie a prouvé en cette circonstance que les maîtres absolus de la grammaire, comme ceux des empires, s'affranchissaient parfois des lois qu'ils imposaient à leurs sujets.

Les jardins qu'on nomme *marais,* destinés à la culture des légumes, sont disséminés autour de la capitale, tant au delà qu'en deçà du mur d'enceinte. Par quelque barrière que vous sortiez, que vous suiviez la route poudreuse du fort de Vincennes ou l'imposante avenue de Neuilly, que vous alliez visiter les ombrages funèbres du Père-Lachaise ou la plaine sablonneuse de Grenelle, vous apercevez de distance en distance de longs parallélogrammes plantés de salades, d'épinards, de carottes, de radis et de haricots verts. Pas un pouce de terre n'est perdu dans ces enclos. Les sentiers ménagés entre les carrés sont à peine assez larges pour donner passage à un homme; les châssis vitrés qui protégent les melons étincellent au soleil comme des plaques d'argent. La propreté qui règne dans ces potagers, la vigueur de la végétation, le bon entretien des couches et des plates-bandes, tout annonce que l'art de la culture y est porté à un haut point de développement.

Dans un coin de l'enclos s'élève, à quelques pieds au-dessus du sol, une cabane couverte en chaume. Au goût qui a présidé à cette construction, à son délabrement mal dissimulé par les bras onduleux de la vigne, à son aspect misérable, on pourrait croire qu'elle est bâtie à cent lieues de tout pays civilisé, et cependant nous sommes aux portes de Paris. L'intérieur est dénué de carrelage, de tenture et presque d'ameublement. Au-dessus du manteau de la haute cheminée est horizontalement accroché un fusil à pierre, à la crosse pesante, au canon marqueté de rouille; çà et là des images cachent les murs sans les embellir; près de ce triste domicile on remarque un appentis informe, qui sert d'écurie, de remise et de magasin, et un petit jardin d'agrément, réservé comme à regret, où croissent, au pied d'un abricotier, l'œillet, la rose, la clématite et le basilic.

Nous avons décrit la carapace; voyons maintenant la tortue.

La tortue! quelle assimilation inexacte! Les animaux qu'on peut considérer comme le symbole du travail, le castor qui se bâtit des cabanes, la fourmi qui creuse sous l'herbe des greniers sinueux, l'abeille qui butine de l'aurore au coucher du soleil, le pivert, dont le bec patient perce l'écorce des chênes, sont des êtres inactifs, indolents, torpides, comparativement au maraîcher[2].

[2] On disait autrefois *maréchais*.

Il est à peine deux heures du matin quand il se lève. Les légumes, triés et mis en bottes dès la veille, sont méthodiquement classés sur la charrette accoutumée. Le cultivateur s'achemine vers la halle, et, transformé en marchand jusqu'à sept heures du matin, répartit ses denrées entre les fruitiers, marchands des quatre saisons, et restaurateurs de la capitale. Quelquefois il vend des carrés entiers à forfait, mais il n'en porte pas moins à la halle la plus grande partie de ses produits. De retour dans son domicile, il se jette sur son grabat, qu'il quitte bientôt pour sarcler, planter, cueillir, et surtout arroser.

La méthode d'arrosement du maraîcher est d'une ingénieuse simplicité. Le puits est situé au centre du marais, et surmonté d'un treuil autour duquel la corde s'enroule; deux vieilles roues de charrette, superposées horizontalement à un mètre l'une de l'autre, et réunies par des lattes, composent ordinairement le treuil. Un vivant squelette de cheval fait monter et descendre alternativement les seaux, selon qu'il se dirige à droite ou à gauche. Pour obtenir du chétif animal cette docilité machinale, on lui a couvert les yeux d'un capuchon; on l'a aveuglé pour qu'il marchât plus droit, pour qu'il accomplît plus sûrement sa révolution monotone; et l'on voit, hélas! à sa maigre encolure, qu'il sent que le manége du marais est pour lui l'antichambre de Montfaucon.

Le maître est là, pieds nus, car l'humidité mettrait bientôt toute espèce de chaussure hors de service; il verse le contenu des seaux dans un tonneau qui, semblable de prime abord à celui des Danaïdes, se vide à mesure qu'on le remplit; c'est qu'il communique, par des tuyaux souterrains, à plusieurs autres tonneaux à demi enterrés çà et là dans le marais; de sorte que le maraîcher, en quelque partie du potager qu'il veuille arroser, trouve toujours de l'eau à sa portée.

L'habileté avec laquelle le maraîcher manie ses deux arrosoirs surpasse celle du bâtoniste qui joue avec une canne plombée, du jongleur qui fait voltiger des épées et des assiettes. Il prend ses arrosoirs près de la pomme, les plonge dans un tonneau, et tout à coup, sans qu'une goutte d'eau s'échappe, il les retourne, les saisit au vol par la poignée, et distribue à chaque plante sa ration liquide.

Le maraîcher sème et recueille toute l'année. L'hiver, il rebine, étend le fumier, prépare des couches pour les primeurs, arrose si la température est douce. Il est aussi *utilitaire* que ces membres de la Commune de Paris qui faisaient planter des pommes de terre dans les carrés des Tuileries. A peine s'il consent à tolérer des fleurs à l'une des extrémités de son clos. Il tire de la terre tout ce qu'elle est susceptible de produire, et fait jusqu'à trois *saisons*, c'est-à-dire trois récoltes; mais aussi que d'engrais! Pour deux arpents sur lesquels sont établis dix panneaux de châssis et quinze cents cloches, on emploie le fumier de trente chevaux. C'est encore une des occupations du maraîcher que d'aller d'hôtel en hôtel pour enlever les litières, que les plus grands seigneurs ne dédaignent pas de lui vendre le plus cher possible.

Tous les légumes ne sont pas indistinctement cultivés par le maraîcher. Il méprise la pomme de terre comme trop vulgaire, et les petits pois comme peu productifs; c'est aux melons qu'il accorde le plus de soins, et il sait leur communiquer une saveur qu'ils n'acquièrent pas même en des régions plus méridionales. Il n'en laisse que deux par châssis, afin qu'ils grossissent à l'aise; il les abreuve à discrétion, et les protége contre les intempéries des saisons avec une sollicitude paternelle. Vous lui devez, gourmets parisiens, ces melons ventrus qui apparaissent après le potage dans tout festin passablement ordonné. Le maraîcher vous procure un passe-port, à vous, parasites affamés, qui, le bras arrondi autour d'un énorme cantalou, vous présentez à la *fortune du pot*. Il est de moitié dans votre plaisanterie surannée, convives de bonne humeur, qui, à l'aspect de l'odorant cucurbitacée, ne manquez jamais de vous écrier: «Ah! *similis simili gaudet*; je sais manger du melon!»

D'amples bénéfices ne dédommagent pas le maraîcher de ses sueurs et de ses veilles. En vain il pousse l'économie jusqu'à l'avarice; en vain il vend son cheval aux approches de l'hiver, sauf à en racheter un autre au printemps; en vain il aime mieux consommer ses denrées que de se sustenter de viande de boucherie; il parvient rarement à amasser de quoi vivre oisif, arrose le jour même de son décès, et meurt debout, comme l'empereur Vespasien. Peut-être avait-il songé à la retraite; peut-être rêvait-il un abri pareil à celui que désirait Jean-Jacques, une maison blanche avec des contrevents verts; mais, brisé de fatigues, il va recevoir dans un autre monde la rétribution de sa vie laborieuse. On peut le dire en parodiant un mot célèbre: «*Ceux qui* cultivent des marais *n'ont de repos que dans le tombeau.*»

Et puis, ce qui contribue à appauvrir le maraîcher, c'est l'exploitation de la banlieue par des bandes de maraudeurs. Le dogue préposé à la garde du marais n'est redoutable que par ses aboiements, car si on le lâchait à la poursuite d'un larron, il ferait seul plus de dégâts qu'un bataillon de fourrageurs. Malheur donc au maraîcher lorsque ses châssis sont à proximité de la clôture; il peut perdre en une seule nuit le fruit de plusieurs mois de travail, et ni son chien, ni son fusil ne le préserveront des audacieuses tentatives des bandits.

Bien plus, en plein jour, pendant qu'il savoure au cabaret un flacon de vin de Surène, il est victime de coupables déprédations. Ne justifient-elles pas suffisamment la haine qu'il porte aux Parisiens? Le dimanche est venu: ouvriers, commis-marchands, grisettes, sont déchaînés dans la campagne: la détention que leur impose le travail est éphémèrement interrompue; ils redressent leurs fronts inclinés, ils se parent de leurs plus frais ajustements, et les voilà dans la plaine, la figure épanouie, la joie dans le cœur, le rire et les chansons sur les lèvres. C'est un jour de fête pour eux, mais non pour les cultivateurs des environs, car les Parisiens évadés sont pillards et dévastateurs comme les moineaux. Point de haie qu'ils n'escaladent, de blé qu'ils ne foulent aux pieds, de jardin qu'ils ne dépouillent. Ils sacrifient vingt épis pour cueillir un bluet; ils émondent impitoyablement le plus bel arbuste d'un fourré, pour se fabriquer une canne qu'ils jettent à cent pas plus loin, et s'introduisent sans façon dans un potager, pour ajouter à leur festin un pied de romaine ou un melon à côtes rebondies.

C'est probablement à cause de ses griefs contre les habitants de la Ville Civilisée que le maraîcher repousse la Civilisation. Il est élevé près de la source des sciences, mais aucune goutte n'en tombe sur lui. Son ignorance est aussi complète que celle d'un bûcheron du Morvan ou d'un pâtre des Cévennes. Il a débuté trop tôt dans son métier pour avoir le loisir d'apprendre *l'art de parler et d'écrire correctement*. Les solécismes lui sont familiers; il dit *sectateur* pour sécateur, *enrosage* pour arrosage; rebelle à toutes les innovations, même en matière de culture, gardant son costume pur de toutes les atteintes de la mode, persistant à porter de gigantesques boucles d'oreilles, il semble avoir échappé à l'influence réformatrice des révolutions.

La communauté ou corporation dont les maraîchers faisaient autrefois partie, était celle des maîtres jardiniers. Les premiers règlements dataient de 1473; de nouveaux statuts avaient été publiés à son de trompe en 1545, confirmés par Henri III, Henri IV, Louis XIV, et enregistrés au Parlement en 1645. Cette corporation avait seule le droit de vendre les melons, concombres, artichauts, herbages, fruits, arbres, etc. Elle élisait quatre jurés, qui visitaient, deux fois l'an, les *terres, marais et jardinages des faux-bourgs et banlieue*, pour prévenir l'emploi des immondices comme engrais. Les apprentis servaient quatre ans sous les maîtres, et deux ans comme compagnons. Les aspirants à la maîtrise, excepté les fils de maîtres, n'étaient reçus qu'en faisant chef-d'œuvre.

Malgré l'abolition de leurs priviléges, les maraîchers ont conservé leur esprit de corps. Ils solennisent encore la Saint-Fiacre avec leurs anciens confrères. Ils se tiennent à distance des autres industriels, et la fille d'un maraîcher n'est accordée qu'à un homme de la même profession. A la vérité, elle ne pourrait apporter aucun talent en dot à un autre artisan. Elle n'est apte qu'au jardinage; elle n'a jamais étudié que l'art de sarcler des carrés, et de planter des épinards.

La femme du maraîcher, ses garçons, ses filles, bêchent, sèment et cultivent avec lui. Les seuls auxiliaires étrangers qu'il admette sont des soldats de la garnison de Paris, qu'il loue moyennant trois sous l'heure durant les grandes chaleurs. Voici à ce sujet une curieuse et authentique anecdote.

C'était le quartidi, 14 thermidor an V, ou, pour parler plus chrétiennement, le mardi 1er août 1797. Des détachements de l'armée de Sambre-et-Meuse, appelés à Paris par le Directoire-Exécutif, venaient de manœuvrer dans le clos Saint-Lazare. Le général était descendu de cheval, et se promenait avec quelques officiers, quand, à l'extrémité du faubourg Poissonnière, il s'arrêta à la porte d'un marais. Sans s'inquiéter de la présence de l'éminent dignitaire, le maraîcher, vieillard philosophe, continua de tirer de l'eau.

«Bonjour, père Cardin, lui cria le général.

—Tiens, vous m'connaissez, dit le vieillard ébahi, en ôtant respectueusement son chapeau de paille.

—Parbleu! depuis 1787. J'avais dix-neuf ans alors. Je servais dans le régiment des Gardes-Françaises, dont le maréchal de Biron était colonel, et j'étais caserné à la barrière Poissonnière. Est-ce que vous m'avez oublié?

—Ma foi, oui; il y avait à la caserne deux compagnies de fusiliers d'cent cinq hommes et une compagnie de grenadiers d'cent dix; de laquelle que vous étiez?

—Des grenadiers; vous en employiez beaucoup pour vous aider à arroser. Vous rappelez-vous, entre autres, le fils d'un garde du chenil de Versailles?

—Attendez donc!.... n'm'avait-il pas été recommandé par sa tante, fruitière à Versailles?

—Précisément.

—N'avait-il pas la manie d'acheter des livres, voire même qu'il payait un remplaçant pour monter ses gardes, et passait son temps à s'éduquer?

—La mémoire vous revient, père Cardin.

—Il fredonnait comme un vrai rossignol, et m'dit un jour qu'il avait été enfant d'chœur à Saint-Germain-en-Laye; je m'en souviens à présent; qu'est-ce qu'il est devenu?

—Il est devenu général en chef de l'armée de Sambre-et-Meuse; c'est moi-même, mon vieux camarade.

—C'est vous!... ma foi, dit naïvement le maraîcher, je ne vous aurais pas reconnu. Vous avez là, du nez au front, du côté droit, une balafre qui vous défigure; ensuite, les moustaches vous ont poussé, elles épaulettes aussi.... de la graine d'épinards! j'voudrais ben qu'mon fils, qu'est caporal dans la 25e demi-brigade, pût faire son chemin comme vous.

—Ça me regarde, père Cardin; je prendrai des renseignements sur son compte, et s'ils sont favorables, nous verrons à lui procurer de l'avancement. Dès que je serai de retour à Wetzlar, je m'informerai de lui.»

Demeuré seul, le père Cardin bâtit mille châteaux en Espagne sur la protection qui lui était promise; mais, malheureusement, un mois après, il apprit la mort de son ancien ouvrier LAZARE HOCHE.

Le Nourrisseur.

IV.
LE NOURRISSEUR.

Une vache était là tout à l'heure arrêtée,

Superbe, énorme, rousse et de blanc tachetée.

VICTOR HUGO, *La vache*.

SOMMAIRE: Extension du commerce de lait à Paris.—Nourrisseurs dans l'intérieur de Paris.—Garçon nourrisseur.—Laitières.—Adultération du lait.—Marché aux vaches laitières.—Marché aux vaches grasses.—Épidémies.—Société Philanthropique.

La plupart des Parisiens ont la fatale habitude de prendre le matin, sous prétexte de café au lait, un mélange de différentes substances entre lesquelles prédominent l'eau et la chicorée. Les fournisseurs de la partie fluide de ce déjeuner sont les nourrisseurs et les laitières.

Le commerce de lait a pris récemment des proportions colossales. Des capitalistes ont fondé à Saint-Ouen, à Pontoise, à l'Ile-Adam, et en d'autres localités voisines de Paris, des dépôts, où les fermiers, de plusieurs kilomètres à la ronde, apportent leur lait. L'été, et dans les temps orageux, cette grande quantité de liquide est soumise à l'ébullition. On la verse dans des vases de fer-blanc, ou même dans des flacons de cristal, et on l'envoie en poste à Paris, sur des voitures dont les parois sont trouées comme un crible, afin de laisser l'air circuler. Le débit a lieu dans de somptueuses boutiques, embellies du luxe occidental des baguettes en cuivre, des carreaux en glace, et des becs de gaz.

Ces établissements tendent évidemment à accaparer toute l'industrie lactifère. Nourrisseurs et laitières, tels qu'ils sont aujourd'hui, seront pour nos descendants des êtres fossiles. Déjà disparaît de la surface du globe la race, autrefois nombreuse, des nourrisseurs parisiens. Une ordonnance de 1810, dernièrement remise en vigueur, interdit la création de nouvelles nourrisseries *intra muros*, et maintient celles qui existent, à la condition seulement qu'elles ne se transmettront qu'aux enfants mâles des propriétaires. Loi bienfaisante, tu purges la ville de foyers d'infection, tu affranchis d'innocents animaux d'une odieuse captivité! Peut-on songer sans frémir au sort des vaches enfermées dans les étables parisiennes, et à l'équivoque nature du breuvage tiré de leurs flancs? Ces malheureuses bêtes demeurent des années entières enchaînées au même râtelier, avec la même longe, ruminant dans les ténèbres. On se garde bien de les mener aux champs, car, au retour de chaque excursion, il faudrait de rechef acquitter les droits d'octroi, comme le jardinier du couvent du Temple, qui, s'étant avisé un jour de conduire à La Villette les deux vaches de la maison, eut à débourser quarante-huit francs en repassant la barrière.

On m'a cité une vache qui avait passé six ans dans une écurie, au centre de la capitale. Au plafond de ce bouge affreux pendaient de longues toiles d'araignée, en manière de stalactites; et quand on reprochait au maître de ne pas les enlever: «Bah! disait-il, ça chasse les mouches et *la mauvaise air.*» Pendant six ans on ne se donna pas la peine de détacher un seul instant la pauvre recluse, qui, lorsqu'elle fut enfin tirée de son tombeau, avait presque perdu l'usage de ses membres.

La loi de 1810 porte ses fruits lentement, mais sûrement; ce n'est guère que dans les faubourgs qu'on lit au-dessus de quelques portes: LAIT CHAUD MATIN ET SOIR; mais la majorité des nourrisseurs est cantonnée dans les environs, d'où ils dépêchent leurs filles, leurs femmes, leurs servantes, en qualité de laitières.

Dans le logis du nourrisseur, tout le monde est sur pied avant trois heures du matin. Le garçon nourrisseur descend de la soupente qui lui est ménagée dans un coin de l'écurie, et se met à l'œuvre, en se promettant de regagner son lit immédiatement après le déjeuner. Ce personnage, d'ordinaire né en Normandie, est vigoureux et de haute taille; mais sa physionomie stupide annonce une musculature développée au détriment de l'intellect. Sa chemise, son pantalon de toile, son tablier, ses bras et ses pieds nus, sont d'une saleté monochrome, et l'on s'imaginerait que toutes les immondices de l'étable ont déteint sur lui. Il gagne vingt-cinq francs par mois, avec la nourriture, à panser les bestiaux et à récurer les vases qui doivent contenir le lait.

Le travail préparatoire du matin dure deux ou trois heures; sitôt qu'il est terminé, la laitière s'installe en charrette, au milieu des seaux de fer-blanc, joint à sa denrée liquide les œufs des poules élevées dans la cour, et vient organiser sous une porte cochère son magasin en plein vent. Pendant que le marchand de vin voit descendre chez lui une foule d'habitués mâles, alléchés par l'appât d'un verre de vin blanc, d'une goutte d'eau-de-vie, ou d'un journal, la population féminine se presse autour de la laitière. Là est établi l'entrepôt des nouvelles du jour et des cancans du quartier.

- La petite dame du premier a été battue par son mari;
- Le limonadier a fait faillite;
- La fille des locataires du cinquième est courtisée par un étudiant;
- Le chat de la portière est mort d'indigestion;
- Le boulanger a été convaincu de vendre à faux poids;
- Le serrurier est rentré ivre chez lui, etc., etc., etc.

Les commérages, les suppositions, les imputations malignes, sont échangés avec vivacité, et la provision est loin d'en être débitée quand celle de la laitière l'est déjà.

Si vous suivez la complice du nourrisseur dans son retour vers ses foyers, vous remarquerez qu'elle s'arrête auprès d'une fontaine, et remplit tous les seaux et toutes les boîtes vides. Pensez-vous que cette eau soit exclusivement réservée aux besoins du ménage? vous avez trop de perspicacité pour cela, et vous avez deviné que le nourrisseur n'oublie jamais de *baptiser* le lait qu'il livre à la consommation. Il est faux qu'il y mêle de la farine, que la cuisson transformerait en bouillie; mais il est positif qu'il y met environ vingt parties d'eau sur cent. Voici deux formules exactes qui nous ont été révélées par un nourrisseur:

Pour fabriquer du lait chaud première qualité: Prenez cinq pintes de lait de la première traite, et ajoutez-y une pinte d'eau.

Pour fabriquer du lait froid seconde qualité: Prenez du lait chaud confectionné comme ci-dessus, et ajoutez-y une mesure d'eau pour trois mesures de lait.

Les nourrisseurs qui mettent ces deux recettes en pratique sont les meilleurs, les plus consciencieux, ceux qui ont la réputation de vendre du lait naturel, et placent pompeusement au-dessus de leurs portes cette inscription en lettres colossales:

LAIT PUR.

«Voilà des fraudes abominables, direz-vous.

—Mais, vous répliquera le nourrisseur, comment voulez-vous qu'il en soit autrement? Nous nous vendons, entre nous, la pinte de lait cinquante centimes, et nous donnons la même mesure aux pratiques à quarante centimes seulement! Concevriez-vous un commerce où l'on perdrait régulièrement vingt pour cent? Consentez à payer davantage, et nous nous abstiendrons de toute falsification.»

Cet argument est catégorique, mais il ne disculpe pas le nourrisseur de débiter, en guise de crème, de la mousse de lait battu, parfois colorée avec du safran ou du caramel. On réserve, pour composer la crème, le lait de la dernière traite.

Quand des amateurs désirent absolument goûter du lait exempt de baptême, ils dépêchent à l'écurie des femmes de confiance qui surveillent le nourrisseur occupé à traire. Dans ce cas, le lait est pur, mais en quantité très-minime. Le gourmet paie cinquante centimes ce qui en vaut quinze, car il est un art de faire mousser le lait comme la bière, et déborder un vase sans le remplir.

Un nourrisseur entretient communément trente ou quarante vaches. Le marché des *vaches laitières*, où il s'approvisionne, se tient les mardis à La Chapelle-Saint-Denis, et les samedis à la Maison-Blanche, près la barrière de Fontainebleau. Là vous le voyez frapper dans les mains d'un paysan et lui disputer pied à pied le terrain:

«Arrangeons-nous; t'as tort de m'laisser partir; ta bête pour trente pistoles?

—Tu rirais trop; j'en ai refusé trente-deux.

—Fallait la donner; à la fin du marché, t'en auras pas vingt-huit.

—Vingt-huit! j'aimerais mieux la manger!

—Allons! j'en mettrai trente et une.

—Eh ben, j'veux faire des affaires, partageons le différend.»

Le marché conclu, le prix est payé comptant; car le nourrisseur, malgré sa blouse grossière et sa tournure épaisse, a souvent plusieurs billets de banque en portefeuille. «*Il n'en est pas*, dit-il, *plus fier pour ça,*» et n'a pas de répugnance à déjeuner dans le premier *bouchon* venu.

Les acheteurs et les vendeurs de bestiaux vont donc s'attabler chez le marchand de vin, dont le gril est toujours garni de succulentes côtelettes. On fait monter plusieurs litres, et la langue et les dents d'entrer en jeu. La conversation roule d'abord sur le commerce, la mortalité des bestiaux, le prix des fourrages, jusqu'à ce qu'un convive s'écrie: «Causons donc d'autre chose;

c'est *embêtant* de parler toujours *manique*. On dit qu'nous allons avoir une révolution.

—Ça m'est bien égal, répond philosophiquement un nourrisseur pessimiste; peu nous importe que ce soit Pierre, Paul ou Jacques qui gouverne: nous n'profitons pas du changement, nous autres roturiers.

—Qu'appelez-vous roturier? demande un fermier.

—On entend par là, voyez-vous, les ignorants, ceux qui, comme nous, n'savent ni lire ni écrire, et qu'on laisse tranquilles, pourvu qu'ils paient exactement leurs contributions. On n'est pas encore venu nous chercher pour être ministres; mais allez, ça n'nous empêche pas d'faire nos affaires, et j'ose dire qu'y en a de pus z'huppés qu'nous qui n'nous valent pas... Ohé! garçon, du vin!... Sers-en d'avance, que diable! J'n'ons pas la pépie!...»

Le marchand de vin a la louable habitude de prévenir les désirs de ses pratiques; mais il est souvent *distancé* quand il s'agit de remplacer les bouteilles vidées par de pareils consommateurs.

Au dessert viennent les chansons, les refrains, entonnés chapeau bas, en l'honneur de la *Redingote grise*, ou les obscénités répétées en chœur avec un cynisme révoltant. Chacun, déployant la force de ses poumons, rivalise, non-seulement avec les autres convives, mais encore avec les animaux mugissants qui peuplent les alentours. Puis, tous louvoient vers le café. Demi-tasses, petits verres, bols de punch, bischoffs, disparaissent successivement dans d'insatiables œsophages, pendant que des mains légèrement tremblantes s'exercent à bloquer des billes ou à faire des carambolages par les bandes.

Si le nourrisseur désire acheter à la fois un certain nombre de vaches, il se rend aux principales foires, comme à celles de Bernay, de Caen, de Rouen, de Routot, de Guibray. Il parcourt les fermes de la Normandie, de la Picardie et de la Flandre; et, largement indemnisé de ses frais de route par un rabais considérable, il jouit en outre du plaisir de visiter nos plus beaux départements.

L'une des foires les plus célèbres est celle qui se tient dans un bois, à Montlhéry (Seine-et-Marne). Elle présente cette curieuse particularité, que, malgré le grand nombre de bestiaux qui y sont rassemblés, on n'y voit jamais de mouches.

Les vaches maigres sont celles qui donnent le plus de lait. A mesure qu'elles engraissent, le lait devient plus épais, plus substantiel, mais moins abondant, et les nourrisseurs ne tiennent pas autant à la qualité qu'à la quantité. Les pratiques sont naturellement d'un avis contraire, mais elles n'ont pas voix délibérative au chapitre.

Une vache laitière est gardée au moins un an, et nous avons vu qu'on la conservait quelquefois beaucoup plus longtemps. Quand elle est radicalement épuisée, elle est conduite au marché *aux vaches grasses*, situé dans un ancien cloître de Bernardins, près de la halle aux Veaux, entre la rue Saint-Victor et le quai de la Tournelle. Elle a droit au titre de *vache grasse*, ayant été gorgée de pommes de terre, de résidu de drèche, de fécule, de pulpe de betterave, et de tourteaux de colza. Les bouchers l'achètent de cinq cents à sept cent cinquante francs, suivant l'embonpoint. Quelques vaches, engraissées dans les étables parisiennes, ont fourni jusqu'à cent vingt-sept kilogrammes de suif. Un nourrisseur de la Rotonde du Temple conduisit au marché, au mois de juillet 1841, une vache monstrueuse, qui fut vendue mille vingt francs. Ce nourrisseur ne gagna rien, parce que, voulant mener à bien l'œuvre de l'engraissement, il avait gardé longtemps une bête de faible rapport. Le boucher ne fut jamais indemnisé de la somme déboursée, parce qu'il avait payé l'honneur d'enlever à ses confrères un quadrupède aussi recommandable. Changeant de sexe après sa mort, la vache grasse est consommée, sous le pseudonyme de bœuf, par les citoyens confiants de la capitale.

En sus du prix convenu, le nourrisseur perçoit toujours quatre francs, qui sont remboursés au boucher, en déduction des droits d'entrée perçus sur l'animal, lorsqu'il le fait conduire aux abattoirs.

Le paysan qui avait vendu la vache laitière s'était abstenu de la traire pendant un jour au moins; le nourrisseur, au contraire, avant de la mener au marché aux vaches grasses, pressure et dessèche le pis infécond; et cependant, chose affreuse, on voit des enfants de ce misérable quartier, êtres chétifs et délabrés, s'approcher, une tasse fêlée à la main, se glisser entre les jambes des animaux exposés en vente, et traire à la dérobée quelques gouttelettes échappées à l'avidité du nourrisseur.

Quand une vache laitière meurt dans l'exercice de ses fonctions, son corps est vendu à l'administration du Jardin des Plantes, pour devenir la proie des lions, tigres, ours, panthères et autres bêtes carnassières. La mort fait souvent de grands abatis dans les étables. Au moment où le nourrisseur s'arrondit, une épizootie survient, et adieu toutes chances de fortune. Les animaux ont leur part de souffrance comme les hommes; ceux-ci se tordent sous les morsures du choléra; ceux-là sont frappés de pestes foudroyantes et irrémédiables. En 1828, il y eut des nourrisseurs qui perdirent plus de cent vaches en quelques mois, et d'autres qui, après avoir remplacé une fois toutes les habitantes de leurs étables, virent périr encore la moitié de leurs nouvelles acquisitions. On n'entendait plus sortir de leurs bouches que ce lugubre cri: «Ma vache se meurt! ma vache est morte!» En 1839, une épidémie, dont les symptômes étranges déroutaient les vétérinaires les plus habiles, attaqua les bêtes à cornes.

La maladie durait quinze jours, pendant lesquels étaient taries les mamelles nourricières de l'animal souffrant. Comme les Parisiens quêtaient du lait de boutique en boutique, et s'étonnaient de n'en pas trouver, la Police leur apprit l'état des choses. «Abstenez-vous de lait, leur dirent d'officieuses affiches; il contient les principes les plus délétères; cet aliment liquide mettrait vos jours en péril.

—Abstenez-vous de lait, répéta le Conseil de Salubrité.»

A peine ces avis s'étaient-ils propagés, que l'épidémie cessa brusquement. Les nourrisseurs coururent chez leurs pratiques:

«Eh bien! quand vous voudrez; nos vaches sont rétablies; nous avons du lait en abondance.

—Du lait? laissez donc! vous voulez dire du poison; on m'paierait pour en prendre.

—Mais je vous assure qu'il est excellent.

—Bah! bah! M. Arago en sait plus long que vous là-dessus..... J'aimerais autant boire de l'eau-forte.»

Les nourrisseurs, naguère dans l'impossibilité de suffire aux demandes, furent réduits à consommer eux-mêmes leur marchandise, jusqu'à ce que la panique générale fût apaisée.

Pour prévenir les pertes occasionnées par les épidémies, on a essayé de fonder en 1840 une société philanthropique. Elle s'engageait à indemniser les nourrisseurs de la perte de leurs bestiaux, moyennant l'abandon de vingt pour cent sur le prix d'achat. Une assemblée générale fut convoquée chez un marchand de vin, et n'aboutit qu'à des libations. Cette première tentative avorta; mais une nouvelle compagnie s'est constituée depuis, avec un capital de trois millions, et n'exigeant que cinq pour cent du prix. Souhaitons-lui durée et prospérité.

Le Berger.

V.
LE BERGER.

Il faut que les bergers aient de l'esprit, et de l'esprit fin et galant.

FONTENELLE.

SOMMAIRE: Considérations sur la poésie bucolique.—Les bergers tels qu'ils ne sont pas.—Portrait du berger.—Position qu'il occupe dans une ferme.— Journée aux champs.—Parcage.—Cabane du berger.—Sa bibliothèque.— Idées superstitieuses des paysans sur son compte.—Bergers célèbres.—Ses connaissances.—Combats avec les loups.—Moissonnier, berger de Livoncourt (département des Vosges).—Rentrée à la ferme.—La messe de minuit.—Transformation morale du berger.—Variétés du berger.—Le chevrier des Pyrénées.

Depuis Théocrite jusqu'à Berquin, les fabricants d'églogues, idylles et pastorales, se sont évertués à dénaturer le caractère du berger. Ils ont représenté une race d'individus coquets, musqués, quintessenciés, qui concourent pour des prix de flûte, causent familièrement avec les faunes, meurent pour des inhumaines, gravent leurs noms sur l'écorce des hêtres, et gardent avec des houlettes fleuries de blanches brebis chamarrées de rubans. Ils ont placé leurs fantastiques créations dans de si riants bocages, qu'on se demande pourquoi le chevalier de Florian, lieutenant-colonel de dragons et gentilhomme de monseigneur le duc de Penthièvre, n'a pas quitté le sabre pour la houlette, et la cour de Louis XVI pour les bords enchantés du Lignon.

Quel dommage que la réalité ne réponde pas aux rêveries des poëtes bucoliques! Quels galants cavaliers que Sylvandre, Hylas, Ménalque, Céladon, Tircis et Myrtil! Quelles gracieuses jeunes filles que Lygdamis, Chloé,

Delphire, Daphné, Sylvie et Amarillis! Combien il serait doux de vivre au milieu de cette élégante société de pasteurs, qui seraient les plus séduisants des mortels, s'ils n'étaient les plus déraisonnables des êtres de raison!

Tel qu'il se présente à nos regards, dans toute sa simplicité native, le berger n'est pas moins poétique que les héros mignards de Fontenelle et de d'Urfé. Voyez-le au milieu des champs, enveloppé d'un long manteau bleu, la houlette à la main, la figure basanée, la tête ombragée d'un large chapeau ciré, d'où s'échappent négligemment de longs cheveux plats. Avec quelle gravité royale il s'avance à la tête de son troupeau! que d'activité dans le calme, d'attention dans une indifférence apparente, de travail d'intelligence dans l'immobilité presque absolue du corps! Quelle autorité il a conquise sur tous ces animaux qui n'obéissent qu'à sa voix! Avec quelle précision, apercevant un mouton qui s'écarte, il lui décoche la motte de terre coërcitive, au moyen du fer triangulaire de sa houlette! Avec quelle dextérité il emploie le crochet qui en garnit l'extrémité inférieure à séparer de la foule une brebis dont la santé lui paraît suspecte!

Et ses chiens, comme ils vont et viennent; comme ils répondent aux noms retentissants qu'il leur a donnés: *Champagne, Labrie, Caporal, Général, Major!* comme ils contiennent le troupeau dans les limites qui lui sont assignées! si agiles et si vigilants, que l'on a vu des bandes de trois cents moutons suivre un sentier de quatre pieds de large, entre deux pièces de jeune blé, sans oser toucher à la moindre tige!

L'engagement que le berger contracte avec le fermier commence, depuis un temps immémorial, à la Saint-Jean-Baptiste. Ses gages sont assez élevés, car de lui dépend la ruine ou la prospérité du fermier. Serviteur privilégié, il est traité avec égards par le maître; il a des vivres à part, et, entre autres, pour aller aux champs, un petit pain rond qu'on nomme en Normandie *brichet*. Il remplit sa tâche à sa guise, exempt des corvées de la ferme; seulement il coopère parfois à la fabrication du pain nécessaire à la consommation quotidienne. Il n'est pas rare qu'il soit chantre ou sacristain, et que, le dimanche, il consacre aux louanges du Seigneur une voix sonore, exercée à lutter dans la plaine avec les sifflements des vents orageux.

Dans la partie tempérée de la France, c'est vers midi que le berger mène paître ses brebis. Si la chaleur est trop forte, rassemblant son troupeau autour de lui, à l'ombre d'un feuillage hospitalier, il s'allonge sur un gazon vert, et s'endort au murmure du ruisseau, au gazouillement des bergeronnettes, au bruit lointain des cloches du village. Quand la fraîcheur bienfaisante du crépuscule a revivifié les herbes desséchées, les moutons se dispersent et paissent en liberté. Le trépignement de leurs pieds fourchus se mêle au tintement argentin de leurs clochettes; et leur guide, seul, en face de la nature tranquille, entonne des chants empreints de cette mélancolie qui est le cachet des airs populaires.

Après la tonte des brebis, qui a lieu dans le courant de juin, le berger quitte la ferme pour les champs, où il établit son domicile pendant l'été et l'automne. Un parc en claies est l'asile des moutons durant la nuit, et, à peu de distance, s'élève la demeure de leur gardien.

Les pasteurs antiques avaient, à ce qu'il paraît, de singulières habitations: «Je me suis fait, dit un berger de Théocrite, un lit de peau de vaches au bord d'un ruisseau bien frais, et je me moque de l'été comme les enfants des remontrances de leurs père et mère.—J'habite, dit un autre, un antre agréable; j'y fais bon feu, et me soucie de l'hiver comme un vieillard sans dents se soucie de noix quand il voit de la bouillie.»

La résidence du berger actuel est tout simplement une cabane à roulettes. Dans l'intérieur sont un lit, une vieille carabine, des pistolets, et sur une planche, des balles et de la poudre. Plus loin, des pots contiennent les drogues nécessaires aux pansements. A des clous à crochet sont suspendues de blanches têtes de cheval, qui, placées la nuit de distance en distance, servent, au berger, de jalons pour le guider dans l'obscurité. Aux parois sont collés des cantiques, des images de Notre-Dame-de-Liesse, l'histoire *illustrée* de *Pyrame et Thisbé*, et autres gravures coloriées de la manufacture d'Épinal en Lorraine. Dans un coin pourrissent quelques vieux bouquins, l'*Almanach Liégeois*, les *Quatre Fils Aymon*, le *Grand et le Petit Albert*, la *Clef des Songes*, le *Grimoire du pape Honorius*. L'étude de ces derniers recueils fait considérer le berger comme sorcier. Il a, dit-on, le pouvoir de se rendre invisible, d'éteindre le feu sans eau, de faire de l'or, de jeter des sorts, de donner le *lait-bleu* aux vaches. Il possède une infinité de formules contre une infinité de maladies, et guérit avec des prières, des grains de sel, et des aspersions d'eau bénite.

Les bergers ne sont pas ce qu'un vain peuple pense;

mais on ne saurait toutefois leur refuser une supériorité marquée sur le reste des paysans. Ils sont plus doux, plus affables, plus polis. La solitude augmente en eux la faculté de penser, surtout dans les montagnes, où ils passent souvent des semaines entières sans voir un être humain. Le roi David, le pape Sixte-Quint, saint Turiaf, évêque de Dol, Yakouty, prince des Parthes, et un grand nombre d'autres hommes illustres, ont commencé par garder les bestiaux; peut-être ont-ils dû aux loisirs de leur enfance contemplative le développement prématuré de leurs facultés. C'était au milieu des champs, sous l'arbre séculaire *des Fées*, que des voix célestes entretenaient Jeanne d'Arc des malheurs de la France. Si Jameray-Duval, le professeur d'histoire de Lunéville; si Pierre Anich, l'astronome d'Inspruch, n'avaient pas gardé les troupeaux sous la voûte des cieux étoilés, ils ne se seraient point préoccupés de la solution des problèmes célestes. Ce fut en jouant du galoubet pendant que ses brebis paissaient, que le musicien Carbonel acquit le germe de sa merveilleuse supériorité sur cet instrument, dont il a consigné la théorie dans le *Dictionnaire Encyclopédique*. Giotto, le peintre florentin, Elie Mathieu, le paysagiste flamand, sont devenus de grands artistes après avoir été d'humbles bergers, parce qu'ils ont pu s'inspirer dès l'enfance des majestueuses beautés de la nature. On a vu récemment un jeune pâtre, Henri Mondeux, sorti d'un village de Touraine, étonner les savants par son aptitude pour les sciences mathématiques.

Les bergers ont eux-mêmes une haute idée de leur profession. Nous demandions à l'un d'eux des nouvelles d'un sien confrère qui avait disparu de la ferme:

«Ah! répondit-il en soupirant, il est devenu *d'évêque, meunier;* il s'est fait charretier.»

On disait à un berger: «Que feriez-vous si vous étiez riche?—Si j'étais riche, répliqua-t-il après avoir quelque temps rêvé, je mènerais paître mes bêtes en carrosse.»

Les fonctions du berger exigent non-seulement une grande force corporelle à l'épreuve de toutes les intempéries, mais encore des connaissances pratiques assez étendues. Botaniste expert, il cherche pour ses brebis les collines crayeuses où croissent le trèfle et le thym sauvage, en évitant avec soin le coquelicot et autres plantes malfaisantes. Il a reconnu qu'une nourriture uniforme et trop abondante exposait les moutons aux coups de sang; que la météorisation était à craindre pour ceux qui paissaient des herbes humides. Vétérinaire habile, il panse les plaies des brebis, les enduit, après la tonte, d'un mélange de beurre, de soufre et de saindoux, scarifie la tumeur de l'anthrax, et prévient la clavelée par l'inoculation. Quelquefois, fier de son habileté à panser les animaux, il veut appliquer son expérience aux hommes, et s'érige en *rebouteur*, métier dans lequel il opérerait lucrativement des merveilles, sans l'intervention inopportune de M. le procureur du roi.

Un moment critique pour le berger, c'est celui où, par une nuit d'octobre, les aboiements des chiens lui ont signalé l'approche d'un loup. Il s'arme aussitôt de sa bonne carabine. L'animal carnassier s'avance, poussé par la faim, sans s'effrayer des lueurs de la lanterne suspendue à la porte de la cabane. *Général* et *Major* se jettent sur lui avec une vaillance proportionnée à leurs noms. Un combat terrible s'engage; mais le berger a le coup d'œil sûr, et met deux chevrotines dans la tête du visiteur malintentionné.

Pendant l'automne de 1837, un berger de Livoncourt (Vosges), nommé Moissonnier, avait perdu plusieurs moutons. Comme il menait son troupeau à l'abreuvoir, il voit, sur la rive opposée de la Saône, un loup gigantesque sortir d'une touffe de roseaux, remonter la rivière, et se précipiter à la nage.

Moissonnier l'attend sur le haut de la berge, l'empêche à coups de houlette de gravir le talus, et lui fait de profondes blessures. Par malheur, le crochet de la houlette s'engage dans les chairs de l'animal, qui entraîne Moissonnier dans la Saône. La lutte continue au milieu des eaux, et le courageux berger finit par noyer son formidable ennemi.

A l'époque de la Toussaint, le berger rentre à la ferme, mais l'hiver n'interrompt pas ses travaux; il fait les *enfourrages* et la litière, veille les brebis pleines, et mène son troupeau aux champs quand un rayon de soleil adoucit la température. Vers Noël, il passe les nuits auprès des mères, et reçoit les agneaux dans les plis de son manteau. Suivant un vieil usage, il place le premier né dans une crèche enjolivée de rubans, le porte à la messe de minuit, et, la houlette à la main, le manteau sur le dos, offre des actions de grâces à celui que des pasteurs adorèrent les premiers dans l'étable de Bethléem.

Cette respectable coutume se perd, et bien d'autres s'en vont avec elle. La profession de berger a été longtemps héréditaire. Sa houlette, sa carabine rouillée, mais toujours sûre, les clochettes de son mouton favori, lui avaient été transmises de père en fils, et il les conservait comme de saintes reliques. Maintenant, la chaîne qui lie le présent au passé se rompt anneau par anneau. Les bergers perdent la tradition, fraternisent avec les rustres du village, et veulent participer aux progrès des sociétés modernes. Quelques années encore, et ils auront dans leurs cabanes un lit en fer creux Gandillot (quinze ans de durée), un fusil à percussion, les œuvres de Voltaire, et les gravures du *Petit Courrier des Dames*. Nous en avons vu un avec des lunettes et un parapluie!

Chantre de Némorin, qu'en dis-tu?

Une habitude qui raréfie les véritables bergers, c'est celle de livrer la garde des troupeaux à des enfants de l'un ou de l'autre sexe. Ces jouvenceaux inexpérimentés, mal à propos sevrés des leçons de l'instituteur, ne sont bons qu'à dévaster les haies, égarer les passants par des indications erronées, grimper sur les arbres fruitiers, dénicher des pinsons et creuser des canonnières de sureau. Passe encore qu'on s'en rapporte à des enfants du soin de garder les dindons; car, pour occuper le poste qu'honora la célèbre Peau d'Ane, il suffit d'agiter un lambeau de drap rouge au bout d'un bâton, de mener boire les volatiles dans les grandes chaleurs, et de s'opposer à ce qu'ils mangent la vénéneuse digitale à fleurs rouges. Nous concevons même qu'on abandonne à de petits garçons la conduite des vaches, animaux robustes, mugissants, mais pacifiques, qui ne s'éloignent guère du quartier de prairie dont ils ont pris possession; mais il est funeste de laisser des brebis à des pâtres incapables de les préserver des épizooties, de les empêcher de brouter les herbes dangereuses, de soigner les mères et les agneaux, tendre espoir du métayer.

Deux variétés assez tranchées du berger sont le *porcher* et le *chevrier*. Le premier suit plutôt qu'il ne dirige, au milieu des bois, des bandes indisciplinées, toujours mécontentes, toujours grognant, et poussant parfois la rébellion jusqu'à fouler aux pieds et même dévorer leur gardien. Le chevrier accompagne sur les coteaux, par des matinées humides ou sous le ciel embrasé, des quadrupèdes capricieux qui sautent, grimpent, s'écartent, se suspendent aux branches, se baignent dans la rosée, se chauffent au soleil, sans autre règle que leur instinct. Il est agile, fantasque, indépendant comme ses chèvres. Dans les Pyrénées, il a souvent de mystérieuses liaisons avec les contrebandiers, ou s'emploie à guider les voyageurs le long des torrents et sur les cimes bleuâtres des montagnes.

A la fin de 1823, vivait dans la vallée de Luchon un pauvre chevrier nommé Juan, fils d'un soldat de l'Empire, enfant à l'œil vif, au corps souple, au cœur intrépide. Un soir, comme il gardait ses chèvres, il entend à l'est, sur le territoire espagnol, le bruit d'une fusillade. Il y court, et voit des guérillas qui, après avoir surpris un détachement français, en poursuivaient avec acharnement les débris épars. Le capitaine, pressé par deux paysans espagnols, gravissait péniblement une pente escarpée. Juan tire son couteau, et barre le passage au fugitif.

«N'es-tu pas Français? dit le capitaine étonné.

—Il ne s'agit pas de ça, répond Juan; rends-toi, ou je te lance mon couteau dans la poitrine.»

Le capitaine fut bientôt rejoint et désarmé par les deux Espagnols, qui reconnurent Juan pour l'avoir vu souvent venir au village de Venta, près de la frontière de France.

«Bien fait, jeune homme! s'écrièrent-ils; sans toi ce *communero* nous échappait: tu auras ta part du butin.»

Ils se mirent à dépouiller le capitaine, dont l'épée et le portefeuille devinrent, par droit de conquête, la propriété du chevrier. Ils se préparaient à tuer leur prisonnier, lorsque Juan les arrêta:

«Les morts ne sont bons à rien, dit-il; il me semble que si nous menions ce chef à l'alcade de Venta, nous pourrions recevoir une assez bonne récompense.

—Il a raison, reprit l'un des paysans; qu'en penses-tu, Perez?»

Perez approuva la proposition, et l'on se mit en marche. Au bout de quelques minutes, la petite troupe se trouva dans un défilé, au bord d'un profond abîme. Juan, qui connaissait les moindres sentiers des montagnes, s'avança le premier, suivi immédiatement par le capitaine, et les deux Espagnols se placèrent à l'arrière-garde.

A la partie la plus étroite de la route, Juan se retourne brusquement, fait asseoir le prisonnier, et pousse un des Espagnols dans le précipice. Le second arme son espingole; mais le chevrier le saisit aux jambes, et tous deux roulent de rocher en rocher. Dans sa chute, Juan s'accroche aux branches d'un arbrisseau, plonge son couteau dans la gorge de son adversaire, et revient quelques instants après presser la main du capitaine, qu'il avait délivré avec tant d'audace et de présence d'esprit.

La Cuisinière.

VI.
LA CUISINIÈRE.

Qu'importe qu'elle manque à parler Vaugelas,

Pourvu qu'à sa cuisine elle ne manque pas?

J'aime bien mieux, pour moi, qu'en épluchant ses herbes

Elle accommode mal les noms avec les verbes,

Et redise cent fois un bas et méchant mot,

Que de brûler ma viande ou saler trop mon pot.

Les Femmes Savantes, acte II, scène VI.

SOMMAIRE:—Dissertation sur la cuisine.—L'art culinaire du *bon vieux temps*.—Menu d'un banquet au moyen-âge.—Nuances qui séparent le chef de la Cuisinière.—Douze canards pour quinze œufs.—Origine du titre de *Cordon bleu*.—Fausses Cuisinières.—Caractère des Cuisinières.—Leur vanité.—*Faire danser l'anse du panier.*—Leur aversion pour les innovations.—Relations des Cuisinières avec les tireuses de cartes et les militaires.—Inconvénients de la carpe au bleu.—Retraite.

Avant de vous entretenir de la Cuisinière, il est naturel de présenter quelques observations sur la cuisine.

La cuisine est un art des plus antiques, mais que les véritables principes en ont été longtemps méconnus! Chez les anciens et chez nos pères, nous voyons un faste de mauvais goût, des pyramides de viandes amoncelées, une effrayante profusion d'épices, mais point de sagacité dans l'association des comestibles. Les mets romains, les cervelles de paons, les sangliers entourés de pommes, les hérissons cuits dans la saumure, les cancres aux asperges, la fressure de truie semée de cumin, auraient peu de charmes pour nous. Nos gourmets voudraient-ils d'une murène accommodée avec de l'huile de Venafre, du vin vieux et de la saumure de maquereau d'Espagne? Nos ouvriers se contenteraient-ils, comme le peuple de la République romaine, de pain trempé dans du vinaigre, ou dans la lie d'une saumure de petits poissons?

Nos ancêtres ne savaient pas manger. La marjolaine, le romarin, le basilic, le fenouil, la sauge, l'hysope, le baume-franc, le gingembre, le safran, le verjus, étaient prodigués dans leurs ragoûts, toujours avec *grant foyson de sucre*. «*Les metz estoient*, dit Froissard, *si estranges et si desguisez qu'on ne les pouvoit deviser.*» On avait des soupes diversement colorées, au coing, au verjus, aux aulx, à la fleur de sureau, au chenevis; des sauces à la rose, aux cormes, aux mûres, au raisin, à l'ail pilé avec des noix. On étalait sur les tables des paons *revestus, faisant la roue comme s'ils eussent été en vie*, et *jectant feu par la gueule*; des pâtés à compartiments, du milieu desquels s'envolaient des oiseaux; des surtouts qui représentaient des églises ou des citadelles. Les *maîtres-queux* avaient poussé le raffinement jusqu'à imaginer *des œufs* et même du *beurre à la broche*. Le beurre était solidifié avec des jaunes d'œufs, de la farine, du sucre et de la mie de pain; les œufs étaient vidés par les bouts, remplis d'une farce de viandes hachées, d'herbes aromatiques et de prunes de damas, et rôtissaient doucement enfilés dans une brochette.

Êtes-vous curieux de connaître un menu du moyen-âge? en voici un tiré du *Cuisinier*, ouvrage de Taillevant, grand écuyer-tranchant du roi Charles VII; vous y admirerez l'abondance autant que la singularité des mets.

ENTRÉES DE TABLE.

Abricots, prunes de Damas, salades d'oranges, andouilles d'œufs, talmouses de blanc chapon, ventrée de chevreaux confitz, palays de bœuf confitz à force groseilles, pesches.

POTAIGES.

Poussins aux herbes, marsouin en potaige, porée broyée, gigoteau de veau au brouet doré.

ROST.

Héronnaulx saulce réalle, oysons à la malvoysie, chevreaux au verjus d'oseille.

|3| Petits hérons.

SECOND ROST.

Lapereaux de garenne aux oranges, poullets fesandés, pastés de cailletaulx.

TIERS SERVICE.

Vinaigrette à la saulce cordiale, poussins au vin aigre rosat, pastés de haslebrans|4|.

|4| Canard sauvage.

QUART SERVICE.

Hestoudeau|5| au moust, pastés de moynaulx, fesans.

|5| Jeune coq.

CINQUIÈME SERVICE.

Pigeons au succre, venayson rostye, canards à la dodine.

SIXIÈME SERVICE.

Cochons, pans, esturgeon.

ISSUE DE TABLE.

Four, troys pièces au plat, gelée ambrée, papillon de pommes, poyres à l'ypocras, cresme et fourmaige en jonchée, l'eau rose.

Le dix-huitième siècle fut l'âge d'or de la cuisine. Les plus nobles seigneurs de cette époque sensuelle ne dédaignèrent pas de patronner de nouvelles combinaisons culinaires; et quand on demandera ce qu'ils firent pour la postérité, on répondra par garbure à la Polignac, croûte à la Condé, filets d'aloyau à la Conti, côtelettes de mouton à la Soubise, tendrons d'agneau à la Villeroy, rondin de faisan à la Richelieu, poulets à la Montmorenci; les plus grands noms sont associés aux ragoûts les plus délicats.

Quiconque veut expérimenter à fond les inépuisables ressources de la cuisine, doit se pourvoir d'un maître d'hôtel ou d'un chef. La Cuisinière atteint rarement le degré de science d'un chef émérite. Le chef sert l'aristocratie, la Cuisinière la petite propriété. Le premier a l'ambition de poser les règles de l'art, d'être le législateur des casseroles, d'imaginer de nouvelles recettes; la Cuisinière se contente d'appliquer celles dont l'excellence est démontrée. Le *Cuisinier Royal*, les œuvres de Carême, l'*Almanach des Gourmands*, voilà les livres que consulte le chef. La rivale ne lit, quand elle lit, que la *Cuisinière bourgeoise*, et autres traités élémentaires: elle ignore ce que c'est que les *cromesquis d'amourettes*, les pigeons *Gauthier à l'aurore*, les *pascalines* d'agneau, les filets de perdreaux à la *Singara*, les coquilles de laitance de carpes, les *Orly* de filets de soles, les ragoûts à la *Chipolata*. Dans la sphère inférieure où elle exerce, les prescriptions de la cuisine transcendante seraient inapplicables. Pourrait-on, sans se ruiner, se régaler du plat dont on voit la recette dans le *Cuisinier Royal*, page 494:

ŒUFS POCHÉS A L'ESSENCE DE CANARDS.

Mettez douze canards à la broche; quand ils sont cuits verts, c'est-à-dire presque cuits, vous les retirez de la broche; vous ciselez les filets jusqu'aux os, vous prenez le jus et vous l'assaisonnez de sel et de gros poivre; vous ne le faites pas bouillir, et vous le versez sur *quinze œufs pochés*.

On conviendra qu'il faut être au moins prince du sang pour employer douze canards à l'assaisonnement de quinze œufs.

Les Cuisinières qui, par leur habileté, font concurrence aux chefs de cuisine, prennent le titre de *Cordon bleu*. C'était, comme vous le savez, la marque distinctive des chevaliers du Saint-Esprit; cet ordre n'étant conféré qu'aux premiers de l'État, la désignation de *cordon bleu* indiquait naturellement une personne de distinction. On disait du plus capable des moines d'un couvent: «C'est le *cordon bleu* de l'ordre.» On dit encore d'une Cuisinière habile: «C'est un *cordon bleu*.»

Les antipodes des *cordons bleus* sont les ex-bonnes d'enfants, qui, après avoir erré de maison en maison, et appris de leurs maîtresses les formules de quelques ragoûts usuels, s'érigent brusquement en Cuisinières. On usurpe ce nom comme celui d'homme de lettres: l'un, après avoir fait cuire imparfaitement une épaule de mouton; l'autre, après avoir rédigé une réclame en faveur de la pommade mélainocome.

Quand une femme se proposera comme préparatrice de vos aliments, ayez soin de lui faire subir un sévère interrogatoire; et si elle n'a pas étudié chez un restaurateur connu, proscrivez-la impitoyablement. On ne saurait trop se défier de la présomption des chercheuses de place. Telle dont le talent ne s'est jamais haussé au-dessus d'une blanquette de veau, ose se dire capable d'un *suprême* de volaille. Toutes tâchent d'éblouir la bourgeoisie par un étalage de noms aristocratiques. Elles ont toujours servi chez des marquis ou des millionnaires; leur passé est toujours plus beau que leur présent. Dans une maison où elles gagnent trois cents francs à préparer chaque jour un repas de deux couverts, une Cuisinière parle avec orgueil des ducs et pairs chez lesquels elle a brillé. Il fallait la voir au château de ***, félicitée par d'innombrables convives, récompensée par d'illustres suffrages, comblée de cadeaux, d'éloges et d'attentions! Le récit de ces triomphes imaginaires a pour but d'inviter ses maîtres actuels à imiter autant que possible la libéralité des grands.

La vanité de la Cuisinière lui inspire l'amour de la domination: elle veut commander dans sa cuisine comme un sacrificateur à l'autel. Elle n'a de comptes à rendre à personne; elle répond évasivement aux questions qu'on lui adresse sur le menu. Au jeune fils de la maison, gastronome de haute espérance, alléché par le fumet des comestibles, elle crie d'un ton maussade: «Allez-vous-en: je n'aime pas qu'on vienne regarder dans mes casseroles.» En d'autres instants, elle est gracieuse, souriante, expansive. Où trouver la cause de ces variations? est-ce uniquement dans le caractère féminin? Nous sommes tenté de croire que l'exposition permanente à une atmosphère élevée, le travail continu, les vapeurs méphitiques du charbon, ont une action funeste sur le cerveau des Cuisinières. Elles ont des boutades, des divagations, des singularités qui attestent en elles quelque parenté avec les pensionnaires de Charenton.

Les Cuisinières ajoutent à l'argent de leurs gages et des gratifications le produit de la vente des os, des graisses, des morceaux de pain moisis et des restes de la cuisine. Les os servent à la préparation du noir animal; les croûtons abandonnés et l'eau de vaisselle sont emportés par les laitières pour la nourriture des bestiaux; les graisses, dont on a soin d'augmenter la provision en prodiguant le beurre dans les sauces, sont vendues aux marchands de friture pour la confection des beignets, crêpes, goujons, limandes et pommes de terre. Les rogatons et débris de repas échoient en partage à des industriels appelés marchands d'*arlequins*, à cause de la variété multicolore des comestibles de rebut dont ils font commerce.

La Cuisinière tient essentiellement, par des motifs particuliers, à être envoyée à la provision. Sitôt qu'elle s'aperçoit que la maîtresse de la maison se rend en personne à la halle, elle murmure entre ses dents: «Ah! ah! croit-on que je resterai longtemps dans cette baraque?» Elle est persuadée qu'on attente à ses priviléges en lui ôtant la possibilité de *faire danser l'anse du panier*. Plus on lui témoigne de défiance, plus elle s'efforce d'enfler ses comptes avec les fournisseurs. Malheur aux maîtresses soupçonneuses qui disent du matin au soir: «Mon Dieu! il me semble qu'on me vole! assurément on me vole! il n'y a pas là pour dix centimes de salade! Allons! encore une à renvoyer! c'est désolant!» Ces ménagères attentives se torturent inutilement l'esprit, et sont aussi dupées que les autres.

La qualité qu'on recherche le plus dans les Cuisinières est la fidélité, parce qu'elle est rare. On aurait souvent sujet de leur répéter, au premier jour de l'an, ce que disait le cardinal Dubois à son intendant: «Je vous donne ce que vous m'avez volé.» La plupart ne s'aviseraient point de réclamer d'autres étrennes. Toutes montrent un mépris souverain pour les bourgeoises qui ne dédaignent pas de se lever avec l'aurore, et de courir au marché. Nous étions l'autre jour à la halle; il était sept heures; les Cuisinières se retiraient déjà, après avoir acheté directement des légumes aux maraîchers, et les maîtresses de maison paraissaient. Nous entendîmes de nos propres oreilles ces mots injurieux partir d'un groupe de Cuisinières: «Voilà les *rosses* qui viennent; elles sont capables d'avoir encore aussi bon marché que nous.»

Notre ennemi, c'est notre maître;

telle est la devise des Cuisinières. Elles ont en horreur, avec quelque raison, ces dames qui, pour un ragoût trop salé, s'emportent comme si l'on avait mis le feu au logis, et qui se lèvent de table pour crier à la cantonade: «Votre sauce est tournée;—votre rôti est brûlé.» Pendant cet intermède, les convives se regardent, émiettent leur pain, et se demandent si on les a invités pour assister à la correction d'une Cuisinière délinquante.

Ne parlez pas à la Cuisinière des innovations culinaires, fourneaux économiques, appareils concentrateurs, marmites autoclaves, cafetières à l'esprit-de-vin, gril pour faire des côtelettes avec une feuille de papier; ce sont, à ses yeux, d'abominables créations. Tout ce qui s'écarte de la bonne vieille routine lui semble criminel. Jeannette, après dix ans de service, a donné un congé qu'elle n'eût jamais reçu. On avait voulu lui imposer l'obligation de faire la cuisine à la lueur d'une lampe, par brevet d'invention. Au bout de deux jours elle offrit sa démission. «Voyez-vous, Madame, dit-elle, quand je vois brûler cette lumière en plein jour, il me semble que j'ai un mort dans ma cuisine.»

La superstition porte la Cuisinière à se faire tirer les cartes. Elle voit mort et maladie dans le dix de pique, trahison dans le carreau, argent dans le trèfle, et jeune homme blond dans le valet de cœur. Le jeune homme blond en question est d'ordinaire un soldat. Chétivement nourri par le gouvernement, il éprouve une vive sympathie pour celle dont les présents substantiels lui font prendre en patience l'exiguïté des rations. Si on le surprend dans la cuisine, employé aux fonctions peu militaires de laveur de vaisselle, son honorable amie a toujours une excuse prête, une chose unique, mais péremptoire: «C'est mon cousin.» Ce n'est pas néanmoins une raison suffisante pour vider clandestinement des bouteilles à cachet vert.

La Cuisinière mariée est peut-être encore plus dilapidatrice que celle qui, sans prononcer des serments éternels, daigne accueillir les hommages d'un *tourlourou* gourmand et passionné. Son ménage est un repaire où elle porte tout ce qu'elle peut enlever, pain, vin, bougies, chandelle, beurre, sucre, aliments en nature ou assaisonnés. Pour son époux, ses enfants, ses parents, ses amis et connaissances, elle met à contribution cave, office et garde-manger. Femme estimable! qui oserait te reprocher tes déprédations, en te voyant guidée par la tendresse conjugale, l'amour maternel, la charité envers ton prochain?

Il est dangereux, quand les Cuisinières avancent en âge, de leur commander une matelote à la marinière, une carpe au bleu, ou tout autre mets dans lequel le vin entre comme condiment principal. Elles font deux parts de liquide; la plus petite tombe dans la casserole, la seconde dans leur gosier. On remarque alors en elles un assoupissement facile à expliquer. Nous en avons connu une dont la vie fut prématurément terminée, à l'âge de soixante-quinze ans, par un horrible accident. Elle mourut victime de son affection pour le condiment de la carpe au bleu. Endormie après boire au coin de la cheminée, elle se laissa choir dans le feu, et quand on la releva, la pauvre vieille n'existait plus.

Les Cuisinières de petit ménage vieillissent et meurent à leur poste; celles de bonne maison mettent de l'argent à la Caisse d'Épargne, et se réservent, comme elles disent, *une poire pour la soif*. Parfois, aveuglées par le démon de la spéculation, employant leurs économies à s'acheter un fonds de commerce, elles compromettent en peu de temps ce que leur ont valu des années de gains licites et illicites. Les plus sages se retirent dans leur pays natal, auprès de leurs enfants, et achèvent d'y manger en paix le dessert de leur existence.

Le Porteur d'Eau.

VII.
LES PORTEURS D'EAU.

On achète l'eau à Paris.

MERCIER.

SOMMAIRE: Débarquement.—Trois classes de porteurs d'eau.—Mœurs et habitudes.

De grandes causes sont parfois nécessaires à de petits effets. Pour que l'eau, commune et indispensable à tous, devînt une marchandise, il a fallu qu'une immense population s'agglomérât sur un même point. Les porteurs d'eau végètent dans les grandes villes de nos départements, mais Paris est leur centre d'action, leur terre classique, leur Eldorado, le seul lieu où ils puissent se développer à l'aise, exercer fructueusement leur industrie, et prospérer par l'économie, cette richesse du pauvre.

Les porteurs d'eau appartiennent à cette colonie qui, descendue des montagnes d'Auvergne, s'abat annuellement sur Paris. Quelques-uns viennent de la Normandie, cette autre Auvergne, où fleurit, non moins qu'aux environs de Saint-Flour, l'amour du lucre et du travail; mais la majorité est originaire du Cantal et de l'Aveyron.

Lorsqu'un habitant de ces parages se détermine à venir à Paris, qu'il a triomphé de la résistance de ses parents et mis le curé dans ses intérêts, il s'empresse d'annoncer le jour de son arrivée à ses amis de la capitale. La nouvelle se propage; on en cause dans les *chambrées* et aux *fontaines*, et le nouveau débarqué est sûr de trouver à la Maison-Blanche, au delà de la barrière de Fontainebleau, une quarantaine de ses compatriotes. Il arrive; on s'élance, on l'étouffe de caresses, on ne peut se lasser de le voir et de l'embrasser: «*Té boila doun, moun omic Antoino! Dios usé sé to sontat ès bouno? Imbrasso usé, imbrasso usé incaro!*» Après avoir subi de rudes mais cordiales étreintes, et vidé plusieurs chopines, Antoine est conduit chez le marchand de vin, où un repas substantiel a été préparé. Là chacun l'accable de questions: «*Tout lou mondé se puorto bien chias nantrès?—Tout lou mondé bo bien.—Digas, la récouolto sero poulida a questa annada?—La recouolto sero bien jintoo.—La Marion é maridado?—Opé.—Le bacquos se bendou bien?—Caros.*

D'autres l'interrogent sur la fête patronale de leur village, à laquelle ils n'ont pas assisté depuis si longtemps, et dont ils regrettent les plaisirs. «*Lo festo ès estado jintoo?—Brillianto! O ben bien danssat jusqu'o lou moty.—Esqué y obéz ogudos de desputos? Bous sés bossuts?—Non, tout és estat bien tranquillé.*»

Puis c'est à qui demandera des nouvelles de sa famille. «*É Jiann ès rebengut ol poys?—É coussi, dias mé, se puorto moun cousi Pierrés?—É moussu lou curat?—É mo tanto?—É mo cousino?—É mo nébondo?*» L'infortuné Antoine trouve à peine le temps de manger, et d'offrir à la ronde des fromages, des noix et des noisettes; précieuses denrées, car elles viennent du pays!

Huit jours sont consacrés à piloter le novice dans la capitale. De complaisants *ciceroni* le conduisent au Palais-Royal, à la Colonne, au Jardin-des-Plantes, à la marmite des Invalides; tel est, dans l'esprit des Auvergnats, l'ordre hiérarchique des curiosités parisiennes. La première semaine qu'il passe à Paris est une époque de plaisirs et de *far niente*. Le dimanche, on le promène d'église en église, non par piété, mais pour lui faire *entendre les orgues*; on le régale à la barrière, on le conduit à la danse..., puis, le lendemain, adieu les joyeuses excursions! Un rigoureux carême suit les plaisirs d'un carnaval éphémère; notre homme endosse la sangle, est dressé au maniement de la *croche* et du *cerceau*, et installé auprès d'un porteur d'eau à cheval en qualité de garçon, aux appointements de deux francs et cinq *canons* par jour.

Il y a parmi les porteurs d'eau trois classes distinctes, rapprochées par l'identité de leurs mœurs, divisées par la diversité de leurs moyens d'exécution: les porteurs d'eau au tonneau à cheval, les porteurs d'eau au tonneau à bricole, et les porteurs d'eau à la sangle. Les premiers sont l'aristocratie, les seconds le tiers-état, les troisièmes la plèbe, le *profanum vulgus*.

Une clientèle de porteur d'eau s'achète comme tout autre fonds de commerce; un *ouvrage* coûte:

A cheval, de	12,000	à	14,000	francs.
A bricole, de	4,500	à	5,000	
A la sangle, de	1,200	à	1,500	

L'évaluation de l'*ouvrage* est en raison du nombre et de la position sociale des clients. Les pauvres, suivant une loi malheureusement trop universelle, sont moins estimés que les riches. On prend en considération le quartier; les rues tortueuses du faubourg Saint-Jacques, dont les habitants ont besoin d'être avertis par les cris de: *à l'eau...au!* sont moins recherchées que la Chaussée-d'Antin et le faubourg Saint-Germain. L'abonné de trois francs par mois se vend de 90 à 100 francs; celui qui passe six mois de l'année à sa campagne n'a que la moitié de la valeur d'une pratique inamovible, à moins que l'importance de sa consommation d'hiver ne compense les désavantages de son émigration.

Le prix de l'*ouvrage* comprend les ustensiles nécessaires à la profession, savoir:

PREMIÈRE CLASSE.

Cheval	700	francs.
Tonneau	800	
Harnais	300	
Huit paires de seaux à 7 francs la paire	56	
Une croche	2	
	1858	

DEUXIÈME CLASSE.

Tonneau	250	francs
Deux paires de seaux	14	
Une bricole	6	
Une croche	2	
	272	

TROISIÈME CLASSE.

Une paire de seaux	8	francs
Une sangle et deux crochets de fer	5	
	13	

Pour parfaire la vente d'un *ouvrage*, les parties contractantes s'attablent, avec quelques amis, dans un cabaret; le plus lettré de la bande sert de notaire et rédige l'acte, et le prix convenu est immédiatement compté au bailleur. Voici comment s'opère la substitution de l'acheteur au vendeur de l'*ouvrage*: celui-ci conduit son remplaçant chez toutes ses pratiques, et le présente solennellement: «*Ch'est mon beau-frère*, dit-il (ou *mon cousin*); *je chuis obligé d'aller faire un petit voyage au pays; auriez-vous la bonté de le rechevoir à ma plache pendant quelque temps?*» Lorsqu'un porteur d'eau vous tient à peu près ce langage, soyez sûr que le voyez pour la dernière fois, et que vous avez été vendu à votre insu au soi-disant beau-frère ou cousin.

Les porteurs d'eau au tonneau sont régis par des règlements particuliers. Ils doivent être munis d'un numéro d'ordre que la police leur délivre moyennant 3 francs 50 centimes, et d'une *carte de roulage*. Leurs tonneaux sont soumis au jaugeage, et ils ne peuvent les remplir qu'aux pompes publiques, qui leur fournissent par an (terme moyen) 19,165,000 hectolitres d'eau. Ils ont à payer un droit de 10 centimes par hectolitre. Ils sont tenus d'avoir leurs tonneaux pleins pendant la nuit, sous peine d'amende, soit qu'ils les laissent en station sur la place publique, soit qu'ils louent un coin de hangar à quelque propriétaire avide, moyennant 1 franc 50 centimes par mois.

Dans les incendies, les porteurs d'eau au tonneau sont astreints à un service dont ils s'acquittent avec une louable émulation. A vrai dire, la prévoyance municipale leur octroie en ce cas une indemnité de 10 francs pour un tonneau à cheval, de 5 pour un tonneau à bras; et celui qui établit par témoins, devant le commissaire du quartier, qu'il est arrivé le premier à l'endroit du sinistre, perçoit une gratification de 15 francs. Mais nous aimons à croire que, dignes adjudants des pompiers, les porteurs d'eau ne sont point guidés uniquement par l'intérêt, ce puissant mobile de leurs compatriotes. Observez plutôt avec quelle activité ils courent, pendant un incendie, aux pompes, aux fontaines, aux bornes-fontaines, car en ce cas ils puisent indistinctement partout, sans payer de droits; l'eau est trop précieuse alors pour n'être pas gratuite.

Quoiqu'en contact continuel avec des agents de l'autorité, les porteurs d'eau au tonneau l'aiment et la soutiennent. Ils sont partisans du gouvernement établi, non parce qu'ils ont jadis coopéré avec le comte Lobau au maintien de l'ordre public, mais parce que leurs tonneaux forment, avec les omnibus et les fiacres, la matière première de toute barricade. «*Figuro té*, disait l'un d'eux à un collègue après l'émeute du mois de mai 1839, *figuro té qué iou passabo tranquillomin omé moun tounau dins lo ruo Transnounain; boilà qué me toumbéron sur lo cosaquo uno vingténo dé gronds lurons omé dé barbos coumo dés sopours; o qu'o éro effroyant!...*

—*O la véritat?*

—*Coumo iou té disé, o quò és. Me demondou: Nous cal toun tounau per fa uno baricado; iou respondéré: Bouléz me ruina doun? Nou, nou, me diéron, tu lou romosoras lou tounau quond la républiquo auro trioumphat! Per mo rosou, iou respondéré, couré grond risquo d'ottendré loung téms! Iou voulio de nouvel répliqua, més sé jetteront sur moun tounau, lou ronbérséron, et m'auriau ronbersat aussi, se mé suesso pas saubat.*

—*Dios as remisat loun tounau?*

—*Oui, més ero tout obimat! é mo coustat vingto chinq froncs de reporotions!!»*

Ces dépenses fortuites n'empêchent pas les porteurs d'eau au tonneau d'être au nombre des petits commerçants aisés. En vendant la voie d'eau 2 sous au commun des martyrs, 6 liards aux pratiques, 1 sou aux abonnés, chaque porteur d'eau à cheval touche de 550 à 600 francs par mois. Établissons leur balance, et voyons leur bénéfice net:

Droits de pompe	180	francs.
Nourriture du cheval et entretien du tonneau	100	
Un garçon	60	
	340	

Il leur reste donc mensuellement environ deux cent soixante francs, sur lesquels ils prélèvent le moins possible pour les frais de nourriture et de logement. Néanmoins, ils se trouvent souvent dans l'impossibilité d'acquitter les dettes qu'ils ont contractées pour l'achat de leur fonds. Tantôt les chances du commerce leur sont contraires; tantôt, aveuglés par une passagère prospérité, ils laissent prédominer chez eux le goût du vin et du piquet. Ainsi, quand on visite la prison de Clichy, on est étonné du nombre de porteurs d'eau qu'elle renferme. On s'attend à y trouver en majorité des lions ruinés, des dandys à la réforme, des boursiers, des hommes de lettres et des libraires, et l'on n'y remarque que des porteurs d'eau. Ils y séjournent avec une patience digne d'un meilleur sort. Une fois encagés, ils ne font aucune démarche pour en sortir, trouvant fort commode d'être logés et nourris aux frais de leurs créanciers. Ceux-ci se lassent ordinairement les premiers, et rendent aux détenus la liberté qu'ils leur avaient infructueusement ravie.

Le cheval du porteur d'eau mérite une mention honorable. Tout normand qu'il est, il semble appartenir à une espèce particulière, omise à tort par le comte de Buffon. Le galop lui est totalement inconnu; son allure tend plutôt à se rapprocher de celle de la tortue. Cet étrange quadrupède ne s'emporte jamais, marche en ligne droite, fait trois pas, s'arrête, recommence et s'arrête encore: touchant symbole de l'égalité d'humeur et de la régularité de conduite.

Le porteur d'eau à bricole se sert de cheval à lui-même. Quand il traîne sa voiture, son corps est plié, ou plutôt cassé en quatre, sa tête touche presque le pavé, et l'on dirait qu'il aspire à la tombe, comme le nez du père Aubry. Moins favorisé de la fortune que le porteur d'eau à cheval, il se fatigue plus et gagne moins. Il a souvent des démêlés avec les inspecteurs de police, car, pour éviter trente centimes de droits, il remplit frauduleusement son tonneau à la fontaine la plus voisine; mais des agents ont vu l'attentat; le délinquant est saisi au moment où il verse le dernier seau de l'eau prohibée. Les agents menacent, le porteur d'eau se lamente, la foule s'ameute, crie à l'arbitraire et à la tyrannie, prend, comme toujours, le parti du coupable, ce qui ne le sauve pas d'une amende de quinze francs et de la confiscation de son tonneau pendant huit jours.

Quoique dans une condition évidemment inférieure à celle des porteurs d'eau à tonneau, les porteurs d'eau à la sangle jouissent de certains avantages. Ils ont moins de frais d'établissement; ils sont exempts du jaugeage, et puisent sans droit à toutes les fontaines, sauf aux bornes-fontaines, qui ne donnent que de l'eau du canal. Rassemblés autour des bassins, ils peuvent causer, rire, parler du pays, faire des armes à coups de poing, lutter, se jeter à terre, divertissements qui paraissent avoir de grands charmes pour eux. De sérieux griefs, l'enlèvement déloyal d'une pratique, les injustes prétentions d'un confrère à remplir ses seaux avant son tour, occasionnent assez fréquemment des combats trop réels.

Si, plusieurs fois par jour, les porteurs d'eau visitent la boutique du marchand de vin, n'attribuez cette circonstance ni à l'ivrognerie, ni à une mystérieuse complicité dans des mélanges illicites. De rudes travaux leur rendent nécessaires les stimulants alcooliques. Ne se lèvent-ils pas avant l'aube? les voitures des uns n'ébranlent-elles pas le pavé même avant celles des laitières? les cris des autres ne réveillent-ils pas le Parisien attardé dans son lit? ne parcourent-ils pas plusieurs myriamètres par jour, non pas seulement en ligne horizontale, mais verticalement, en montant et descendant des escaliers interminables comme l'échelle de Jacob? Pardonnons-leur donc d'avoir recours à un liquide plus fortifiant que celui qu'ils débitent.

C'est dans les rues les plus sales et les plus étriquées des faubourgs Montmartre, Saint-Denis et Saint-Martin, que se logent les porteurs d'eau. Ils sont cantonnés par chambrées, où chacun confectionne à tour de rôle le dîner, composé de soupe au lard et aux choux, et de pommes de terre rôties à la poêle. Habituellement, les hommes mariés ont laissé leurs femmes au pays, et vivent avec les célibataires; ceux qui sont en ménage louent une chambre et un cabinet, placent dans cette dernière pièce la couche nuptiale, et alignent dans la chambre trois ou quatre lits qu'ils louent chacun à raison de six francs par mois. On assure qu'en Auvergne, les Auvergnats sont éminemment hospitaliers; à Paris, ce sont les antipodes des montagnards écossais; chez eux, *l'hospitalité se vend, et ne se donne jamais.*

Les femmes des porteurs d'eau aident et relaient leurs maris, font des ménages, lavent la vaisselle, sont fruitières ou charbonnières. Un labeur incessant dénature leurs formes, et le mauvais goût de leur toilette n'est pas propre à réparer l'effet détériorant du travail. A défaut de beauté physique, elles ont des qualités morales; c'est une compensation.

Le dimanche, les porteurs d'eau emploient à un nettoiement général l'eau qu'ils ont toute la semaine réservée à leurs pratiques, et se rendent à la barrière, où ils dînent avec du veau rôti, de la salade, et du vin au broc. Le soir, ils vont à la *musette, à la danse auvergnate,* jamais au *bal français;* car les Auvergnats n'adoptent ni les mœurs, ni la langue, ni les plaisirs parisiens. Ils restent isolés comme les Hébreux à Babylone, au milieu de l'immense population qui tend à les absorber; et l'on peut dire que, plus heureux que les Sauvages, ils emportent leur pays à la semelle de leurs souliers.

Toujours préoccupés du souvenir de leurs montagnes, les porteurs d'eau y retournent le plus promptement possible. Souvent l'impatience de revoir leur clocher les détermine à vendre leur fonds, sauf à en racheter ou créer un autre au retour. Ainsi, avant leur retraite définitive, qu'ils opèrent vers cinquante ans, ils font plusieurs voyages au pays, y placent leurs capitaux en biens immobiliers, jouent aux quilles, dansent des *bourrées,* et prennent les eaux de Vic, de Cransac ou du Mont-d'Or, sous prétexte de rhumatismes gagnés dans l'exercice de leur profession.

Qui croirait que cette industrie, si indispensable en apparence à Paris, peut ne pas tarder à disparaître? Déjà, depuis plusieurs années, des administrations organisées pour la vente de l'eau clarifiée, chaude ou froide, font une redoutable concurrence aux monopoleurs auvergnats. On parle de distribuer, comme à Londres, au moyen de tuyaux, de l'eau dans toutes les maisons et à tous les étages. O porteurs d'eau! en traçant votre portrait, aurions-nous donc écrit votre oraison funèbre?

Le Maréchal ferrant.

VIII.
LE MARÉCHAL-FERRANT.

La vie dure qu'ils mènent ne contribue pas peu à les rendre grands et robustes, tels que nous les voyons.

TACITE, *Mœurs des Germains*, parag. 20.

SOMMAIRE:—Parenté des Maréchaux-Ferrants avec les maréchaux de France.—Conditions physiques nécessaires à l'exercice de la profession.—Compagnons rouleurs.—Mère des Maréchaux.—Atelier du Maréchal-Ferrant.—Travail.—Journée du Maréchal-Ferrant.—Accusation de tapage nocturne.—Maurice, comte de Saxe.—Costume et instruments.—Le Maréchal-Ferrant des campagnes.—Maréchaux-Grossiers.—Connaissances du Maréchal-Ferrant.—Causes de sa disparition future.—Maréchal-Ferrant dans l'armée.—Ses devoirs.—Ses rapports avec le capitaine commandant et le capitaine instructeur.

Pourquoi le dédaignerions-nous, ce sombre industriel, cordonnier ordinaire de *la plus noble conquête que l'homme ait jamais faite*? Il appartient à l'intéressante famille des manipulateurs du fer; et tous, mineurs, fondeurs, forgerons, serruriers, gens utiles, sinon agréables, rudes travailleurs aux mains noires et au teint cuivré, jouissent d'une estime particulière, juste indemnité de la difficulté, de la tristesse et de l'importance de leurs occupations. Une considération non moins grande s'est toujours attachée à ceux qui prennent soin de la race chevaline. D'où sortaient les plus éminents officiers des anciens rois? de l'écurie. Le connétable n'était que le comte préposé à l'étable, *«regalium præpositus equorum, quem connestabilem vocant,»* comme dit dans son latin semi-barbare le chroniqueur Grégoire de Tours. Le Maréchal avait la charge des chevaux de guerre du roi. *Mark-scal* signifiait, en vieil allemand, *maître des chevaux*, et les savants étymologistes qui ont voulu faire dériver ce mot de *mark* (*frontière*) et de *child* (*défenseur*), ont ignoré que le monosyllabe *scal* se retrouvait dans *senes-cal* (*maître des cuisiniers*). D'après un ancien mémoire de la Chambre des Comptes, les Maréchaux-Ferrants de Bourges donnaient annuellement aux maréchaux de France quatre fers au mois d'avril et quatre autres le jour de Pâques. Ce fait ne prouve-t-il pas une communauté d'origine, un rapprochement fraternel entre le premier dignitaire de l'armée française et le type que nous étudions?

Enorgueillis-toi donc, ô Maréchal-Ferrant! qu'un peu d'honneur te console de tes peines, toi dont le métier use la vie! Tu es de ceux, pauvre homme! qui travaillent le plus et qui gagnent le moins. Le prix élevé du fer, celui du charbon, la prompte usure des outils, nuisent à ta prospérité. Tes fatigues, pourtant, sont accablantes, prolongées, sans cesse renaissantes; tu n'y résisterais point si la nature ne t'avait doué d'un physique d'élite. Il est de ces professions que le premier venu peut embrasser sans nulle vocation, quand même il serait notoirement invalide de corps et d'esprit. On peut être indifféremment expéditionnaire ou bimbelotier; mais Maréchal-Ferrant, non pas. Il faut, pour battre le fer sur l'enclume, des muscles saillants, une stature élevée, des bras nerveux. Un homme qui, s'il fût né à Sparte, eût été immédiatement jeté du haut des précipices du mont Taygète, ne saurait prétendre à tenir le marteau.

L'aspirant Maréchal-Ferrant débute par être *compagnon rouleur*. Aussitôt qu'il a quelque teinture du métier, il quitte son premier maître, part, et va de ville en ville, s'arrêtant pour travailler au prix de dix-huit à trente francs par mois. Grâce aux lois bienfaisantes du compagnonnage, il est assuré d'un gîte en attendant de l'emploi. Un compagnon rouleur entre dans Paris; est-il isolé, perdu, au milieu de l'immense population? point. Il demande au premier passant qu'il rencontre la rue Vieille-du-Temple; arrivé devant le n° 97, il avise, au centre de la façade de cette maison, un carré long peint en noir, sur lequel se détachent en ronde bosse des fers dorés et la statue de saint Éloi. Au-dessus est écrit en lettres raturées par le temps:

MÈRE DES MARÉCHAUX-FERRANTS.

Hôtel du grand Saint-Éloi.

Le compagnon paraît; il trouve des frères attablés dans la buvette du rez-de-chaussée; il se fait reconnaître; on lui accorde les vivres, le couvert, un crédit illimité. Dès le lendemain, s'il vient une demande, il sera placé, sans que le maître auquel on l'adressera ait le droit de le refuser. L'ouvrier éprouve ainsi combien l'association donne de force aux faibles, de richesse aux pauvres, de grandeur aux petits, de consolations aux malheureux.

Quand il a recueilli les fonds nécessaires, le Maréchal s'empresse de s'établir. Son atelier est moins une boutique qu'un hangar noir et charbonné. La forge s'élève dans un coin, et, à côté, pend l'énorme soufflet qui active la flamme; l'enclume est la table de milieu de cet appartement enfumé; les marteaux, les ferrailles, sont épars çà et là sur le sol. On voyait près de la porte, il y a peu d'années encore, une espèce de cage en bois appelée *travail*, prison destinée aux chevaux récalcitrants; mais ils sont, à ce qu'il semble, devenus plus dociles, ou les Maréchaux plus habiles à les maîtriser, car la machine répressive est supprimée presque partout. Un arrêté de la Cour de Cassation, du 30 frimaire an XIII (21 décembre 1804), a d'ailleurs mis un terme aux empiétements que les Maréchaux se permettaient sur la voie publique; il les a consignés dans leurs ateliers ou leurs cours, en prohibant l'établissement de nouveaux travails dans la rue, attendu les ruades que les passants étaient susceptibles de recevoir.

Si la boutique du Maréchal est sur le bord d'une route, elle luit le soir comme un fanal aux yeux du piéton attardé. L'artiste en quête du pittoresque, l'ouvrier en tournée, le soldat qui regagne son corps, aperçoivent de loin la forge étincelante, et hâtent joyeusement le pas vers l'étape. C'est chez le Maréchal qu'ils s'arrêtent pour prendre langue et allumer leur pipe; il a toujours à leur disposition de bons renseignements sur les auberges de l'endroit, et un charbon incandescent qu'il tire lui-même de la fournaise pour le présenter au voyageur.

L'activité du Maréchal fait le désespoir de ses voisins; les infortunés sommeillent, lorsque, brusquement arrachés à leurs rêves, ils entendent retentir le marteau; c'est le Maréchal qui, debout avant l'aube, prépare les fers pour la journée. Ses travaux ne sont interrompus qu'à neuf heures par le déjeuner, et à deux heures par le dîner. Mais si un commissaire de police les surprend plus tard à la besogne, gare le procès-verbal et l'amende! «En passant dans la rue de la Saulaye, nous avons entendu un bruit considérable de violents coups de marteau, provenant du travail du sieur Bourguignon, maréchal-ferrant, demeurant dans ladite rue; lequel peut troubler le repos et la tranquillité des habitants voisins; et attendu que l'ordonnance de police du 26 juin 1778, non abrogée, maintenue, au contraire, implicitement par l'article 484 du Code pénal, défend à ceux qui exercent des professions à marteau de commencer leur travail avant cinq heures du matin, et de le prolonger au delà de huit heures du soir, à peine de 50 francs d'amende, sommes entré chez ledit sieur, et lui avons enjoint de cesser son travail à l'instant même, avec défense expresse de l'exercer avant ou après les heures prescrites; et, pour la contravention par lui commise, lui avons déclaré procès-verbal, pour lui être donné telles suites que de droit par voie de police correctionnelle, attendu la quotité de l'amende;

«Et, par ledit sieur Bourguignon, nous a été dit qu'il avait de la besogne pressée, et qu'il se moquait pas mal de nous; et a signé après lecture faite;

«Contre laquelle réponse nous avons fait toutes réserves et protestations de droit, et avons signé. N...»

La prestance du Maréchal est digne et imposante; les émanations ferrugineuses qu'il absorbe entretiennent sa vigueur naturelle, par laquelle il s'est acquis dans tout le voisinage une juste célébrité.

Les fastes des Maréchaux-Ferrants rapportent que l'un d'eux fit assaut de force avec Maurice, comte de Saxe. Ce général illustre, voyageant incognito en Flandre, vers l'année 1744, s'arrête, dit la chronique, à la porte d'un Maréchal-Ferrant, et lui demande à voir son assortiment de fers, pour choisir ceux qui lui paraîtraient convenables à sa monture. L'ouvrier lui en présente de différentes qualités.

«Que me donnez-vous là?» dit le maréchal de France; «ce sont des fers de pacotille!» Et les prenant par les extrémités, entre l'index et le pouce, il en brise plusieurs successivement.

 Le Maréchal-Ferrant le laisse faire, admirant en silence cette prodigieuse vigueur. Quand le comte de Saxe est las de casser des fers, il en désigne quatre des plus solides; l'artisan se met au travail, et, après avoir achevé son opération, reçoit un écu de six livres.

«Que me donnez-vous là?» dit-il; «votre argent n'est pas de bon aloi!» Et ses doigts robustes, étreignant les bords de la pièce, la séparent en deux moitiés.

«Peste!» s'écrie le comte de Saxe; «il paraît que j'ai affaire à forte partie. Voyons si vous continuerez longtemps comme vous avez commencé.»

Cinq ou six pièces offertes au Maréchal-Ferrant ont le sort de la première.

«Je me ruinerais à cette épreuve,» dit Maurice en remontant à cheval; «je me reconnais vaincu, vaincu comme les Hongrois à Prague! Tenez, voici deux louis, buvez à la santé du comte de Saxe.»

Cette fantaisie athlétique rappelle celle d'un major de cavalerie, nommé Barsabas, mentionné dans les *Ana* du dix-huitième siècle. Il avait l'habitude, toutes les fois qu'il faisait ferrer un cheval, d'emporter l'enclume et de la cacher sous son manteau.

Nos Maréchaux-Ferrants n'ont pas moins de solidité dans les poignets que leurs prédécesseurs. Les manches de leur grosse chemise grise, roulées jusqu'au-dessus des coudes, laissent à découvert des bras énormes, dont le droit, constamment exercé, est toujours plus volumineux que le gauche.

Le Maréchal, quand il procède au ferrage, se munit de poches en cuir à doubles compartiments, maintenues sur les hanches par une ceinture; là sont les instruments de sa profession:

Les *triquoises*, ou tenailles, pour couper les pointes de clous qui font saillie en dehors du sabot;

Le *paroir*, ou poinçon, pour chasser les clous de leurs trous;

Le *boutoir*, ou marteau, pour *brocher* les clous dans le sabot;

Le *rogne-pied*, formé le plus souvent d'une vieille lame de sabre, pour enlever la corne qui déborde le fer.

Les Maréchaux des grandes villes ont substitué aux poches de l'ancien temps une boîte plus élégante, mais peut-être moins commode.

Dans les campagnes, le Maréchal ne se borne pas à ferrer les chevaux; il forge les instruments aratoires, socs, chaînes, anneaux, essieux, etc. Les agriculteurs s'abonnent à l'année pour le ferrage, à raison d'une vingtaine de francs par cheval, et soldent les autres ouvrages sur mémoire. Que feraient-ils sans le Maréchal? comment ouvriraient-ils la terre, s'il n'était pas là pour marteler le métal rebelle, l'arrondir, l'aiguiser, le plier, s'il ne s'érigeait en collaborateur du fermier?

Le Maréchal-Ferrant a la prétention de se connaître en chevaux; il critique ceux qu'on lui amène, et fait subir un interrogatoire à la pratique. «Combien ce cheval a-t-il coûté?—Est-il normand ou ardennais?—A-t-il des vices?—Va-t-il au cabriolet?—Est-il *pinçart*, ou *forge*-t-il?» Le Maréchal se considère aussi comme un vétérinaire remarquable, et pratique tant bien que mal, sur les bestiaux, les opérations de la chirurgie. Les villageois croient qu'il guérit les tranchées des vaches avec des prières et des invocations; mais son véritable talent est une grande expérience. Il reconnaît quand un cheval a besoin d'être purgé avec du sirop de nerprun, du calomel, de l'aloës, du jalap, et des amandes douces; il signale la présence des vers dans les flancs du cheval qui se roule, bâille, écume, s'agite et se mord les côtes. Votre monture est blessée aux pieds, des fissures se sont déclarées au sabot, la corne est attaquée; allez consulter le Maréchal-Ferrant; il préparera pour vous des amalgames de vieux oing, de graisse de cerf, d'huile de laurier, d'onguent populéum, de térébenthine et de jus d'oignons. Il sait appliquer un séton ou donner un coup de lancette, suivant les cas, aux chevaux courbaturés. Il cautérise avec deux traînées de poudre placées de chaque côté de la crête de l'épine vertébrale, ceux qui sont attaqués de paraplégie. Les maladies les plus dangereuses, le farcin, le catharre, la gourme, le vertigo, la morve même, ne résistent point à ses prescriptions; c'est lui du moins qui l'affirme.

> [6] Être *pinçart*, en terme de maréchallerie, c'est marcher sur la pince du pied. *Forger*, c'est frapper les extrémités du fer de devant avec la pointe des pieds de derrière.

On appelle *Maréchaux-Experts* ceux qui, ayant étudié à l'École vétérinaire d'Alfort ou à l'école de Saumur, ont une connaissance approfondie de leur état, de la structure anatomique et des maladies des chevaux.

Les *Maréchaux-Grossiers* sont en même temps menuisiers ou charrons. Afin de prévenir les incendies, on les oblige à avoir deux ateliers séparés par un mur de trois mètres de haut, entièrement en pierre, et contre lequel la forge n'est point adossée. La disposition des portes doit être telle que des étincelles ne puissent voler dans l'atelier où est le bois. Les Maréchaux-Grossiers, avant de s'établir, sont soumis à la visite d'un commissaire de police, qui peut, si les précautions voulues n'ont pas été prises, provoquer la démolition de la forge, la fermeture de l'atelier, et une condamnation à une amende de 400 francs, somme qui dépasse souvent tout l'avoir du délinquant.

Les amateurs de jeux de mots peuvent répéter, à propos du Maréchal-Ferrant, ces paroles de l'Évangile: «Qui frappe par le fer, périra par le fer.» Avant vingt ans, il sera relégué dans les bourgades; et d'où viendra sa ruine? de ce que, déclassant les chevaux, on substituera aux voies actuelles de communication, des chemins fabriqués avec ce même métal qui est aujourd'hui son gagne-pain.

Le Maréchal-Ferrant militaire, personnage différent de celui que nous avons décrit, n'a rien à appréhender des variations de l'industrie. Il est attaché, dans la cavalerie, l'artillerie, le train des parcs, et la compagnie des sapeurs-conducteurs du génie, à ce qu'on nomme le peloton hors rang, peloton exempt de service et composé entièrement d'ouvriers de divers états. En arrivant sous les drapeaux, il s'est empressé de demander à continuer son métier; il a obtenu d'être reçu à l'école de cavalerie de Saumur. Revenu au corps, reconnu capable par le vétérinaire en chef, il s'est installé à la forge, pendant que sa femme, avec l'autorisation du colonel, établissait une modeste cantine. Le voilà maintenant brigadier, portant pour insignes un fer à cheval en haut de la manche, orgueilleux de son grade, s'assimilant sans façon aux maréchaux-des-logis. «Eh! eh! dit-il en parlant d'eux, nous autres Maréchaux, nous nous entendons toujours bien.»

Le Maréchal-Ferrant est payé par le trésorier, sur un état que délivre le capitaine-commandant, après avoir fait visiter la ferrure par les officiers et sous-officiers de peloton. La forge est sous la surveillance du capitaine-instructeur, qui s'assure de la qualité et de la légèreté des fers, du bon emploi des clous, de l'approvisionnement de l'atelier en fers forgés, clous et lopins.

Lorsque le régiment est en marche, le colonel est tenu de veiller à l'entretien de la ferrure, et prescrit aux capitaines qui sont à la tête des compagnies, de faire pourvoir chaque homme monté de deux fers forgés et des clous nécessaires. Les cavaliers sont responsables de ce dépôt envers les Maréchaux.

Le Maréchal-Ferrant militaire est un ouvrier-soldat, brave au besoin, mais habituellement doux et pacifique. Dénué d'ambition, il n'est point entré au service avec l'idée *qu'il avait un bâton de maréchal de France dans sa giberne.* Il n'essaie point de se perfectionner dans *l'école de peloton* et le maniement des armes. Isolé de l'armée active, à laquelle il est cependant si indispensable, il ne songe qu'à s'acquérir la réputation de manier habilement le paroir et le rogne-pied.

La Marchande des Quatre Saisons.

IX.
LA MARCHANDE DES QUATRE-SAISONS.

J'entends Javotte,

Portant sa hotte,

Crier: carotte,

Panais et chou-fleur.

Perçant et grêle,

Son cri se mêle

A la voix frêle

Du noir ramonneur.

DESAUGIERS.

SOMMAIRE: Définition.—Contraste.—Marchandes des quatre-saisons stationnaires et ambulantes.—Concert en plein vent.—Cloche de neuf heures.—Les souris dansent sous la table.—Discussions avec les sergents de ville.—Vieilles marchandes des quatre-saisons.—Leur résignation.— Souvenirs intimes du temps de l'Empire.—Quai de la Tournelle.—Débit de fruits et de légumes dans Paris.—Bouquetières.

De toute la population féminine de Paris, les plus pauvres, les plus crottées, les plus avilies, sont les marchandes des quatre-saisons.

L'étymologie de ce nom est facile à établir; elles vendent successivement les produits des quatre saisons. Vous n'avez qu'à consulter le calendrier républicain, qui contient, comme on sait, l'énumération complète des fruits et des légumes de chaque mois; vous trouverez là tous les éléments du commerce de nos pauvres fruitières en plein vent.

Deux filles naissent le même jour, l'une au premier étage, l'autre sous les toits, toutes deux faibles, vagissantes et nues. La nature a mis en toutes deux le germe de la beauté, du talent, de la vertu; elles sont également douées des qualités précieuses que Dieu réserve à ses élus; elles pourraient toutes deux, tendres fleurs, s'épanouir et briller au soleil. Cependant, voyez-les quinze ans plus tard! La première, fille d'un propriétaire aisé, a grandi dans le luxe et l'abondance; elle a conservé le teint blanc et rose qui la faisait trouver si charmante dans son berceau; ses grâces originelles se sont développées; les admirateurs bourdonnent autour d'elle quand elle entre dans un bal, plus éblouissante de beauté que de parure. Les arts et les sciences ont mis en relief toutes ses facultés; sa voix est musicale, sa parole mielleuse; la modestie habite sur ses lèvres et dans son cœur. Heureux l'époux qui accompagnera sur la terre cet ange descendu des cieux!

L'autre, l'enfant de la mansarde, la fille de la marchande des quatre-saisons, vouée par la misère au métier maternel, a subi de bonne heure les plus cruelles privations; sa voix enfantine s'est brisée à crier sur les places; son corps s'est affaissé sous le poids d'un éventaire; sa taille s'est déformée; elle a les yeux rouges et éraillés, les membres contournés et grêles; ses pieds sont meurtris par les pavés, et cachés à peine dans des savates béantes qui hument la fange des ruisseaux. Le soleil a hâlé, la pluie a battu, le froid a gercé son visage. Qu'a-t-elle appris? rien que des fragments de catéchisme, machinalement répétés. A quel vocabulaire emprunte-t-elle son langage? à celui des plus grossiers artisans. Au milieu d'un peuple matériel, elle s'est promptement façonnée à l'impudeur, et des mots cyniques errent sur sa bouche encore vermeille, comme une limace sur une rose... Qui dirait qu'elles sont de la même race, la jeune fille des salons et celle de la rue? Croirait-on que la société leur ait fait une part assez inégale pour effacer toute trace d'analogie primitive? La seconde était-elle destinée à présenter avec la première un contraste aussi affligeant?

Ce serait une tâche trop pénible que de prolonger le parallèle entre ces deux femmes, jusqu'à la tombe de marbre pour celle-ci, jusqu'à la fosse commune pour celle-là; notre but n'est pas de peindre la vie insouciante et calme des femmes du monde, mais d'appeler un instant leur attention sur des créatures dégradées et souffrantes.

Les marchandes des quatre-saisons servent d'intermédiaires entre les maraîchers de la banlieue et les consommateurs parisiens. La vente en gros des fruits, légumes, herbages, fleurs en bottes et plantes usuelles, est faite tous les matins, au marché des Innocents, par des cultivateurs des environs de Paris; c'est là que les marchandes des quatre-saisons s'approvisionnent, pour vendre à poste fixe ou colporter leurs denrées, suivant le rang qu'elles occupent dans leur communauté. Celles qui ont obtenu des places gratuites en face la Halle au Poisson, ou qui paient d'une redevance hebdomadaire de 70 centimes le droit de stationner autour de la fontaine, ont leurs marchandises disposées sur des espèces de tréteaux surmontés de parapluies gigantesques; ce sont les privilégiées du métier. Elles ont sollicité longtemps avant que le préfet de police leur accordât une place, sur un certificat de bonne conduite et de résidence à Paris depuis un an. Cette pièce essentielle, délivrée par le commissaire du quartier, eût été insuffisante sans de puissantes recommandations; car le nombre des postulantes est toujours supérieur à celui des emplacements disponibles.

Chaque place porte un écriteau sur lequel on lit le nom de la détaillante et le numéro de sa permission. On ne peut avoir à la fois deux places, ni une place et une boutique.

Les marchandes ambulantes des quatre-saisons sont échelonnées le long de la Halle au Beurre, du Marché au Poisson, des rues Saint-Honoré et de la Ferronnerie. Les unes ont devant elles un éventaire, les autres portent simplement à la main leur fonds de commerce; et toutes forment, de leurs voix réunies, le moins harmonieux des chœurs, glapissant sur tous les tons imaginables:

«Voulez-vous des choux-fleurs, des beaux choux-fleurs?

«—Voyez donc la poire au sucre! un sou l'tas!

«—Un sou d'oseille! en v'là d'la belle!

«—Voyez donc la chicorée! huit d'un sou!

«—Un liard le persil!

«—Voyez, Mesdames, un sou les tas d'douillettes![7].

[7] Nom populaire des figues à Paris.

«—Des citrons, Madame, venez voir ces beaux-là! ma belle, voyez la limonade!

«—Voyez, deux sous l'ognon, deux sous la botte!

«—A un sou l'légume!

«—J'ai du bon poireau, d'la belle carotte! voyons, Madame, parlez-moi!

«—Un sou l'tas de sardines, ma biche!

«—Un sou l'tas de plein vent!—Vous dites deux liards?—Ah ben, vous n'mangerez pas d'abricots à c'prix-là c't'année. Ils m'coûtent à moi plus que ça.»

Chacune interpelle ainsi les passants, les passantes surtout, et offre ses prunes, ses oranges, ses fruits secs, ses pommes, ses noix, etc. Quelques-unes vendent des melons en détail, et apostrophent les chalands en ces termes: «Deux sous la coupe! la r'nommée des bons melons!» Les marchandes de noix répètent: «Des vertes au cassé! des belles noix vertes!» Elles tiennent d'une main un petit cylindre de bois qu'elles s'appliquent sur l'abdomen, et de l'autre un maillet; voilà leur enclume et leur marteau; et tout en cheminant par les rues, elles sèment leur route de coquilles de noix.

N'oublions pas celles qui, débitant des poires dites d'Angleterre, font entendre ce cri patriotique:

«Deux liards l'Angleterre! deux liards les Anglais!»

A neuf heures la cloche retentit, et, dès lors, il faut que les marchandes vagabondes enlèvent leur étalage et disparaissent. Elles restent toutefois embusquées dans les rues qui aboutissent à la Halle, guettant les sergents-de-ville chargés de les mettre en fuite. Du plus loin qu'elles aperçoivent un uniforme, elles battent en retraite comme une volée d'oisillons effarouchés par le chasseur; elles attendent que le représentant de la force publique ait tourné le dos, reviennent sur leurs pas, et recommencent à s'égosiller de plus belle, en criant: «A un sou le tas! voyez, Mesdames!»

L'état de la Halle est le critérium de celui de la Cité. Quand la police est sur les traces d'une grande conspiration, quand les *éternels ennemis de l'ordre* s'agitent, la bande entière des sergents-de-ville est employée à réprimer l'émeute. Affranchies de toute surveillance, les marchandes des quatre-saisons prennent leurs ébats, campent au milieu de la rue, jonchent le sol de feuilles de choux, jusqu'à l'heure où, le calme étant rétabli, les chapeaux à cornes s'avancent pour expulser les éventaires usurpateurs.

Les jeunes marchandes des quatre-saisons, bouillantes et irritables, ne se soumettent pas volontiers à la domination du sergent-de-ville. Quand celui-ci les surprend immobiles, contrairement aux ordonnances, et veut saisir la charge de leur éventaire, elles se rappellent que, suivant l'axiome de 1789, l'insurrection est le premier et le plus saint des devoirs. Leurs ongles révolutionnaires ont souvent laissé des traces sanglantes sur le visage des agents de l'autorité.

LA MARCHANDE DES QUATRE-SAISONS, *regardant de travers son interlocuteur.*

Vous voyez bien que je marchais.

LE SERGENT-DE-VILLE, *d'un ton sentencieux.*

Vous étiez arrêtée, obstruant la voie publique, et gênant la circulation.

LA MARCHANDE, *avec vivacité.*

Et quand même que je m'serais reposée une miette? J'ai les jambes qui m'rentrent dans l'dos. Faut-il pas être comme le Juif-Errant?

LE SERGENT-DE-VILLE, *brusquement.*

Allons, c'est pas la peine de faire assembler l'monde; décampez, ou j'vous mène chez l'commissaire de police!

LA MARCHANDE.

Plus souvent qu'j'irais.

LE SERGENT-DE-VILLE, *irrité, saisissant la marchande par le bras.*

C'est comme ça que vous l'prenez? Allons, venez-y tout de suite!

LA MARCHANDE, *le bras levé.*

Ne m'touchez pas! je f'rais un malheur!

LE SERGENT-DE-VILLE.

Suivez-moi, et plus vite que ça.

LA MARCHANDE, *exaspérée.*

Voulez-vous m'lâcher, vilain marsouin? Comment, personne ne prendra ma défense? Vous êtes tous témoins que j'n'ai rien fait.

LE SERGENT-DE-VILLE, *entraînant sa proie.*

Le commissaire va en décider.

LA MARCHANDE, *se débattant.*

N'y a donc pas de justice en France? Grand mouchard, faut que j't'abîme le physique!

La main robuste du fonctionnaire municipal contient son adversaire furieuse; il oppose un front impassible aux huées de la multitude. La marchande des quatre-saisons est menée chez le commissaire, laissant sur le pavé son bonnet et la moitié de ses légumes; elle passe sa soirée dans ce séjour malsain vulgairement appelé violon, et voit vendre, le lendemain, ses denrées au bénéfice du gouvernement, auquel la cargaison entière rapporte la modique somme de 10 centimes.

Les vieilles marchandes des quatre-saisons sont plus rassises et moins rebelles; presque toutes inscrites au nombre des indigents, recevant des secours des bureaux de bienfaisance, elles sont familiarisées avec la misère et la subordination. «Les sergents-de-ville nous saisissent, disent-elles; ils font vendre nos pauvres légumes, et donnent pour un sou ce qui nous en a coûté dix; mais que voulez-vous? c'est leur métier, comme le nôtre est de vendre des légumes; il faut obéir aux lois.»

Que de vertu dans cette résignation!

La vieille marchande des quatre-saisons a de vieux souvenirs de choses qu'elle n'a jamais vues. Elle parle du pilori, qui fut démoli en vertu de lettres-patentes du 16 septembre 1785, enregistrées en parlement le 16 janvier 1786. Elle indique la place qu'il occupait près des piliers de gauche de la Halle, dits *Petits Piliers,* ou *Piliers d'Étaim.* Elle raconte comment il était percé de trous par où les banqueroutiers frauduleux, qu'on exposait les jours de marché, passaient la tête et les bras. Elle persiste à appeler le *cimetière,* la place au milieu de laquelle s'élève la fontaine de Jean Goujon, quoique les charniers des Innocents aient été détruits en 1787. Sa mémoire la reporte encore au temps de Napoléon, qu'elle a vu, affirme-t-elle, venir plusieurs fois à la Halle. «Il s'habillait en simple ouvrier, comme vous et moi; personne ne le reconnaissait. Il entrait sans façon chez un marchand de vin: «Eh bien, qu'il disait, êtes-vous content?—Non, Monsieur, que répondait le marchand de vin; les contributions sont trop chères.—On les diminuera, mon brave, que répliquait l'Empereur;» et il s'en allait en donnant au marchand de vin une pièce de vingt francs. Le marchand regardait l'empreinte, et disait: «C'est son portrait tout craché; et d'ailleurs, n'y a qu'lui qui peut être si généreux: Vive l'Empereur!» Alors, toute la Halle était en rumeur; tout le monde quittait son ouvrage, et nous poussions des cris de vive l'Empereur! à être entendus des quais aux boulevards. Ah! pourquoi qu'il s'est avisé d'aller en Russie!»

Ces récits apocryphes prouvent l'embrouillement des idées de nos marchandes, mais ils démontrent en même temps que quiconque s'occupe un peu d'elles peut compter sur leur reconnaissance.

Les paysans des environs de Paris prennent rang parmi les marchands et marchandes des quatre-saisons. Les vendeurs de fruits au panier de Fontainebleau, Melun, Corbeil, Choisy-le-Roi, Villeneuve-Saint-Georges, descendent la Seine, et débarquent leurs provisions au bas du quai de la Tournelle, vis-à-vis l'île Saint-Louis. Il est interdit aux pratiques d'aller au-devant d'eux pour acheter les fruits en gros et par batelées. Défense non moins expresse d'exposer en vente des fruits gâtés, de mettre au fond des paniers des fruits de qualité inférieure ou des bouchons autres que ceux qui sont nécessaires à la conservation des denrées. Les consommateurs seraient trop heureux si ces prescriptions étaient accomplies seulement à moitié.

Toute la journée, d'autres habitants de la banlieue et des faubourgs, traînant des banneaux, ou portant des paniers à la main, sillonnent les rues, et nous assourdissent de leurs clameurs:

«Artichauts, les bons artichauts! la tendresse, la verderesse!

—Des fraises, des fraises!

—Qui veut la pêche au vin, la pêche au vin?

—Voyez les beaux œufs, Mesdames, les beaux œufs au quarteron!

—Ma belle botte d'asperges!

—Ach'tez les beaux melons!

—Mangez les pêches, buvez les pêches! à quatre pour un sou les pêches! il n'y en aura pas pour tout le monde.

—Voyez les haricots verts; quatre sous la livre!

—Voyez les belles cerises; deux sous la livre!

—Les beaux champignons! les beaux champignons!

—Pois verts au boisseau! pois verts!

—A quatre sous la livre le beau raisin! à quatre sous la livre! Allons, prenez-en connaissance; mettez-en un grain dans vot' bouche.»

Dans la catégorie des marchandes des quatre-saisons, est comprise aussi la bouquetière; non celle dont le magasin est orné de plantes rares, de cactus et d'orangers, mais la bouquetière nomade, qui débite, sur un plateau d'osier, des roses, des violettes et des œillets.

Pauvre revendeuse de fleurs, qui trafiquez d'une des plus charmantes choses de la création, nous voudrions pouvoir dire de vous que vous êtes aussi fraîche que vos bouquets; mais, hélas!....

Le Marchand de Coco.

X.
LE MARCHAND DE COCO.

Je porte tout avec moi.

Le philosophe BIAS.

Il faisait sonner sa sonnette.

LAFONTAINE.

SOMMAIRE: Sortie des Funambules.—Éloge intéressé et intéressant du coco.—Le Marchand de Coco et sa femme.—Description d'un des monuments de Paris.—Un peu d'aide fait grand bien.—Courses du Marchand de Coco.—Le soleil luit pour tout le monde et pour les Marchands de Coco en particulier.—Soirée du 28 juillet 1841.—Petite cause et grand effet.

«A la fraîche! qui veut boire?»

Tel était le cri que poussait tous les soirs François Champignol, marchand de coco parisien, à la porte du théâtre non royal des Funambules.

Ce jour-là, le spectacle venait de finir; la fée bienfaisante avait uni Colombine et Arlequin au milieu des flammes du Bengale, et les spectateurs, ravis de ce dénouement imprévu, se retiraient en calculant le nombre de coups de pied qu'avait reçus Pierrot pendant le cours de la représentation.

«Un grand verre, un verre de deux liards, s'il vous plaît, monsieur Champignol.

—Ah! c'est toi, l'Hanneton, dit le Marchand de Coco; tu continues à faire prospérer mon commerce; tu n'me fais pas d'infidélités, et t'as raison. Les glaces à deux liards pièce, vois-tu, la limonade à la glace à un sou le verre, c'est de la drogue. On avale ça quand on a chaud, l'estomac entre en révolution, et le lendemain on est sur le flanc. Ma tisane vaut mieux, surtout depuis que j'ai imaginé d'y mettre de l'essence de citron et de la vanille en liqueur. Le médecin de not' maison prétend que l'eau *éducorée* avec du réglisse est une *panachée* universelle.

—C'est pas pour vous flatter, monsieur Champignol, mais votre tisane est *chicandarde* [8].

> [8] Les mots de *chicard, chouette, rupin, chicandard,* sont employés pour exprimer la perfection par les ouvriers parisiens. Nous avons cherché, dans cet article, à reproduire leur patois, qui, malgré quelques termes analogues, ne doit pas être confondu avec l'argot.

> C'est un dialecte tout particulier, abondant en métaphores et en mots pittoresques.

—Tu n'devrais jamais avoir d'autre boisson, l'Hanneton; j'crois remarquer pourtant que depuis quelques jours il t'arrive d'entrer chez le marchand d'vin plus souvent que de coutume; tu deviens *pochard*[9], mon ami, et je te dirai à ce propos...

> [9] Fainéant et ami du plaisir.

—Pardon, excuse, monsieur Champignol; mon patron m'attend; il est tard. Bonsoir, j'*m'esbigne*; j'vais *tapper d'l'œil*[10].

> [10] Je me sauve; je vais dormir.

François Champignol était un ancien soldat. Il avait fait la campagne d'Espagne en 1824 assez glorieusement pour mériter le grade de caporal. Des blessures l'avaient mis hors d'état de continuer son service, et de reprendre, en rentrant dans la vie civile, son ancienne profession de charpentier. Ayant uni son sort à celui d'une marchande de coco, il s'était décidé à exercer le métier de sa digne épouse, supputant que, dans cette industrie, il gagnerait aisément six francs avec un franc cinquante centimes de déboursés. Champignol avait atteint la quarantaine; sa figure hâlée n'était pas exempte de noblesse; tout son accoutrement se recommandait par une extrême propreté. La blancheur de son tablier faisait ressortir les riches teintes du sac où il enserrait sa monnaie. Sa fontaine, assujettie sur son dos avec des bretelles, était de tôle étamée en dedans, et peinte en dehors. Elle était enjolivée de clochettes, et surmontée d'une Renommée qui, les joues gonflées, la trompette à la main, tenait le pied droit en l'air, selon l'usage de toute renommée bien apprise.

Les bénéfices du vendeur de tisane, sans être usuraires, le mettaient à même d'avoir le pot-au-feu deux fois par semaine, et d'occuper avec sa femme une chambre d'une étendue raisonnable rue de La Harpe, au cinquième étage, sur le derrière. Il avait sollicité et obtenu l'autorisation de vendre dans le jardin du Palais-Royal, rendez-vous général des enfants du centre de Paris. A son aspect, la bande juvénile se sentait le gosier sec, les rondes étaient interrompues, on cessait de chanter:

Nous n'irons plus au bois,

Les lauriers sont coupés,

pour crier: «V'là le père Champignol! buvons du coco!»

Les enfants avaient toujours soin d'économiser pour acheter de la tisane au père Champignol.

Il avait aussi le privilége, envié par tous ses confrères, de débiter son liquide aux spectateurs des petites places dans les théâtres de l'Ambigu et de la Gaieté. Il montait, pendant les entr'actes, aux quatrièmes galeries, et, du haut du dernier rang, annonçait sa présence par ces cris sonores:

«A la fraîche! qui veut boire? v'là l'marchand.»

Soudain la plèbe encaquée, et ruisselante de sueur, ondulait. Vingt voix s'élevaient à la fois:

«St, st, st! ohé! par ici, tisanier! par ici! un grand verre! un verre d'un liard!»

Vingt bras s'allongeaient pour saisir les gobelets emplis de la liqueur rafraîchissante. Ils circulaient de main en main jusqu'aux premières banquettes, et la récolte de liards, fidèlement transmise, tombait dans le sac du fortuné commerçant.

La femme de Champignol avait une boutique de coco en plein air au coin du Pont-au-Change; c'était, dans son genre, un établissement magnifique. Le corps de la fontaine se composait d'une boîte carrée; au-dessus des brillants robinets était une glace, au-dessus de la glace, une horloge; au-dessus de l'horloge, le Panthéon en miniature, et sous le dôme, un Napoléon de bois sculpté. Madame Champignol et sa tisane étaient adorées de quiconque hantait ces parages; elle comptait au nombre de ses pratiques des mariniers, des marchandes de fleurs, des municipaux, et même des avocats stagiaires. Quant à son mari, il rôdait sur les quais, et vendait assez de coco pour avoir besoin de renouveler plusieurs fois sa provision.

Au mois de juillet 1839, il était au bas du quai de la Monnaie, et occupé à remplir sa fontaine d'une eau médiocrement limpide, quand il entendit des cris de détresse; un enfant qui se baignait venait de perdre pied. Champignol ne savait pas nager, mais sa grande taille le garantissait de tout danger dans cet endroit peu profond. Il se mit donc à l'eau, saisit l'imprudent par le bras, et le ramena sur le rivage.

«Merci, Marchand de Coco, dit l'enfant quand il eut repris haleine; sans vous, *j'descendais la garde* [11]; c'est égal, j'ai bu un fameux coup d'*anisette de barbillon.*» [12]

[11] Je périssais.

[12] Un coup d'eau.

—Ça t'apprendra à t'baigner en pleine eau, méchant *môme* [13], s'écria Champignol avec indignation; r'habille-toi vite, et r'tourne chez tes parents; demeurent-ils loin d'ici?

—Au Père-Lachaise, dit l'enfant.

—Tu n'as pas d'parents? Qui est-ce donc qui prend soin de toi?

—C'est M. Dalu, fabricant de passementerie civile et militaire, au faubourg Saint-Antoine. Après la mort de papa, j'avais été arrêté comme vagabond; ce brave homme m'a réclamé au tribunal, et depuis ce temps-là je suis en apprentissage chez lui. J'ai été aujourd'hui porter une paire d'épaulettes à un grognard de Babylone, et c'est en r'venant qu'j'ai voulu tâter si l'eau était bonne....... Voilà!...

—Comment t'appelles-tu?

—Julien Jalabert, surnommé l'Hanneton, parce que je n'suis pas précisément fort comme un Turc.

—Eh bien, Julien Jalabert, surnommé l'Hanneton, fais-moi le plaisir d'aller voir chez ton patron si j'y suis; file ton nœud.

—En vous remerciant, tisanier.

—N'y a pas d'quoi.»

Depuis cette époque, Champignol avait souvent rencontré l'Hanneton, et il s'y était involontairement attaché. Il le trouvait à la porte du spectacle, dans les promenades publiques, sur les boulevards, le long des quais. L'hiver n'interrompait point leurs relations, car le Marchand de Coco allait débiter sa tisane dans les ateliers, les imprimeries, les teintureries, et visitait régulièrement la fabrique où travaillait Jalabert. Il y avait en toute saison, entre le Marchand de Coco et l'apprenti passementier, échange de bons procédés et de questions amicales.

«L'négoce va-t-il, monsieur Champignol? gagnez-vous d'la *douille*[14]?

—Mais oui, je *boulotte*; les chaleurs me font du bien; tout le monde a soif, notamment les bonnes, les enfants, et les *pioupious*. Si le vent tournait à la pluie, j'serais *fumé*. J'dépends du beau temps, comme les hirondelles.

—Vous devez être bien las, monsieur Champignol, à la fin de votre journée?

—J'crois bien; faut diablement s'fouler la rate pour amasser des *noyaux*[15]. Sais-tu que j'fais au moins huit lieues par jour? Heureusement qu'j'ai pour m'appuyer le bâton qu'est emmanché au bout d'ma fontaine. Enfin, si le soleil continue à chauffer le pavé, j'espère être à même de satisfaire mon ambition;

y a longtemps qu'j'ai envie d'acheter des gobelets d'argent. Mais dis-moi donc, l'Hanneton, il m'semble que tu flânes bien, mon garçon; j'te vois tous les jours de semaine faire ton lézard au soleil.

[15] *Idem.*

—C'est que je suis chargé des commissions de la maison. Tantôt je porte des épaulettes, des dragonnes, des armes, des schakos, des ceinturons à l'École-Militaire; tantôt on m'envoie remettre des galons de livrée à des domestiques du faubourg Saint-Germain.

—Et tu t'arrêtes sur le boulevard du Temple pour jouer à la *fayousse*[16]; encore si c'était avec de braves apprentis!... mais tes camarades me sont suspects. J'n'ai pas d'lorgnon, je n'mets pas mon œil sous cloche, mais j'vois clair tout d'même, imprudent *moutard*. J'ai *reluqué* ta société, et, franchement, elle ne me paraît pas des plus *chouettes*. Tous ces gaillards-là ont de vilaines *balles*, mon ami; ils sont tournés comme Henri IV sur l'Pont-Neuf, et m'font l'effet de n'songer qu'à faire la noce, au risque d'être dans la *panne*[17] et de se brosser l'ventre après.

[16] Aux billes, à la tapette.

[17] La misère.

—J'vous assure, monsieur Champignol, qu'ce sont des jeunes gens comme il faut.

—Veux-tu taire ton bec? Ce sont au moins des *loupeurs finis*[18], et j'te conseille de les éviter.»

[18] Des bambocheurs achevés.

Le Marchand de Coco avait raison. Julien Jalabert avait renoué, avec de jeunes escrocs, des liaisons ébauchées au temps où il se trouvait en état de vagabondage, et ils travaillaient activement à l'initier à leurs coupables secrets.

Pendant plusieurs semaines, l'apprenti passementier évita le Marchand de Coco, et quand il l'apercevait, il s'enfuyait à toutes jambes, comme s'il eût appréhendé la présence du sévère donneur de conseils.

Quelques jours après les fêtes de juillet 1841, Champignol vit tout à coup venir à lui Jalabert, blême, défait, et l'air embarrassé.

«Quel heureux hasard! dit le Marchand de Coco, d'un ton ironique; te voilà donc, l'Hanneton! ingrat que tu es, tu m'abandonnes!

—J'ai été très-occupé, balbutia Jalabert; pourtant je vous ai entrevu aux Tuileries dans la soirée du 28; comment donc y êtes-vous entré?

—Les jours de fête, je ne manque jamais de me mettre aux aguets près des grilles du jardin royal, et, quand les sentinelles ont le dos tourné, crac!... je m'faufile à travers la foule, et me v'là dans l'jardin, où je fais de fameuses recettes, à la barbe des inspecteurs.

—Tiens, tiens..... Dites donc, monsieur Champignol, demanda l'enfant après un moment de silence, avec quoi sonnez-vous pour avertir les passants?

—Drôle de question! Tu vois qu'à chacun de mes gobelets est attaché un anneau de cuivre au moyen d'une courroie. J'n'ai qu'à faire jouer cet anneau pour produire un son: tin, tin, tin; voilà toute ma mécanique.

—Ah! c'n'est qu'ça, reprit Jalabert. Eh bien, monsieur Champignol, votre mécanique m'a rendu un crâne service.

—Comment ça, mon garçon?

—J'vas vous l'dire, monsieur Champignol, à condition que vous n'm'en voudrez pas, et qu'vous aurez égard à mon r'pentir. J'vais vous débiter ma confession, absolument comme si vous étiez M. le curé de Saint-Ambroise. Si j'vous avais écouté, je n'aurais pas été si avant...

—De quoi s'agit-il, mon camarade?

—Faut donc vous avouer, monsieur Champignol, que mes associés étaient de la canaille, des propres-à-rien, des filous, quoi! Le mot est lâché! Leur chef, un ancien détenu des Madelonnettes, a été condamné, en 1835, pour avoir volé une pièce d'indienne sur un étalage. Il m'avait endoctriné si bien, que j'avais envie de travailler dans son genre.

—C'est-il possible?

—Mon Dieu, oui, monsieur Champignol. Pour lors, nous étions l'autre soir aux Tuileries, sur la terrasse du bord de l'eau, au moment du feu d'artifice; devant nous se tenait un Allemand, un Prussien, je crois, car je lui ai entendu crier: *Mein gott!* Vous savez que j'abomine les Prussiens, qui ont tué mon grand-père à Austerlitz. Ce Prussien était donc là, le nez en l'air, lorgnant les bombes lumineuses, et faisant son *esbrouffe*; d'une de ses poches sortait un superbe foulard. «Bon! que m'dit Auguste, v'là une superbe occasion de débuter!» Nous revenions de la barrière, où nous avions pas mal *soiffé*; je n'avais pas la tête à moi; Auguste me poussait du coude, et ma foi!... j'avançais la main, quand j'entends près de moi: Tin, tin, tin!.... C'était vous.... Je reconnus votre Renommée entourée de drapeaux tricolores. Le bruit que vous faisiez, monsieur Champignol, fut pour moi comme la voix d'un ange gardien, parole d'honneur! Je me rappelai vos excellentes leçons; je me dis que j'étais un vrai gueux. Un mouvement de la foule m'ayant séparé de ma bande, j'allai m'asseoir sur un banc, du côté du Sanglier, et là, à force de réfléchir, je me mis à pleurer comme une gouttière. Voilà mon histoire, père Champignol, et je vous prie de croire que je suis corrigé; l'aveu que je vous fais en est la preuve. Gardez-moi donc votre estime; et comme je *trime* depuis deux heures pour vous chercher, et que je suis altéré, ayez l'obligeance de me donner pour deux liards de coco.»

[19] Se carrant avec fierté, se pavanant.

Le Boucher.

XI.
LE BOUCHER DE PARIS.

O meurtriers contre nature!

J.-J. ROUSSEAU, *l'Émile*.

SOMMAIRE: Détails historiques.—Abattoirs.—Halle à la viande—
Boucher.—Garçon d'échaudoir.—Garçon étalier.—Bœuf Gras.

Si la noblesse a sa source dans l'antiquité de l'origine, et dans la transmission héréditaire et non interrompue des fonctions, les bouchers sont de véritables gentilshommes. Dès les premières années de la monarchie française, ils étaient constitués à Paris en corps d'état, et n'admettaient point d'étrangers parmi eux. Ils transmettaient à leurs enfants seuls les étaux qu'ils possédaient dans l'île de la Cité, et qu'ils transportèrent plus tard près de Saint-Jacques-la-Boucherie. Ils élisaient un chef à vie, un greffier et un procureur d'office. Le monopole qu'exerçait leur corporation puissante, graduellement attaqué par la fondation de nouveaux étaux, fut enfin anéanti par la Révolution; mais, en perdant leurs priviléges, les bouchers n'ont pas dégénéré; ils forment encore une classe de la société, respectée et respectable, car, malgré les déclamations contraires de J.-J. Rousseau, on mangera longtemps du roast-beef et des côtelettes de mouton. Ils ont quitté leurs sarraux bleus d'autrefois, leurs chapeaux cirés, leurs guêtres épaisses, pour se vêtir comme vous et moi, peut-être même mieux que vous et moi. Ils sont électeurs, quelquefois éligibles, mettent des gants jaunes et vont à l'Opéra.

L'aspect des boucheries n'a pas moins changé. Plus de ces sombres cloaques dont la destination se trahissait au dehors par des ruisseaux de sang, des clameurs sourdes, des débris fétides, et d'où parfois, ô terreur! des bœufs mugissants s'échappaient, la corde au cou, la tête fracassée. Un décret du 9 février 1810, supprimant les échaudoirs particuliers, créa dans Paris cinq abattoirs. Par cette mesure si longtemps réclamée, Napoléon s'est acquis des droits à la reconnaissance publique, et il eût mérité une inscription moins équivoque que celle qu'inscrivit la boucherie gantoise au fronton d'un arc de triomphe sous lequel il devait passer:

LES PETITS BOUCHERS DE GAND,
A NAPOLÉON LE GRAND.

On doit encore à l'Empereur l'organisation de la halle à la viande, mais peu de Parisiens lui savent gré d'avoir institué cette friperie de l'industrie carnassière. C'est là qu'on vend au rabais, les mercredis et samedis, des viandes de rebut qui dépareraient une boutique bien famée. Les bouchers ne dédaignent pas d'y venir acheter ces bribes vulgairement appelées *réjouissances*, qu'ils colloquent à leurs pratiques conjointement avec de meilleurs morceaux. Sous le toit de ce vaste hangar sont réservées soixante-douze places aux bouchers de Paris, et vingt-quatre à ceux de la banlieue. Le tirage des numéros correspondant aux places désigne, chaque mois, ceux qui auront le droit d'approvisionner le marché.

Les bouchers forains ont en outre vingt-quatre étaux au marché Saint-Germain, douze au marché des Carmes, treize au marché des Blancs-Manteaux, et un au marché des Patriarches.

Le nombre des bouchers de Paris est limité à cinq cents; il n'était que de trois cent dix en 1822. Trente d'entre eux, désignés par le préfet de police, et dont dix sont choisis parmi les moins imposés, nomment un syndic et six adjoints. Le syndic, deux adjoints et le tiers des électeurs sont renouvelés annuellement par la voie du sort. On ne peut établir de boucherie à Paris sans une permission du préfet de police, délivrée sur l'avis des syndics et adjoints, et un cautionnement de trois mille francs est également exigé des candidats. De nombreuses ordonnances de police règlent les rapports des bouchers avec le public, préviennent la vente des viandes insalubres, et prescrivent les mesures à prendre pour la propreté et l'entretien des étaux.

Le commerce de bestiaux pour l'approvisionnement de Paris ne peut avoir lieu que sur les marchés de Sceaux et de Poissy, le marché aux Vaches grasses et la halle aux Veaux. La *caisse de Poissy*, instituée en 1811, paie comptant aux herbagers et marchands forains le prix de tous les bestiaux qu'on leur achète; elle est sous la surveillance du préfet de la Seine, et le fonds en est composé du montant des cautionnements versés par les bouchers, et des sommes provenant d'un crédit ouvert par le préfet de la Seine.

En arrivant dans un marché, le boucher va de bestiaux en bestiaux, et les examine d'un air de dénigrement. «Tourne-toi donc, desséché; n'aie pas peur; ce n'est pas encore toi qui fourniras des lampions pour les fêtes de Juillet; et combien donc veut-on te vendre?

—L'avez-vous bien manié? s'écrie le marchand impatienté.

—Parbleu! ne faut-il pas deux heures pour considérer ton efflanqué?

—Tiens! aussi vrai comme les bouchers sont tous des voleurs, il ne sortira pas du marché à moins de quinze louis.

—Mais il n'a rien dans la carcasse, ton cerf-volant! il n'a pas de suif pour trois chandelles! Je t'en donne trente-deux pistoles, et pas davantage.»

Lorsque la discussion est terminée et que le boucher a conclu le marché, il tire de sa poche une paire de ciseaux, et découpe sur le poil les lettres initiales de son nom et de son prénom. S'il veut qu'on immole immédiatement l'animal, il le marque *de chasse*, c'est-à-dire d'une raie transversale sur les côtes. Un boucher ne dit jamais: «J'ai acheté une vache,» mais bien: «J'ai acheté *une bête*.» Quand il a fait l'acquisition d'un taureau, il le désigne sous la dénomination de *pacha* ou de *pair de France*. Quelle dissimulation!

Les gros bouchers sont enclins à se livrer au commerce illicite qu'on appelle *vente à la cheville*. Ils achètent les bestiaux en gros, et en débitent la viande en détail à leurs collègues moins fortunés. Ce trafic, l'élévation des droits d'octroi, les tarifs protecteurs qui empêchent l'introduction des bestiaux étrangers, tiennent malheureusement la viande hors de la portée des modestes ménages. Le conseil-général de la Seine a réclamé l'abaissement des droits en 1838 et 1839; une pétition des bouchers, dans le même sens, a été renvoyée, en avril 1840, aux ministres du commerce et des finances; mais la législation n'a pas varié, à la vive satisfaction des herbagers normands, au grand déplaisir des consommateurs.

Les bouchers ont longtemps nourri des chiens gigantesques qui voituraient la viande sur de petites charrettes, de l'abattoir à la boutique. Depuis que ce genre d'attelage a été proscrit, on y a substitué des chevaux à toutes fins, ce qui explique pourquoi l'on trouve tant de bouchers dans la garde nationale à cheval. Les jours de garde sont pour eux des jours de fête et de dépense. Après un ample déjeuner, ils passent la journée à boire du punch, à jouer à la bouillotte, et à répéter pour toute conversation: «Vois, passe, parole, mon tout, quatre francs, etc.»

Par un beau jour de l'été de 1824, un boucher, revenant de Poissy dans son cabriolet, voit venir, dans une voiture de la cour, S. A. R. Mme la duchesse de Berry. C'était un libéral, peu zélé partisan de la famille royale, et il se dit qu'il serait glorieux de dépasser, avec son bon cheval gris-pommelé, les six chevaux de l'équipage princier. Il part au galop, devance Son Altesse, lui laisse reprendre l'avantage, engage une nouvelle lutte dont il sort encore vainqueur, et recommence plusieurs fois ce manége avec le même succès. Le lendemain, la duchesse lui ayant envoyé demander poliment s'il voulait vendre son cheval, il répondit avec fierté: «Je puis nourrir des chevaux aussi bien que Madame, mes moyens me le permettent.» Sous Louis XV, on l'eût mis à la Bastille; mais nous sommes à une époque de nivellement où l'on ne sait qui est le pot de terre et qui le pot de fer.

Les émanations animales au milieu desquelles vivent les bouchers, leur donnent une vigueur et un embonpoint peu communs. On ne rencontre guère que parmi eux des natures analogues à celle du boucher anglais Jacques Powell, né à Stebbing, dans la province d'Essex, et qui mourut à Londres, le 6 octobre 1754, âgé de trente-neuf ans seulement, et ne pesant pas moins de quatre cent quatre-vingts livres. La compagne du boucher est encore plus replète que son mari. C'est une beauté turque, grasse, fraîche, regorgeant de santé, semblable, quand elle est encadrée dans son comptoir, aux figures en cire de la régente Christine ou de la Sultane Favorite.

Exécuteur vulgaire, le boucher d'autrefois contribuait aux massacres avec ses valets; maintenant il se contente de jeter par intervalles le coup d'œil du maître. Les bourreaux de l'espèce animale sont les *garçons d'échaudoir*. L'échaudoir n'est point, comme on peut le croire, un lieu où l'on échaude, mais où l'on tue. Le bœuf condamné à mort y est amené; attaché par les jambes et les cornes à un anneau scellé dans la dalle, et frappé au milieu du front de deux ou trois coups de merlin, il tombe sans pousser un cri: *Procumbit humi bos.* Quant aux moutons, pauvres êtres sans défense! on les conduit par troupeaux dans les cours ménagées derrière les échaudoirs, et on les égorge un à un. Ces affreuses exécutions sont accomplies silencieusement, avec une dextérité sans égale et un imperturbable sang-froid. Une eau limpide ruisselle sur le pavé presque en même temps que le sang; l'air, qui circule librement dans les échaudoirs ouverts des deux côtés, emporte toute odeur fétide; une propreté si minutieuse est entretenue dans l'enceinte des abattoirs, tout y est nettoyé avec tant de soin, bouveries, échaudoirs, triperies, fonderies de suif, que le dégoût disparaît pour faire place, le dirai-je?—à l'admiration.

Les statistiques officielles donnent la mesure des occupations des garçons d'échaudoir parisiens. On a abattu, du 1er décembre 1837 au 1er décembre 1838: 70,543 bœufs, 19,691 vaches, 79,555 veaux, 426,513 moutons.

Sans cesse occupés à tuer, à déchirer des membres palpitants, les garçons d'échaudoir contractent l'habitude de verser le sang. Ils ne sont point cruels, car ils ne torturent point sans nécessité, et n'obéissent point à un instinct barbare; mais, nés près des abattoirs, endurcis à des scènes de carnage, ils exercent sans répugnance leur horrible métier. Tuer un bœuf, le saigner, le souffler, sont pour eux des actions naturelles. Une longue pratique du meurtre produit en eux les mêmes effets qu'une férocité native, et les législateurs anciens l'avaient tellement compris, que le code romain forçait quiconque embrassait la profession de boucher à la suivre héréditairement. Evitez donc toute querelle avec les garçons d'échaudoir, habitués du *Bull-Baiting* de la barrière du Combat, et qui se servent du couteau comme d'autres du poing.

Les chroniqueurs du quinzième siècle rapportent d'effroyables atrocités commises, en 1411, par les cabochiens, bande de partisans du duc de Bourgogne, dont les chefs étaient Caboche, étalier au Parvis Notre-Dame, et Saint-Gons, Goix et Thibert, propriétaires de la grande boucherie. L'historien du duc de Mercœur, dans un ouvrage imprimé à Cologne, en 1689, affirme qu'après l'assassinat de Henri IV, les bouchers de Paris proposèrent à la reine d'écorcher tout vif Ravaillac, et *de le laisser vivre et mourir longtemps en cet estat.*

Après minuit, le garçon d'échaudoir charge la viande sur une charrette, et la porte à l'étal, où elle est reçue par le *garçon étalier.* Celui-ci la dépèce et la dispose pour la vente. L'hiver, avec un calque de papier, il découpe artistement les membranes intestinales des moutons, y dessine des arabesques, des fleurs, des trompettes de cavalerie, et expose avec orgueil à la porte des cadavres *illustrés.*

Le garçon étalier est plus civilisé que le garçon d'échaudoir. Celui-ci, avant de sommeiller, a le temps à peine de couper une *grillade*, et de l'aller manger chez un marchand de vin. Quand l'étalier a servi les pratiques, et conté fleurette aux cuisinières, quand il a plusieurs fois affilé son couteau sur son *fusil,* baguette cylindrique en fer et en fonte qu'il porte au côté, il lui est permis de lire les journaux, et après quatre heures, de prendre des leçons de musique, ou d'aller déployer dans un bal ses talents chorégraphiques.

Cependant, pour l'accoutumance au sang, les garçons étaliers tiennent un peu de leur compagnon de l'abattoir, et nous tenons de l'un d'eux une anecdote qui le démontre. Il y a quelques années, le quartier Montmartre était exploité par des maraudeurs nocturnes, dont la spécialité était le vol des gigots. A travers les grilles qui ferment les boucheries, ils décrochaient, avec une perche, les gigots pendus au plafond. Deux des voleurs tiraient en sens contraires deux barreaux qui s'écartaient, et livraient passage aux viandes enlevées.

Une nuit, notre étalier entend du bruit dans sa boutique; il descend à pas de loup, et voit plusieurs hommes rôder dans la rue. Sans appeler au secours, il saisit un couperet et se met en embuscade, prêt à couper le bras du premier qui se présenterait.

«Ah! nous disait-il tranquillement, comme s'il se fût agi d'une action toute simple, j'aurais voulu qu'il en vînt un, *j'avais belle de lui couper l'bras.*» Et il joignait une pantomime expressive à ce récit qui nous faisait frémir.

Les voleurs ne parurent pas, car ils étaient déjà venus, et avaient enlevé treize gigots dont l'étalier était responsable. Comme ils travaillaient à dévaliser une boutique voisine, l'étalier ouvrit brusquement sa grille, se mit à crier au voleur! courut sur les fuyards, et en empoigna un qu'il conduisit au poste, après l'avoir *taraudé* à coups de poing.

Le lendemain, l'étalier s'aperçoit de la disparition de ses treize gigots, et va en gémissant faire sa déclaration au commissaire de police; mais, ô bonheur inespéré! en s'arrêtant auprès de la boutique d'un marchand de vin, il voit dans un cabinet un amas de viande enveloppé dans une serviette: c'étaient ses treize gigots déposés en ce lieu de recel. Cette bonne fortune ne laissait à l'étalier qu'un seul regret, celui de n'avoir pas coupé le bras d'un voleur.

L'étalier finit presque toujours par acheter un fonds. Le maître auquel il succède ne renonce pas absolument à son état. Il suit avec plaisir la marche ascendante du garçon qu'il occupait; il donne des conseils à quiconque veut l'entendre sur les affaires de la boucherie, s'informe du cours de la viande et du suif, et se rend à Poissy dans toutes les occasions importantes, par exemple, à l'époque de la mise en vente du bœuf gras.

Le jeudi qui précède le jeudi gras, des bœufs de taille colossale sont amenés au marché de Poissy, et le plus pesant, orné de banderoles, exposé en vente au milieu de la place, est bientôt entouré d'un cercle d'acheteurs, qui se disputent l'honneur de le posséder. Ce n'est point la soif du lucre qui les anime; c'est l'amour de la gloire, le désir d'être cités dans les journaux, d'offrir au roi des Français un morceau d'aloyau, d'occuper un moment le premier rang parmi leurs collègues. Les enchères se succèdent et grossissent avec rapidité; la victoire est un moment indécise, et la crainte de se ruiner arrête à peine les concurrents échauffés.

Le vainqueur fait conduire le bœuf à l'abattoir, d'où l'animal part le dimanche matin, à neuf heures très-précises. L'*Ordre et la Marche du bœuf gras*, distribués dans tout Paris, ont donné l'éveil à la population, qui s'agglomère sur le passage du monstrueux animal.

A la tête du cortége, s'avancent des tambours, des musiciens, et le boucher propriétaire de la bête, monté sur son plus beau coursier; des gardes municipaux le suivent, et après eux deux files de garçons bouchers, à cheval et masqués, chevaliers au casque de carton, turcs à la veste pailletée, poletais au chapeau ciré, débardeurs, hussards, enfin toutes les grotesques figures de la saison. Au milieu de la cavalcade, chemine le bœuf en grande toilette, escorté de sauvages au maillot couleur de chair, aux massues de carton peint, aux barbes postiches, à la tête empanachée, tels que les voyageurs véridiques nous peignent les sauvages. Derrière, vient un char de bois et de toile, conduit par le Temps, portant Vénus, Mercure, Hercule, et un petit enfant frisé qui prend le titre de l'Amour. Cette brillante assemblée parcourt la ville le dimanche et le mardi gras, présente ses hommages au Roi et aux ministres, en reçoit quelques billets de banque, et reconduit le bœuf à l'abattoir. Alors l'animal-roi, dépouillé de son riche accoutrement, est immolé par ceux mêmes qui semblaient prêts à lui dresser des autels. Ainsi passe la gloire du monde!

Les frais de cette cérémonie furent longtemps faits par les bouchers qui, avec l'argent des gratifications, organisaient un bal et un banquet. L'administration des abattoirs touche actuellement les sommes données par le Roi et les ministres, et pourvoit à toutes les dépenses. C'est à elle qu'on doit l'invention du char mythologique.

Les gens flegmatiques blâment cette solennité populaire; mais qu'on l'épure, qu'on la transforme, qu'on en profite pour décerner un prix à l'habile herbager qui aura perfectionné l'espèce animale au point de vue de l'alimentation humaine; que les symboles des travaux champêtres remplacent les divinités païennes, et peut-être fera-t-on d'une mascarade, une fête en l'honneur de l'agriculture.

Le Vitrier.

XII.
LE VITRIER AMBULANT.
LE VITRIER-PEINTRE.

Selon Pline, l'usage du verre est dû à quelques marchands, qui, portant du nitre, s'arrêtèrent près d'une rivière nommée Belus, qui vient du mont Carmel. Comme ils ne trouvèrent pas de pierres pour appuyer leur marmite, ils se servirent de quelques mottes de ce nitre; l'action du feu, qui mêla le nitre avec le sable, fit couler une matière transparente, qui n'était autre chose que du verre.

VIGNEUL DE MARVILLE. *Mélanges d'histoire et de littérature.*

SOMMAIRE: Vitrier ambulant.—Sa terre natale.—Frais de son établissement.—Bénéfices.—Logement et nourriture.—Exploitation en grand de la peinture.—Vitrerie.—Peintres de bâtiments, d'ornements, de lettres, de décors.—Comptes d'apothicaires.—Caractère des Ouvriers-Peintres.—Manière ingénieuse de faire sécher les peintures.—Apprentissage.—Costumes.—Le coin et la chapelle.—Vitrier-Peintre.

«V'là l'Vitri...i!»

Ainsi s'annonce le Vitrier ambulant dans les villes ou dans les campagnes; et aussitôt les habitants examinent si leurs carreaux sont au grand complet. Il répare en quelques minutes les ravages causés par le vent, la grêle ou la maladresse, trois fléaux ruineux et destructeurs. Son intervention opportune nous préserve des coups d'air et des rhumes de cerveau.

«A vos cheveux noirs, à votre teint brun, il est facile de voir que vous n'êtes pas d'ici, jeune homme.

—*No, Signor, io sono Piemontese* [20].»

[20] «Non, Monsieur, je suis Piémontais.»

Ou bien:

«*No, Mousur, sei de tré léga de Limodzé* [21].»

[21] «Non, Monsieur, je suis de trois lieues de Limoges.» (Patois limousin.)

Le Vitrier ambulant est, en effet, originaire du Piémont, du Limousin, ou de quelque autre province française du Midi. Un soir, à la veillée, dans la cabane paternelle, un *pays* lui raconte comment, après avoir adopté l'état de vitrier, il a longtemps parcouru le monde, éprouvé de nombreuses impressions de voyage, et amassé un capital qu'il se propose d'augmenter par une nouvelle excursion. Alors le jeune paysan s'anime; il rêve de carreaux cassés et des merveilles de la France; il se voit déjà sur la route de Paris et de la fortune, et, dans son enthousiasme, il s'écrie comme le Corrège: «*Anche io, son'pittore!*»— «Et moi aussi, je suis Vitrier ambulant!»

Il s'éloigne, en effet, sous la conduite et les auspices d'un compatriote expérimenté.

L'ignorance de la langue et des usages s'oppose d'abord aux succès du jeune expatrié. Il oublie difficilement les *i* et les *a* des dialectes sonores du Midi pour les *e* muets et les syllabes sourdes du français; pourtant il se compose enfin un jargon passablement intelligible, se met à travailler pour son propre compte, et va criant le long des trottoirs, le nez au vent, et les yeux levés vers les croisées: «V'là l'Vitri...i!»

Peu d'établissements sont moins coûteux que le sien, dont les frais ne s'élèvent pas au-dessus de 31 francs.

Un portoir	3 fr.	»	c.
Un diamant pour couper le verre	7	»	
Un marteau de vitrier	2	50	
Une règle	»	50	
Un couteau à mastiquer	1	»	
Id. à démastiquer	1	»	

A reporter	15	»
Report	15	»
Verres à vitres	2	50
Mastic	»	50
Patente de septième classe	13	»
	31 fr.	» c.

Cinquante sous dans les journées fructueuses, voilà le gain du Vitrier ambulant; mais il est sobre, rangé, économe. Le contact des habitants de la grande cité ne le fait point renoncer aux saints principes qu'il a reçus dans son jeune âge, et il se conserve probe, tempérant et religieux. Il s'associe à quelques-uns de ses compatriotes, et paie sa part d'une chambre commune située hors barrière, ou dans les environs de la place Maubert. La femme de l'un d'eux tient le ménage et apprête le riz, la viande et les pommes de terre, que chacun achète à tour de rôle; deux kilogrammes et demi de bœuf suffisent aux repas de toute une semaine, et si quelque gros épicier vend au rabais du riz avarié, c'est toujours à lui que s'adressent les Vitriers ambulants.

Au bout de quelques années d'exercice, le Vitrier nomade est atteint de nostalgie; il part, va de ville en ville, revoit son clocher, et peut chanter sur un air plus ou moins tyrolien, conformément à l'usage établi par les fabricants de romances:

Ah! salut mon pays!

Salut, douce campagne!

Mes chagrins sont finis,

Je revois ma montagne.

Il retrouve sa fiancée, chevrière ou manufacturière de fromages, l'épouse, et entreprend une nouvelle campagne afin de gagner un patrimoine à sa postérité future. Il continue ainsi jusqu'à ce que, glacés par l'âge, ses membres lui refusent toute espèce de service. Le Vitrier ambulant n'est qu'un membre infime de la grande famille des Vitriers-Peintres.

Quand les entrepreneurs de peinture-vitrerie ont d'importantes commandes, ils enrôlent quelquefois sous leurs lois des Vitriers ambulants. D'un autre côté, pendant l'hiver, il y a des Ouvriers-Peintres sans ouvrage qui endossent le portoir; ainsi des individus de la profession fixe passent un moment à l'état bohémien, et réciproquement. Malgré cet échange de positions, malgré la parenté qui les lie, les Vitriers ambulants et les Ouvriers-Peintres forment deux classes distinctes, dont la seconde est divisée à l'infini.

Vous savez que les habitants des Indes Orientales étaient et sont encore divisés en castes nombreuses: brames, rajahs, moudeliars, vellagers, saaners, chettis, etc. Chacune d'elles ayant sa fonction rigoureusement déterminée, un malheureux Européen est condamné à entretenir une armée de domestiques. Le Bengali, qui cire les bottes, ne consentirait jamais à tenir le balai, et le valet de chambre aimerait mieux être précipité dans le Gange que de remplacer le porteur de palanquin. Il en est de même dans les grands établissements de peinture-vitrerie: une multitude d'ouvriers, sous la direction d'entrepreneurs, se partagent une multitude de spécialités.

Le Peintre en bâtiments est employé à barbouiller *grosso modo* les parquets, les murs, les escaliers, les gros meubles.

Le Peintre d'ornements ou d'attributs peint les enseignes, les figures, les statues, les arbres, les fonds de théâtre.

Le Peintre de lettres inscrit sur la devanture des boutiques le nom des commerçants qui y résident.

Le Peintre de décors imite, par d'habiles combinaisons de couleurs, les marbres, les bois, le jaspe, le noyer, le chêne ou l'acajou.

Il est encore d'autres ouvriers exclusivement chargés, les uns de coller des papiers, les autres d'entretenir les meubles, ceux-ci de frotter les planchers, ceux-là de poser les carreaux de vitre. Un propriétaire, en faisant radouber un appartement avarié, est étonné de voir défiler devant lui une légion de travailleurs. Jean donne une première couche à la colle, et s'arrête, parce que la seconde couche à l'huile n'est point dans ses attributions; Pierre peint les châssis d'une croisée, et s'en va, laissant la bise siffler dans la chambre, en attendant qu'il plaise à Mathieu de placer les carreaux.

Les mémoires des entrepreneurs de peinture sont en raison directe de cet éparpillement du travail. Le *singe* (c'est ainsi que l'Ouvrier-Peintre appelle le bourgeois qui l'emploie) se voit présenter des comptes d'apothicaire, où l'on énumère minutieusement les moindres détails des réparations opérées:

- «Avoir arraché d'anciennes bordures;
- «Avoir lavé, rebouché et peint en blanc à la colle les plafonds;
- «Avoir dépoli des carreaux au blanc d'argent et au tampon;
- «Avoir collé du papier;
- «Avoir gratté, mis en couleur, nettoyé, frotté, fait des raccords.»

Le tout est indépendant des ravages que les Ouvriers-Peintres auront pu commettre dans la cave et la cuisine, de complicité avec les femmes de chambre, auxquelles ils font une cour assidue et intéressée. Amis du plaisir et de l'oisiveté, les *illustrateurs* de maisons s'arrangent toujours pour travailler le plus lentement possible, aller faire de temps en temps des stations au café, jouer au billard, et fumer avec une nonchalance asiatique.

C'est en l'absence de tout surveillant masculin, quand ils ont affaire à quelque bourgeoise inexpérimentée, que les Ouvriers-Peintres s'abandonnent le plus scandaleusement à leur douce fainéantise; ils s'étalent sur leurs échelles, donnent par intervalles un coup de brosse inattentif, et, non contents d'obtenir des rafraîchissements par l'entremise de la bonne, ils tendent des piéges à la maîtresse elle-même.

«Quelle insupportable odeur de peinture! s'écrie celle-ci. N'y aurait-il pas moyen de la dissiper?

—Si fait, Madame, et rien n'est plus facile, répond le premier ouvrier. Quand l'air de votre chambre est vicié, comment y remédiez-vous?

—Ordinairement, je fais brûler du sucre sur une pelle.

—C'est parfait, Madame, mais ça ne suffit pas. Pour chasser le mauvais air, et faire sécher en même temps la couleur, nous employons un procédé fort simple et très-économique: nous prenons un litre d'eau-de-vie de bonne qualité, nous y mêlons du sucre et un peu de citron, et nous mettons chauffer le tout sur un fourneau, au milieu de la pièce, qu'on a soin de bien fermer; il se dégage des vapeurs alcooliques qui ont je ne sais quel mordant, quelle force dessiccative, et, en moins de rien, les parfums les plus agréables succèdent à l'odeur de la peinture.»

Si la bourgeoise se rend à la justesse de ce raisonnement, les travailleurs se groupent autour d'un bol de punch, ferment hermétiquement les portes, et se réchauffent l'estomac aux dépens d'une trop confiante hôtesse.

Voici un autre exemple du mordant des vapeurs alcooliques. Un Ouvrier-Peintre donne à entendre qu'il est indispensable de nettoyer les glaces, et demande, pour ce faire, un grand verre d'eau-de-vie. Il le boit lentement, ternit par intervalles, de son haleine, la surface du miroir, qu'il essuie avec un torchon.

Avant d'entrer dans la communauté joviale, indolente et *carottière* des Ouvriers-Peintres, on fait un apprentissage de trois à cinq ans. Le jeune homme qui a subi cette initiation gagne d'abord 2 francs 50 centimes ou 3 francs par jour; si son extérieur est respectable et son menton suffisamment garni, il se fait embaucher hardiment comme ouvrier accompli, et, avec l'assistance de ses camarades complaisants, il mérite et obtient les 4 francs par jour invariablement alloués aux compagnons habiles. Au début ainsi qu'au terme de sa carrière, il est vêtu d'une blouse bleue, sale, bariolée, mouchetée comme la robe d'un léopard. Un bonnet grec, ou une casquette à la Buridan, a remplacé sur son chef l'ancien bonnet de papier peint; mais il a toujours un pantalon rapiéceté, à la mode du héros bergamasque dont il rappelle la sémillante allure; et ses pieds sont toujours protégés par *des tuyaux de poêle qui reniflent la poussière des ruisseaux*: l'expression est de lui.

Si l'on veut voir de près les Ouvriers-Peintres de Paris, il faut se mettre en sentinelle sur la place du Châtelet, tous les jours, de cinq à sept heures du soir, et, le dimanche, de midi à deux heures. La première assemblée, dite *le Coin*, est tenue par les compagnons sans ouvrage; la seconde, nommée *la Chapelle*, a pour but la discussion des intérêts de la confrérie. On assure que la police a proscrit ces réunions, en alléguant qu'on y prêchait des doctrines subversives; mais nous avons peine à croire à la réalité de ces accusations: car n'est-ce pas, mes amis les Ouvriers-Peintres, vous videz mieux les bouteilles que les questions sociales; vous manquez plutôt aux lois de la tempérance qu'à celles de l'ordre politique.

Les Ouvriers-Peintres, toutefois, ont une raison particulière pour se mêler aux émeutes, le proverbe *«qui casse les verres les paie»* n'étant pas toujours vrai. L'on assure que, réunis aux Vitriers ambulants, ils se trouvent toujours en grand nombre au milieu des attroupements. Leurs armes favorites sont, dit-on, des pierres, et celles qu'ils dirigent contre les municipaux vont frapper les carreaux des maisons voisines...: heureuse maladresse!

L'Ouvrier-Peintre fortuné se marie et se métamorphose en Vitrier-Peintre; il fonde un établissement modeste où il cumule audacieusement toutes les variétés de la peinture-vitrerie. Sa boutique, qualifiée de *petite boîte* par les entrepreneurs et leurs satellites[23], est décorée de lithographies, gravures à l'*aqua tinta*, caricatures, images coloriées. On lit en grosses lettres sur les panneaux de la devanture:

PEINTURE

VITRERIE

LETTRES

ATTRIBUTS

DÉCORS

ENCOLLAGE DE PAPIERS

BOIS ET MARBRES.

[22] L'ouvrier qui travaille dans les *petites boîtes* a le surnom de *cambrousier.*

Avez-vous des carreaux à remettre, des chambres à tapisser, des meubles à nettoyer, des cadres à dorer, des parquets à cirer, des tableaux à encadrer ou à revernir, le Vitrier-Peintre est prêt; il entreprend au plus juste prix tout ce qui concerne son état. Demandez-lui votre portrait même, et il s'armera bravement de la palette et des pinceaux de l'artiste. Quelle joie pour lui d'avoir une enseigne à peindre: le *Point du Jour*, la *Vache Noire*, le *Lion d'Or*, le *Cheval Blanc, Gaspardo le Pêcheur*, le *Coq Hardi*, le *Bon Coin*, le *Gagne-Petit*, le *Rendez-Vous des Amis*, le *Soldat Laboureur, la Grâce de Dieu, le Petit Chapeau*, ou le ci-devant *Tombeau de Sainte-Hélène!* De quels transports il est saisi quand on lui propose d'embellir une taverne d'un cep de vigne, un restaurant d'une matelotte, une charcuterie d'une hure de sanglier, une pharmacie d'un vase étrusque, une agence de remplacement d'un chasseur d'Afrique, un café d'une bouteille de bière pétillante! C'est que le Vitrier-Peintre est parfois un ex-rapin déclassé. Il était né avec le goût des arts; il avait manifesté de bonne heure sa vocation en charbonnant les murailles de la maison paternelle; mais, sans ressources pour continuer son éducation, dans l'impossibilité de vivre pendant la durée de ses études, il est tombé de la catégorie des artistes dans celle des artisans. Que de capacités ainsi perdues, soit que, s'ignorant elles-mêmes, elles sommeillent engourdies par l'abrutissante pauvreté, soit que d'insurmontables obstacles les refoulent à demi écloses dans leur obscurité natale!

Quelques-uns de ces peintres de dernier ordre sont de véritables artistes; par eux s'est opérée la régénération des cafés de Paris, métamorphosés en palais de la Régence ou en salons du temps de Louis XV. Ils ont fait monter l'or le long des murs en capricieuses arabesques; ils ont couvert les boiseries de gracieuses figurines, et placé au-dessus des portes d'ingénieux cartouches. Ce ne sont plus maintenant les grands seigneurs qui se font bâtir de splendides demeures; l'art s'est mis au service des bourgeois, et il épuise ses plus brillantes ressources pour embellir le lieu où le simple négociant joue aux dominos sa consommation.

La Marchande de Poissons.

XIII.
LA MARCHANDE DE POISSON.

Je n'ai vu la poissarde classique, la poissarde qui jure, qui boit et qui fait le coup de poing, qu'au Vaudeville, et aussi peut-être à la Courtille, dans l'ordurière matinée du mercredi des Cendres.

MICHEL RAYMOND, Nouveau Tableau de Paris, article *Comestibles*.

SOMMAIRE:—Vente en gros.—Facteurs et Factrices.—Fonctions des Commissaires des Halles et Marchés.—Saisie du poisson gâté.—Marché au poisson.—Fausses accusations.—Insolence et civilité.—Rapport des Poissardes avec les princes.—Fausses Poissardes.

«Sept francs! sept cinquante! huit francs!... huit francs! huit cinquante! neuf francs!... neuf francs! neuf cinquante! dix francs!... dix francs là!... dix cinquante là! onze là-bas!...»

Tel est le discours monotone que tiennent, chaque jour, du haut de leurs estrades, les Crieurs de la marée parisiens.

Le long des côtes, les femmes des pêcheurs font seules le commerce de poisson; nous en rencontrons aux environs de Rouen, montées entre deux mannes de moules sur des chevaux normands, et criant d'une voix sonore: «La bonne moule, moule! des Cayeux[23], des bons Cayeux, des gros!» Nous en retrouvons sur le littoral de la Provence et de la Bretagne, la tête chargée de paniers de poisson. Dans les villes importantes, la distribution des produits de la pêche ou de la salaison aux consommateurs, nécessite l'intervention de marchandes, et même dans nos ports de mer elles forment un corps nombreux et influent. Quiconque les a vues à Marseille, dans le vieux quartier Saint-Jean, n'oublie point leur vivacité méridionale, leur *Tron dé Diou* réitéré, leur jargon rauque et sonore, les sarcasmes dont elles poursuivent les étrangers.

> [23] Nom d'une localité où l'on trouve les moules en abondance, donné par extension au coquillage lui-même.

De longues charrettes, traînées par des chevaux de poste, amènent à Paris le poisson des côtes de Normandie; il vient directement, sans pouvoir être vendu en route; on le déballe le long du marché. La sole, la limande, l'anguille de mer, le brillant maquereau, le cabillaud, sont classés par lots et déposés sur le parquet de la marée. Le homard, vivant encore, y allonge ses pinces dentelées; les moules, puisées à pleines mannes, couvrent le sol de leurs coquilles chatoyantes et moirées; et, autour du parquet, les yeux ardents, le cou tendu, les bras appuyés sur la balustrade, les Marchandes de Poisson se partagent mentalement les richesses gastronomiques de la mer.

Six Facteurs ou Factrices président à la vente. Les plateaux chargés de poisson défilent devant les marchandes. Le Crieur annonce la mise à prix, promène ses regards sur la foule onduleuse, distingue les femmes qui enchérissent au simple mouvement de leurs bras levés, et désigne du geste les adjudicataires. Aux Marchandes s'adjoignent, pour enchérir, les députés de plusieurs riches restaurateurs du quartier Montorgueil ou du Palais-Royal. Ce sont eux qui accaparent tous les gros poissons susceptibles de figurer d'une manière imposante dans un étalage, tels que l'esturgeon, la migle ondine, le saumon, etc. Si l'on apportait au marché une jeune baleine, elle décorerait, le jour même, la montre d'un restaurant en renom, jaloux de trouver par les yeux le chemin de l'estomac... et de la bourse des gourmets.

La vente du poisson en gros dure de quatre à neuf heures du matin. Les Mareyeurs sont payés comptant avec l'argent que les Facteurs reçoivent immédiatement des Marchandes, ou leur avancent sur les fonds de la Caisse de la Marée.

Les Facteurs sont nommés par le préfet de police, sur une liste de trois candidats qu'ils présentent eux-mêmes toutes les fois qu'il y a une lacune dans leurs rangs. Ils déposent un cautionnement de 6,000 francs, et font bourse commune. Leurs bénéfices sont:

		Au comptant	A crédit.
Pour un objet	de 3 fr. et au-dessous	10 c.	15 c.
	de 3 à 7 fr.	15	20
	de 7 fr. et au-dessus	20	25

Au bout de vingt-cinq ans de service, les Facteurs ont droit, quand ils sont vieux, infirmes et cassés, à une pension de retraite accordée par le préfet de police, sur la demande collective des employés du marché. Ce faible secours, qui ne peut excéder 300 francs, n'empêcherait point les Facteurs d'avoir l'hôpital en perspective, si leurs places ne rapportaient assez pour leur assurer un heureux avenir. On assure que certaines Factrices, après avoir vaqué le matin à leurs occupations, chrysalides transfigurées le soir, éclipsent par le luxe de leur toilette les plus brillantes habituées du Grand-Opéra.

Une heure avant l'ouverture de la vente, le commissaire des halles et marchés fait l'appel des Facteurs et employés, et punit les absents d'une retenue au profit de la Caisse de la Marée. Il examine les poissons à mesure qu'on les déballe, et fait saisir, en dressant procès-verbal, ceux dont la fraîcheur est équivoque. Cette précaution sanitaire date de loin; on la trouve prescrite dans les statuts des Marchands de Poisson d'eau douce, donnés par saint Louis en 1254, et confirmés par Charles VIII, le 29 mai 1484. Ils défendaient d'exposer du poisson en vente sans qu'il eût été visité par les quatre jurés, qui devaient faire jeter dans la rivière celui qu'ils trouvaient *mauvais ou défectueux*.

Des lois complétement analogues régissent le commerce du poisson d'eau douce, qui a également pour théâtre principal la partie principale du *Carreau de la Halle*. C'est un vaste parallélogramme couvert d'une toiture d'ardoise que soutiennent des piliers en bois peint. Il est borné, au nord, par la rue de la Tonnellerie; au sud, par la Halle au Beurre; à l'ouest, par la rue du Marché-aux-Poirées; à l'est, par celle des Piliers-des-Potiers-d'Étain. Six places sont réservées à la vente en gros, le long de la rue de la Tonnellerie; elles sont distinguées par les qualifications suivantes, dont les cinq premières rappellent probablement les noms de quelques Mareyeurs:

- Vente Thomas;

- Vente Gosselin;

- Vente Le Roy;

- Vente Vincent;

- Vente Ariane;

- Vente du poisson d'eau douce.

Les boutiques sont tout simplement des tréteaux de bois rangés en ligne; quelques-unes sont surmontées d'enseignes en fer-blanc, sur lesquelles on lit le nom de la Marchande, et diverses inscriptions:

- A LA JUSTICE;

- AU PETIT BENEFICE;

- A L'IMAGE DE NOTRE-DAME;

- AU PIGEON BLANC;

- AU PORT DE DIEPPE;

- A LA MERE DE FAMILLE.

Du côté de la Halle au Beurre, la poissonnerie revêt un caractère remarquable d'élégance et de *comfort*. Dans de grands bassins de pierre, où des dauphins en plomb versent une eau limpide, nagent des carpes, des tanches, des écrevisses, des anguilles, si vives et si frétillantes, qu'on regrette presque de les arracher à leur frais asile pour les accommoder en matelotte.

Le poisson, à Paris, est débité exclusivement par des femmes. Le corps de métier des Poissonniers et Harengers réunis, après s'être insensiblement affaibli, disparut sous le règne de Louis XIV. «Le commerce en détail du poisson d'eau douce, dit un auteur de ce temps[24], est depuis plusieurs années entre les mains des femmes, aussi bien que celui du poisson de mer.» Les Marchandes de Poisson étaient alors soumises à la juridiction de la Chambre de la Marée, composée de commissaires du Parlement, et ayant la police générale du commerce de poisson de mer et d'eau douce, frais, sec et salé, dans la ville, faubourgs et banlieue de Paris.

[24] Delamare, *Traité de la Police*, in-folio, 1719, t. III, p. 333.

Les Poissardes ne formaient point de communauté; elles achetaient individuellement des lettres du fermier des petits domaines du roi, dites *lettres de regrat*, comme les femmes qui vendaient des fruits et autres menues denrées. Aujourd'hui, elles paient à la ville de Paris un droit de location. La position élevée dont elles jouissent dans la hiérarchie des marchés leur a mérité le titre de *Dames de la Halle*; titre auquel ne saurait prétendre l'humble commerçante qui colporte dans les rues un éventaire chargé de poisson. La revendeuse ambulante gagne péniblement son pain quotidien; mais celle qui occupe une place à la Halle parvient à l'aisance, souvent même à la richesse. Vous la voyez, à son poste, en robe de mérinos, en sabots, la tête enveloppée d'un madras, d'où s'échappent de gros pendants d'oreilles en perles fausses. Toute vulgaire qu'elle paraisse sous cet accoutrement, elle est à même de se parer des ajustements les plus somptueux. Son mobilier est propre et élégant; les jouissances du luxe ne lui sont aucunement inconnues: ses filles apprennent à toucher du piano, et se marient à des employés, à des officiers de la garde municipale, voire même à des avoués. Ce type de Marchande de Poisson grossière et insolente que nous a conservé Vadé, s'efface rapidement devant la civilisation moderne. Le *langage des halles*, vulgairement nommé *engueulement*, n'existe plus que dans ces livrets intitulés *Catéchismes poissards*, qu'on débite au carnaval, à l'usage des masques de la Courtille. Cependant, lorsqu'une Marchande de Poisson s'imagine qu'on dénigre sa marchandise, son exaspération se traduit par les plus injurieuses épithètes.

«Dis donc, as-tu vu cette malpeignée, qui m'offre moitié de c'que j'lui demande? Faudrait-il pas lui donner pour deux sous, à c'te dame, qu'a un beau chapeau, et point de bas? Voyez donc c'grand dromadaire!... Attendez donc, ma belle, j'vas vous faire envoyer ça par le valet d'mon chien.»

Si le chaland est du sexe masculin, la Marchande s'écrie:

«Au voleur! arrêtez donc c'monsieur, il a un dindon dans ses habits!»

Quelquefois, quand elles sont en veine de politesse, elles se contentent de dire: «Ah ben, écoutez-donc, si vous n'en voulez pas pour trente sous, allez vous coucher.»

Entre elles, cependant, et dans toutes leurs relations non commerciales, les Marchandes de Poisson se recommandent par une exquise urbanité. Affables, complaisantes, obséquieuses, elles s'enquièrent de la santé de toute la famille, offrent leurs services, caressent les enfants, et emploient les formules les plus classiques de la *Civilité puérile et honnête*, comme: «Vous avez bien de la bonté.—Je vous prie de vouloir bien m'excuser.—Je crains d'abuser de votre complaisance.—J'ai bien l'honneur d'être votre très-humble.—A l'honneur de vous revoir.» Ces dictons, si insignifiants dans la bouche des gens du monde, sont chez elles l'expression d'une cordialité sincère qui ne sait comment se manifester. Leur bonne foi naïve aime à se parer de termes conventionnels, comme un Sauvage de la défroque d'un Européen.

Quel que soit le degré d'opulence qu'elles atteignent, les Marchandes de Poisson justifient le vieux proverbe: «La caque sent toujours le hareng.» Elles emportent avec elles une invincible odeur de marée; leur physionomie rougeaude, terminée par un triple menton, n'a pas plus de distinction sous un chapeau à plumes que sous un lambeau de rouennerie; leurs mains rugueuses et gercées s'accommodent mal de gants blancs. Mais si elles n'acquièrent pas, avec la richesse, des manières élégantes, des paroles choisies, des allures aristocratiques, elles ne perdent point non plus leur bonhomie, leur franchise, leur humanité; elles n'oublient point, au milieu de leurs grandeurs, leurs compagnes moins fortunées, et sont toujours prêtes à les aider de leur argent et de leurs conseils.

Longtemps les Poissardes ont été une puissance politique. «Ces dames, disent les *Mémoires de Bachaumont* [25], sont, de temps immémorial, en possession de haranguer les rois, reines, princes et princesses, aux cérémonies publiques.» Ainsi elles complimentèrent le dauphin et la dauphine le 17 juin 1773, au moment où leurs altesses montaient, au Cours-la-Reine, dans un des carrosses de campagne. Elles usaient de ce privilége, non-seulement pour rivaliser de fadeurs avec les courtisans, mais quelquefois encore pour faire entendre de justes représentations. Leur opinion était considérée comme celle du peuple, et Louis XV éprouvait quelques remords quand, mécontentes de sa conduite, elles disaient: «Qu'il vienne à Paris, il n'aura pas seulement un *Pater!*»

[25] Tom. 7, pag. 10.

La Révolution accrut un moment l'autorité des Marchandes de Poisson. «Ces femmes, selon le rédacteur du *Moniteur* [26], sont, de temps immémorial, en possession d'exercer un grand empire sur le peuple. Dès les premiers jours de la Révolution, la Commune de Paris jugea convenable de leur envoyer une députation, pour les engager à exhorter les citoyens à la concorde, et à concourir au maintien de la tranquillité publique. La réunion des différentes halles a formé de tout temps une espèce de république, qui a conservé son franc-parler au milieu des espions et sous la verge même du despotisme, et qui, plus d'une fois, en a imposé aux rois, aux ministres, aux favorites, en leur disant, avec autant d'énergie que de franchise, des vérités qu'elles seules pouvaient faire entendre sans danger.»

[26] Numéro 76, du 18 au 20 octobre 1789, on remarquera que le journaliste emploie les mêmes expressions que Bachaumont.

Elles se réunirent aux légions qui marchèrent sur Versailles dans la journée du 5 octobre 1789. Peu de jours après, elles envoyèrent une députation porter des bouquets au roi et à la reine, se plaindre de la rareté du pain, et demander des secours pour les plus pauvres. Elles se retirèrent comblées de promesses. A la même époque, de fausses Poissardes, profitant de l'anarchie qui régnait, arrêtaient les citoyens dans les rues, pénétraient même dans les maisons pour demander des rubans et des gratifications. Les Dames de la Halle, craignant que leur nom respecté fût compromis par ces aventurières, les arrêtèrent elles-mêmes, les conduisirent au comité de police, les forcèrent d'y déposer l'argent extorqué, et chargèrent le curé de Saint-Paul de le distribuer aux pauvres. A quelque temps de là, le dimanche 15 novembre, des Dames de la Halle reçoivent des billets pour aller voir jouer *le Souper de Henri IV* au théâtre de Monsieur, dans la salle des Tuileries. Avant le lever de la toile, l'idée leur vient d'inviter le couple royal à honorer le spectacle de sa présence. Louis XVI était au conseil, et la reine au jeu; leur refus, quoique poli, fut formel.

«Pas moyen d'les avoir, mes p'tits enfants, dit à son retour l'ambassadrice en chef; mais Leurs Majestés travaillent pour nous.»

La pièce commence: le Béarnais se met à table avec le meunier Michaud, qui lui propose la santé du roi. Là-dessus, les Dames de la Halle escaladent la scène, et viennent trinquer avec les personnages. L'une d'elles n'hésite pas à danser un menuet avec l'acteur Paillardel, et la pièce se termine par une ronde générale des Poissardes, de la famille Michaud et des courtisans de Henri IV[27]. (*Tableau.*)

[27] Journal de Prudhomme, n° XIX, page 26.

Pendant la période révolutionnaire, les Poissardes figurèrent parmi les plus infatigables *tricoteuses* des sections; puis, au retour du calme, après avoir coopéré aux désordres du 5 prairial an III, elles donnèrent leur démission de représentantes du peuple. On a vu depuis des femmes offrir des bouquets aux princes, aux nouveaux époux, aux gagneurs de quaternes; mais c'étaient des Poissardes apocryphes, que les véritables qualifient de *mendianes*, et qu'elles ont démasquées par une réclamation insérée, il y a trois ans, dans les journaux. Les Poissardes actuelles se tiennent à l'écart des cours, et elles n'en ont que plus de droit à l'estime de leurs concitoyens.

La Blanchisseuse.

XIV.
LA BLANCHISSEUSE.

Plus n'irai, fier de ma personne,

M'égaudir aux prés Saint-Gervais;

Plus ne reverrai ma cretonne

Teinte d'un excellent vin frais.

A la blanchisseuse Marie,

Plus ne dirai le lendemain

Bacchus hier me l'a rougie;

Rends-la plus blanche que ta main.

POESIES D'UN AVEUGLE.

SOMMAIRE: L'un des embarras de Paris.—Blanchissage dans les petites villes.—Manière étrange de payer sa Blanchisseuse.—Blanchisseuses de fin.—Boutiques modernes.—Bureau du Cloître-Saint-Jacques.— Consommation de liqueurs fortes.—Repasseuses et Plisseuses.— Savonneuses—Blanchisseuses au bateau.—Trait d'humanité.—Fête de la Mi-Carême.—Blanchisseurs de gros.—Scène d'hôpital.—Chiens des blanchisseurs.—Députation des Blanchisseuses à la Convention nationale.

Pourquoi tant d'encombrement dans cette rue? est-ce la construction d'un égout, le pavage d'un trottoir, qui obstrue la circulation? point du tout: c'est un Blanchisseur avec une Blanchisseuse.

Le Blanchisseur est venu de la banlieue de Paris, sur sa lourde et haute charrette, et, en stationnant à la porte d'une pratique, il a barré la moitié de la voie étriquée. La Blanchisseuse, penchée de côté, portant sur la hanche un large panier carré, occupe toute la largeur du trottoir; de sorte que voitures et piétons sont arrêtés dans leur marche. Pour peu que le Blanchisseur mette longtemps à déballer, que la Blanchisseuse ralentisse le pas, on pourra croire la rue barricadée par des émeutiers.

Tâchons de faire connaître à nos lecteurs ces deux personnages, la Blanchisseuse de fin et le Blanchisseur de gros.

Dans les petites villes des départements, on n'a recours à la Blanchisseuse, si toutefois elle existe, que dans les occasions solennelles. On met ses talents en réquisition pour se préparer à comparaître au bal de la sous-préfecture, à la noce du maire, au baptême de l'enfant d'une notabilité. En temps ordinaire, on se borne à faire la lessive à domicile. Vous rappelez-vous les scènes nocturnes auxquelles donne lieu celle opération domestique? Au milieu de la cuisine, sur un trépied de bois, s'élève un cuvier presque aussi grand que la fameuse tonne d'Heidelberg; l'eau en coule goutte à goutte, saturée de cendres alcalines. Alentour, de vieilles commères, jaunes et ridées comme les sorcières de Macbeth, jasent des nouvelles du jour, boivent du cidre, mangent du fromage, et rejettent dans le cuvier le liquide qui vient d'en tomber. Le lendemain, le théâtre change et représente les bords d'une rivière; les mêmes commères, accroupies, penchées vers le courant, effarouchent les grenouilles du bruit de leurs battoirs, et les chastes oreilles de leurs propos effrontés.

Le linge sale, ainsi trituré, conserve une teinte jaunâtre qui en fait le charme principal. «Fi des Blanchisseuses de Paris! s'écrie d'un ton de dénigrement la ménagère provinciale; elles rendent le linge d'une éblouissante blancheur à force de potasse et de produits chimiques; mais aussi elles l'usent, elles le détériorent, et quand une chemise a été blanchie trois fois, elle se déchire comme une feuille de papier.» Peut-être y a-t-il quelque vérité dans ce reproche; mais on conviendra cependant qu'il vaut mieux remonter plus souvent sa garde-robe, et n'être pas condamné au jaune-serin à perpétuité.

Le Parisien porte du linge blanc, mais il le paie cher. Les dépenses du blanchissage d'un ménage, dans la capitale, suffiraient pour le faire vivre dans une petite ville. Nous avons connu bon nombre de jeunes gens dont la note de blanchissage s'enflait d'autant plus qu'ils ne l'examinaient jamais, et qui, persécutés par leur Blanchisseuse, auraient pu consentir à s'acquitter à la manière de Dufresny.

Ce Dufresny était, vous vous en souvenez peut-être, un poëte comique contemporain de Louis XIV. Le succès de l'*Esprit de Contradiction*, du *Double Veuvage*, du *Mariage fait et rompu*; la charge de valet de chambre du Roi, le brevet de contrôleur des Jardins, le privilége d'une manufacture de glaces, n'avaient pu enrichir ce dilapidateur. Sa Blanchisseuse vient un jour réclamer cent écus qu'il lui devait depuis longues années:

«J'en ai absolument besoin, dit-elle, car je vais me marier.

—Te marier! (en ce temps-là, on tutoyait sa Blanchisseuse) te marier! et à qui donc?

—A un valet de chambre, qui me fait la cour depuis longtemps.

—Et tu lui apportes en dot les cent écus dont je te suis débiteur?

—Oh! Monsieur, j'ai encore deux mille et quelques cents francs!

—Tant que cela! s'écria le poëte; ma foi, tu n'as qu'à me les donner, je t'épouse, et nous voilà quittes.»

Le mariage fut célébré le lendemain, au grand scandale de la cour. Peu de jours après, Dufresny, rencontrant l'abbé Pellegrin, eut la maladresse de lui reprocher la malpropreté de sa tenue:

«Que voulez-vous, mon cher? répondit l'abbé, tout le monde n'est pas assez heureux pour pouvoir épouser sa Blanchisseuse.»

La Blanchisseuse de fin diffère du Blanchisseur de gros en ce qu'elle ne se charge ni des draps, ni des torchons, tandis que son concurrent blanchit toute espèce de linge. Son établissement est ordinairement peu considérable: quelques baquets, une table, un fer à repasser, un fer à relever, un fer à champignon, un fer à coque, un fer à bouillons, tels sont ses instruments de travail. Elle s'installait naguère dans une chambre du second ou du troisième étage; mais les propriétaires, observant que l'eau de savon suintait à travers les planchers, ont contraint l'humide Naïade à descendre au rez-de-chaussée. Il n'y a guère maintenant de quartier qui ne possède plusieurs ateliers-boutiques de blanchissage, quelques-uns décorés avec goût, ornés de glaces et de jolies ouvrières, et environnés le soir d'une légion de jeunes séducteurs.

Quand une maîtresse Blanchisseuse veut se pourvoir d'ouvrières, elle s'en va au cloître Saint-Jacques; tel est le nom collectif des ruelles percées entre la rue Mauconseil et la rue du Cygne, sur l'emplacement d'un ancien couvent. Le quartier-général des Blanchisseuses est chez un marchand de vin de ces parages; elles y stationnent lorsqu'elles manquent d'ouvrage, et, en attendant qu'on les occupe, consomment, pour tuer le temps, du café au lait ou des boissons moins anodines; car la plupart des ouvrières blanchisseuses ont une inexplicable prédilection pour l'eau-de-vie. Elles prétendent que ce breuvage leur est indispensable; que l'odeur du charbon et du fer chaud leur occasione d'affreux maux d'estomac, contre lesquels l'alcool agit efficacement. «Ça les soutient,» disent-elles; il nous semble que *ça* est plutôt propre à les faire chanceler. Un ivrogne est assurément hideux dans l'exercice de ses fonctions;

mais que dire d'une femme qui boit? Comment excuser chez elle un vice aussi honteux? comment même y ajouter foi? Cependant, en accusant les ouvrières blanchisseuses d'affectionner *la goutte le matin*, comme pourrait le faire un *troubadour* du 17e léger, il importe d'établir des distinctions; on doit reconnaître à Paris, dans ce corps d'état, trois classes, de mœurs assez différentes:

- Les Repasseuses et Plisseuses;

- Les Savonneuses;

- Les Blanchisseuses au bateau.

La Repasseuse affecte, à l'égard de ses autres compagnes, un air de supériorité aristocratique; elle veut être mignonne, élégante, comme il faut. Avant d'entrer dans un bal public, sous la protection d'un clerc de notaire ou d'un commis marchand, elle s'informe si la réunion est *bien composée*, si l'on n'y danse pas trop indécemment. Elle-même a étudié, pour ne les jamais franchir, les limites précises où les pas deviennent répréhensibles aux yeux de la morale et des sergents de ville. Elle porte un chapeau de même que la modiste, et se drape artistement dans un châle dont la pointe anguleuse baigne dans le ruisseau comme les branches d'un saule dans un lac. Naïve et satisfaite de peu, elle ne réclame point d'autre salaire que 2 fr. 50 c. ou 2 fr. 75 c. par jour. Le veau rôti lui semble exquis; la piquette l'enivre; l'auteur de *Georgette* la fait rire; les mélodrames la font pleurer.

La Savonneuse a les goûts plus grossiers, l'allure plus vulgaire, les mœurs plus cyniques; elle travaille avec assiduité pendant toute la semaine, surtout le jeudi, jour de savonnage général; mais le dimanche, comme elle rattrape le temps perdu pour le plaisir! comme elle gaspille ses bénéfices, ses 2 fr. 25 c. de chaque jour! Les guinguettes des barrières des Martyrs et de Rochechouart regorgent alors de Blanchisseuses, qui s'y présentent fièrement, donnant le bras, les unes à des sapeurs-pompiers, les autres à des gardes municipaux, d'autres à des ouvriers bijoutiers, ciseleurs, horlogers, tailleurs, etc. Au Carnaval, impossible de tenir en bride ces fringantes bayadères. C'est la morte-saison du blanchissage; avec l'été ont disparu les robes de jaconas blanc ou de couleur, d'organdi, de mousseline claire, les jupes blanches, les bas blancs, tous les articles de la toilette féminine, dont la pluie, la poussière, le soleil même, altèrent si vite la fraîcheur. L'on ne voit plus des estafettes se succéder dans les ateliers, et demander impérieusement: «La robe de Madame est-elle prête?—Madame attend son col.» La Savonneuse profite de ce qu'elle est moins occupée pour ne point s'occuper du tout, et embellir de sa présence les somptueux mais ignobles bastringues connus sous les noms de *bal de l'Opéra*, *bal de la Renaissance*, ou *bal de l'Odéon*.

Les Blanchisseuses au bateau sont les employées des Blanchisseries en gros de l'intérieur de Paris. En parcourant les rues voisines des quais, on aperçoit par intervalles des espèces de cavernes, aussi impénétrables aux rayons du soleil que celle qu'a décrite *Schiller* dans sa ballade du *Plongeur*. A la lueur de deux ou trois chandelles, on voit grouiller dans ces antres sombres quelque chose de semblable à des femmes. Elles travaillent, non comme on le pourrait croire, à préparer des philtres magiques, mais simplement à faire la lessive. Elles sortent de leurs bouges pour aller laver le linge à la Seine, sur des bateaux *ad hoc* amarrés le long des quais. Ces bateaux, dont quelques-uns sont élégamment construits, ont, au-dessus du lavoir un séchoir environné de treillages verts. Ils sont tenus, avec la permission du préfet de police, et sur le rapport de l'inspecteur-général de la navigation, par des hommes qui paient un droit de location d'emplacement à la ville de Paris, et touchent un revenu proportionné au nombre de laveuses. Il est défendu de laver du linge ailleurs que dans les bateaux à lessive, excepté en certains endroits indiqués, le long des ports de la Râpée, par l'inspecteur général; les Lavandières s'y peuvent installer, à condition d'employer pour siéges des planches mobiles à roulettes.

Si l'on en croit les Blanchisseuses de fin, les Blanchisseuses au bateau sont *le rebut du genre humain*. Pendant que le froid et l'humidité gercent leurs mains et leur visage, leur moralité est gravement altérée par de fréquentes relations avec les mariniers, les lâcheurs[28], les débardeurs; mais les défauts qu'elles peuvent avoir ont été rachetés par bien des actes de courage et d'humanité. Le 13 octobre 1841, par exemple, une vieille femme descend au bord de la Seine, près du pont de l'Archevêché, et s'établit sur des pierres pour laver quelques pièces de linge. L'une des pierres glisse, et la pauvre vieille tombe à l'eau. Marianne Petit, blanchisseuse sur un bateau voisin, se jette à la nage, atteint la noyée, et la ramène sur la grève. Ce dévouement d'une Blanchisseuse est une belle expiation des égarements de la communauté.

[28] On appelle ainsi les pilotes qui se chargent de conduire les bateaux depuis Bercy jusqu'au Gros-Caillou, en leur faisant traverser tous les ponts de Paris.

Le jour de la Mi-Carême, les bateaux se métamorphosent en salles de bal; un cyprès orné de rubans (singulier signe de joie) est hissé sur le toit du flottant édifice; c'est la fête des Blanchisseuses. Chaque bateau nomme une reine qui, payant en espèces l'honneur qu'on lui fait, met en réquisition rôtisseurs et ménétriers.

La même fête est célébrée par les Blanchisseurs et Blanchisseuses de gros de Vaugirard, d'Issy, de Meudon, de Saint-Cloud, de Boulogne, de Saint-Ouen, et de plusieurs autres villages circonvoisins.

Les Blanchisseurs de gros de la banlieue sont des êtres hybrides, semi-paysans, semi-citadins, dégrossis par la fréquentation des villes, abrutis par leur confinement dans les misérables travaux de leur métier. Leur maison, quand elle est bâtie dans les règles, se compose d'un atelier au rez-de-chaussée, d'un appartement au premier étage, et d'un séchoir au second. L'approche en est signalée par les noirs ruisseaux qui en descendent, et qui roulent dans leurs ondes les détritus de toutes les immondices susceptibles de s'incorporer aux étoffes, et d'en être détachées par la lessive.

A l'instar des grenouilles, avec lesquelles leur métier aquatique leur donne quelque affinité, les Blanchisseurs sont doués d'une vitalité extraordinaire. Le matin du 4 juillet dernier, l'un d'eux, rue de l'École-de-Médecine, tombe de sa charrette sur le pavé; la roue lui passe sur le corps. On le ramasse meurtri et inanimé, on le porte à l'hôpital de la Clinique et on se met en devoir de le déshabiller. Tout à coup il pousse un soupir, et ouvre les yeux:

«Ah çà, dit-il, qu'est-ce que vous me faites donc? est-ce que vous croyez que j'ai envie de coucher ici? Saignez-moi, si vous voulez, mais dépêchez-vous, car on m'attend pour déjeuner.»

On lui tira quelques palettes de sang, et un quart d'heure après, parfaitement rétabli, il avait quitté l'hôpital.

Pour protéger sa cargaison de linge contre les voleurs, pendant qu'il distribue ses paquets aux pratiques, le Blanchisseur de gros emmène toujours avec lui un dogue formidable. Cet animal.....

C'est le DOGUE que je veux dire,

Et non l'homme...;

cet animal est enchaîné sous la charrette; il était autrefois libre de se précipiter sur les passants; mais une ordonnance de police, du 29 juillet 1824, enjoint aux Blanchisseurs et marchands forains de tenir leurs chiens attachés sous leurs voitures. Le fidèle gardien ne quitte son poste que dans les cas où son maître croit devoir s'en servir comme auxiliaire.

Le samedi, 2 octobre 1841, à Clichy, un ivrogne, à moitié endormi, monte dans une voiture de Blanchisseur arrêtée devant un cabaret, s'établit sur des ballots de linge, et ronfle paisiblement. Le propriétaire du véhicule le surprend, le traite de voleur, le chasse à coups de bâton, et l'étend sur le pavé. Au moment où le malheureux se relevait, le chien, détaché de dessous la voiture, s'élance sur lui, le déchire, et le laisse sanglant, défiguré, presque mort. La brutalité dont le Blanchisseur fit preuve en cette occasion est un trait de caractère commun à beaucoup d'industriels de la banlieue.

En consultant l'histoire, on n'y trouve qu'un fait relatif à la Blanchisserie: c'est la comparution des *Citoyennes Blanchisseuses* de Paris à la barre de la Convention nationale, le 24 février 1793. Elles vinrent présenter une pétition dont l'un des secrétaires fit lecture. «Législateurs, disaient-elles, les Blanchisseuses de Paris viennent dans le sanctuaire sacré des lois et de la justice déposer leurs sollicitudes. Non-seulement les denrées nécessaires à la vie sont d'un prix excessif, mais encore les matières premières qui servent au blanchissage sont montées à un tel degré, que bientôt la classe du peuple la moins fortunée sera hors d'état de se procurer du linge blanc, dont elle ne peut absolument se passer. Ce n'est pas la denrée qui manque, elle est abondante; c'est l'accaparement et l'agiotage qui la font renchérir. Que le glaive des lois s'appesantisse sur la tête des sangsues publiques! Nous demandons la peine de mort contre les accapareurs et les agioteurs.»

Il est fâcheux pour les Blanchisseuses, excellentes et philanthropiques créatures, qu'elles n'aient élevé la voix en public que pour demander des têtes. Le président, Dubois-Crancé, leur répondit vertement: «La Convention s'occupera de l'objet de vos sollicitudes; mais un des moyens de faire hausser le prix des denrées est d'effrayer le commerce, en criant sans cesse à l'accaparement..... L'assemblée vous invite à assister à la séance.»

Ce sont les seuls honneurs que les Blanchisseuses aient jamais reçus d'une autorité constituée.

Le Fort de la halle.

XV.
LE FORT DE LA HALLE.

Dites-moi, je vous prie, d'où vous vient cette force si grande?

LES JUGES, chap. XVI, vers. 6.

Le carnaval a inauguré, sous le nom de forts ou malins, des personnages complétement fantastiques, mouchetés de fleurs, bariolés de couleurs voyantes, mais d'autant moins semblables aux Forts des halles que ceux-ci sont d'honnêtes et paisibles citoyens.

Les Forts sont des hommes de peine, que la police admet à travailler dans les halles, les marchés et sur les ports. On en reconnaît par conséquent cinq espèces:

• Les Porteurs des halles et marchés;

• Les Forts aux grains, farines et avoines;

• Les Forts de la halle aux cuirs;

• Les Forts des ports;

• Les Porteurs de charbon, que nous mentionnerons ici pour mémoire et dont nous parlerons plus longuement en nous occupant des charbonniers.

Tout individu, assez large d'épaules, assez vigoureux de constitution, assez solidement charpenté pour aspirer à la profession de Fort, se rend, accompagné de deux témoins, chez le commissaire de police de son quartier, et en reçoit un certificat sur papier libre: «Nous....., certifions, sur l'attestation des SS...., que le sieur Chamouillard (Antoine), âgé de 25 ans, natif de Clermont-Ferrand, département du Puy-de-Dôme, profession de garçon porteur-d'eau, taille d'un mètre 66 centimètres, cheveux et sourcils noirs, front étroit, yeux gris, nez gros, bouche grande, menton rond, visage rond, barbe noire, est en règle dans ses papiers; qu'il réside à Paris depuis un an, et demeure dans notre quartier, rue de la Grande-Truanderie, n° 15, où il est connu pour un homme d'honneur et de probité, et de bonnes vie et mœurs. En foi de quoi, etc.»

Voici donc une condition *sine qua non* plus indispensable encore que la force physique, la probité. Il est de moins humbles fonctionnaires dont on n'exige pas autant. Si la libre concurrence n'est pas tolérée entre les portefaix, c'est afin qu'ils inspirent toute confiance au commerce. On veut les connaître, avoir interrogé leur passé, répondre de leur avenir et garantir leur inaltérable moralité.

Quand le préfet de police accueille la pétition du candidat, il lui délivre une permission qui est visée par l'inspecteur en chef de la branche d'administration à laquelle le Fort veut s'attacher. On lui remet en même temps une médaille de cuivre, sur laquelle sont gravés ses prénoms, noms et surnoms, et le numéro de son enregistrement: cette médaille est le signe distinctif du Fort; il ne doit jamais la quitter; il la suspend à une boutonnière de sa veste, et la porte ostensiblement, même les fêtes et dimanches. C'est son *vade-mecum*, son égide protectrice, le symbole de sa dignité.

FORTS DES HALLES ET MARCHÉS.

Les Forts ou Porteurs des halles et marchés ont le privilége exclusif de déballer et transporter chez les marchands le beurre, les œufs, le poisson, etc. Leur nombre ne peut excéder huit cents, et de même que l'Académie-Française, la communauté des Forts n'admet personne lorsqu'elle est complète. Les Porteurs sont reconnaissables à leurs chapeaux aux larges bords, et aux lambeaux de vieille tapisserie qui garantissent des effets d'un frottement perpétuel la partie postérieure de leurs vestes rondes. Tous les ans, au mois de décembre, le commissaire des halles et marchés les convoque à son bureau, les passe en revue, vérifie leurs permissions, et poinçonne leurs médailles d'une lettre de l'alphabet, dont on emploie successivement tous les caractères. La lettre A, après avoir été la marque de l'an 1814, est maintenant celle de 1839. Un Fort est déchu de ses droits et privé de sa médaille, quand elle ne porte pas le poinçon de l'année.

FORTS DE LA HALLE-AUX-BLÉS.

Entre les murs de sacs qui montent jusqu'aux voûtes de la Halle-aux-Blés circule une seconde classe de Forts, non moins enfarinés que le célèbre Pierrot des Funambules. On ne les coudoie pas impunément; leur contact n'est pas moins à craindre pour les fracs de nos fashionables, que celui des perruquiers de l'ancien régime pour les habits à boutons d'acier des courtisans de Louis XV.

Réunis en une corporation représentée par un syndic, les Forts de la Halle-aux-Blés se divisent en trois bandes:

- 1o Pour les farines;

- 2o Pour les grains;

- 3o Pour les avoines.

Ce sont les seuls porteurs dont les marchands et acheteurs soient autorisés à se servir dans l'intérieur de la Halle; mais une centaine d'autres Forts ont pour tâche spéciale le transport des farines chez les boulangers, concurremment avec les journaliers à la solde de ceux-ci. Ces employés *extra-muros* de la Halle-aux-Blés ont huit syndics, qui participent à tous les travaux de la confrérie.

Si de la Halle-aux-Blés nous passons rue Mauconseil, c'est à deux pas, nous n'y verrons rien de bien particulier; cependant, après un examen attentif, nous finirons probablement par y découvrir la Halle-aux-Cuirs, informe hangar élevé en 1770, sur les débris d'un théâtre italien: là travaillent six Forts, chargés d'assister aux ventes, de garder les halles, de marquer les marchandises, et de les porter chez les personnes désignées aux bulletins de sortie. Ils sont solidairement responsables des cuirs déposés à la halle, et reçoivent pour déchargement, placement, manutention, transport, un salaire déterminé par un tarif, proportionnellement à la fatigue ou à la distance.

Par cuir à l'orge ou à la jusée   6 c.

Par douzaine de veaux, gros ou petits en croûte,
secs d'huile, ou corroyés en blanc, ou en noir   6 c.

Etc., etc.

Il leur est sévèrement défendu de retenir à leur profit aucun objet provenant des emballages, et d'exiger des gratifications non prescrites par le tarif. Ils font bourse commune, et répartissent entre eux les bénéfices hebdomadaires, en présence du contrôleur de la halle.

Lorsque les marchandises ne portent point de marques, les Forts de la Halle-aux-Cuirs y apposent les lettres initiales des noms et prénoms du propriétaire. Les cuirs forts, peaux de bœuf, vache, cheval, sont marqués sur chaque pièce, à la peinture à l'huile, rouge ou noire; les peaux de veau, chèvre et mouton sont marquées par douzaine avec de la sanguine. La redevance due par les propriétaires pour ce travail est de 15 centimes pour la première classe de cuirs, et de 5 centimes pour la seconde.

FORTS DES PORTS.

La dernière classe de Forts qui nous reste à examiner est celle des ouvriers des ports, classe amphibie, distribuée le long de la Seine, pour débarquer des bois, des pierres, des grains, des fers, des vins, des tuiles, etc. Ils travaillent sur les ports dont suit la nomenclature:

- 1. Le port de l'Arsenal, pour les bois.

- 2. Le port Saint-Bernard, pour les vins.

- 3. Le port d'Orsay, pour les pierres.

- 4. Le port de l'île des Cygnes, pour le déchirage des toues et bateaux.

- 5. Le port de l'École, pour le charbon, les fagots et les cotrets.

- 6. Le port aux Fruits, pour le raisin, les poires, les pommes et les châtaignes.

- 7. Le port de la Grève, pour le blé, l'avoine, le sel, le charbon de bois, et diverses marchandises.

- 8. Le port de l'Hôpital, pour les grains.

- 9. Le port des Invalides, pour le tirage du bois flotté, et le déchargement des fourrages.

- 10. Le port Saint-Nicolas, pour les marchandises de toute nature.

- 11. Le port Saint-Paul, pour les vins, les fers et l'épicerie.

- 12. Le port au Plâtre, pour le déchargement des pierres à plâtre.

- 13. Le port des Quatre-Nations, pour les charbons.

- 14. Le port de la Râpée, pour le déchargement des vins, des bois à œuvres et à brûler, des fourrages, et autres marchandises.

- 15. Le port de Recueillage, pour le tirage et déchargement des bois.

- 16. Le port des Saints-Pères, pour le chargement des blés, des avoines, et de toutes sortes de marchandises.

- 17. Le port de la Tournelle, pour les vins, foins et charbons.

- 18. Le port des Tuileries, où stationnent les galiotes.

- 19. Le port aux Tuiles et aux Ardoises, qui sert également aux grains et fourrages.

- 20. Le port de la Place aux Veaux, pour les charbons.

- On compte en outre à l'intérieur, le port de Bercy, pour les vins, le déchirage des bateaux et des toues.

- Les ports de la Briche, de Choisy et de Sèvres, pour les vins, les grains et les bois, etc.

- Le port de Charenton-le-Pont, pour les vins.

- Le port de Saint-Cloud, pour le déchargement de toutes marchandises.

Vadé, le chantre des mœurs populaires, a consacré aux Forts des ports quelques lignes d'une composition poissarde, intitulée la *Pipe cassée*:

On sait que sur le port aux blés

Maints forts-à-bras sont assemblés;

L'un pour, sur ses épaules larges,

Porter ballots, fardeaux ou charges,

Celui-ci pour les débarquer,

Et l'autre enfin pour les marquer.

On sait, ou peut-être on ignore,

Que tous les jours, avant l'aurore,

Ces beaux muguets, à brandevin,

Vont chez la veuve Rabavin,

Tremper leur cœur dans l'eau-de-vie,

Et fumer, s'ils en ont envie.

Ils ont de glorieux jours de vigueur et de santé, tous ces braves ouvriers des halles et des ports! ils excitent un moment l'admiration par le beau développement de leur musculature; mais que leur triomphe est passager! avec quelle rapidité s'usent leurs forces? Bientôt leur corps s'affaisse, leur dos se voûte; ils inclinent la tête comme ces cariatides qui soutiennent nos édifices; ils espèrent se ranimer en ayant recours au cabaretier, tentative de rajeunissement moins funeste mais aussi inutile que celle du vieux roi Pélias!

Du moins, il reste à nos Forts une qualité qu'on ne saurait leur contester sans injustice, l'honnêteté! Jamais un vol n'a terni la réputation de ces estimables travailleurs, auxquels on confie journellement tant de valeurs importantes. Où on leur recommande d'aller, ils vont directement sans s'arrêter, sans détourner la plus minime parcelle de la denrée qui leur est remise. La tentation de s'approprier tout ou partie du bien d'autrui, cette tentation que n'ont pas toujours su repousser des gens plus haut placés, des notaires, des caissiers, des agents de change, des receveurs des contributions, le Fort de la halle la bannit de son cœur avec énergie! Non-seulement il est probe, malgré sa pauvreté, mais encore il est humain. Quel panégyrique vaudrait cette simple citation des journaux du 16 novembre 1840:

«*Souscription pour les Inondés.*

«La société des Forts du Marché-aux-Fruits des Innocents   100 fr.»

Sous la Restauration, les Forts, comme les marchandes de poisson, faisaient dire des messes en certaines occasions solennelles. Les ouvriers des ports et les charbonniers réunis, au nombre de douze cents, avaient fondé une messe anniversaire en mémoire de la naissance du duc de Bordeaux. Un service fut célébré à leurs frais, en l'ex-église de Sainte-Geneviève, le 3 octobre 1824, pour le repos de l'âme de Louis XVIII et la conservation des jours de Charles X [29]. De pareils faits ne se sont point renouvelés depuis 1830, et nous manquons totalement de moyens d'apprécier l'état religieux et politique des Forts.

[29] *Moniteur Officiel* du 4 octobre 1824.

Le principal divertissement des Forts est d'aller, le dimanche, aux barrières, manger du veau et de la salade, qu'ils arrosent de vin à six sous le litre. La surexcitation produite en eux par l'alcool n'est point à leur avantage. Dans les querelles que provoque Bacchus, le plus taquin des dieux du paganisme, ils mettent au service de leur ressentiment des mains qui serrent comme des étaux, des pieds qui meurtrissent, une masse corporelle qui écrase. Leur vigueur, quand ils en abusent, est aussi dangereuse que le serait celle des bêtes de la ménagerie, si elles étaient déchaînées.

«Numérote tes membres, que j'les démolisse!» crient-ils d'une voix formidable à leurs adversaires; et la menace est bientôt suivie d'effet.

Non contents de se disputer entre eux, ils interviennent encore dans des rixes, à la cause desquelles ils sont étrangers. En vertu de l'autorité que leur donne leur puissance musculaire, ils font de la police à coups de poings, et rétablissent l'ordre par des *pochons* équitablement répartis. Ainsi, ce n'est pas toujours une aveugle colère qui les pousse au combat: ce sont parfois de chevaleresques redresseurs de torts, des Don Quichotte qui lèvent le bras pour la défense de l'opprimé.

Ne cherchez pas dans le Fort le mérite de l'intelligence; un Fort lettré, un Fort qui ferait des vers, ne fussent-ce que des vers comme ceux de M.,—mais point de personnalité;—un Fort lettré, disons-nous, serait une anomalie, un monstre, un phénomène vivant. On voit rarement les qualités morales associées à la force physique, ce qui semblerait établir une distinction bien nette, voire même une espèce d'antagonisme entre l'esprit et la matière. Il existe pourtant entre eux une mystérieuse corrélation; car des faits nombreux et journaliers prouvent que l'état intellectuel dépend de celui du cerveau. L'âme, la volonté libre a sans doute sous sa domination immédiate des sens internes, logés dans certaines circonvolutions de la masse encéphalique. La dépression exercée par de lourds fardeaux sur l'occiput du Fort nuit au développement de ses organes intracrâniens. Les plus habiles phrénologistes ne pourraient apercevoir la moindre protubérance sur sa boîte osseuse aplatie. Il est comme ces Sauvages américains dont on comprimait la tête entre deux planches, et dont l'intelligence restait atrophiée dans un logement trop étroit.

Mais, à défaut de vivacité intellectuelle, les Forts, nous ne saurions trop le répéter, se distinguent par une incorruptible honnêteté. Que demander davantage?

La Cardeuse de Matelas.

XVI.
LA CARDEUSE DE MATELAS.

La Carde est un peigne fait de plusieurs petites pointes pressées et crochues de fil de fer, qui sert à démêler les poils de la bourre, de la laine et de la soie.

Un bon souper et surtout un bon lit.

PICARD, *les Visitandines.*

SOMMAIRE: Pourquoi il importe de carder les matelas.—Description topographique de la place du Caire.—Cardeuses de matelas.—Leur costume.—Instruments de leur profession.—Beaucoup d'appelées et peu d'élues.—Taciturnité.—Prix fixe.—Repas du soir.—Logement.—Travail chez les tapissiers.—Contrées d'où viennent les Cardeuses.—Cardeurs.— Ancienne corporation des Cardeurs, Peigneurs, Arçonneurs de laine et coton, etc.—Savante dissertation sur l'origine des lits, des matelas et des Cardeuses.—Le lit de Pénélope.—Réflexions ultra-philosophiques.

Nos matelas ont besoin d'être cardés. La laine, matière animale, finirait par se décomposer, si elle n'était, de temps en temps, battue, peignée, exposée à l'air. Il est urgent d'avoir recours à une Cardeuse; mais où la trouverons-nous?

Place du Caire, ou place des Canettes. Celle-ci est située au faubourg Saint-Germain; celle-là au centre de Paris, près de la célèbre Cour des Miracles, et du nid typographique d'où, couvés avec un soin paternel, *les Industriels* prennent leur essor. Elle doit son nom aux brillantes et inutiles victoires de Bonaparte et de Kléber en Égypte.

Cette place du Caire, étroite et triangulaire, a pour ornements principaux des pilastres égyptiens, des cafés de troisième ordre, un marchand de vin, un bureau de tabac, une station de fiacres, et les Cardeuses de matelas, qui s'y trouvent en embuscade pour attendre le *bourgeois.* Elles sont là, se chauffant au soleil, debout ou accroupies, coiffées de mouchoirs à carreaux, vêtues de robes de cotonnade, et portant les instruments de leur profession, dont voici la nomenclature et le prix:

Un métier, composé de quatre barres de bois	7 fr.
Deux cardes	5
Un tablier de cuir	6
	18 fr.

Nous en choisissons deux au milieu du troupeau rangé le long du mur; nous les prions d'abandonner la paire de bas qu'elles tricotaient; elles se lèvent, déposent au coin d'une boutique voisine les pliants sur lesquels elles étaient assises, chargent leurs longues barres sur leurs épaules, nous suivent à pas précipités jusqu'à notre domicile habituel, et nous les installons dans une cour, où elles se mettent à l'œuvre. Quelques-unes, qui sont venues dès l'aube camper au rendez-vous général, y stationnent encore le soir, tristes et découragées. Aucun client ne s'est présenté pour elles; elles ont vu s'éloigner successivement leurs compagnes plus fortunées; elles ont guetté les pratiques avec la patience du héron, et, quand tout espoir est perdu, elles rentrent dans leur galetas, l'estomac creux, les membres transis, les yeux humides.

Si nous n'avons malheureusement point de cour, nous établirons notre couple de Cardeuses dans un grenier, dans une chambre mansardée; à leur grand regret, car une poussière aride, s'échappant des flancs des matelas entr'ouverts, emplira l'étroit espace, et irritera les poumons des ouvrières. Tâchez donc, de grâce, de leur laisser de l'air et du soleil!

Pendant la journée entière, nos deux Cardeuses tireront et passeront leurs deux cardes l'une sur l'autre, ou diviseront la laine à grands coups de baguette, avec autant de gravité, mais avec beaucoup moins de loquacité qu'un président de Cour d'assises.

Les femmes ont toujours eu—nous n'en voulons pas médire, mais la vérité avant tout—les femmes, donc, ont toujours eu l'habitude de jaser en travaillant. Que de robes et de bavettes taillées par les couturières! que de cancans fabriqués en même temps que les chapeaux dans un magasin de modes! Qui dira les efforts multipliés et infructueux d'une sous-maîtresse pour maintenir en sa classe le calme et l'immobilité? Par exception à une règle que le consentement universel semble avoir consacrée, les Cardeuses sont de fidèles sectatrices du dieu Harpocrate, l'ennemi juré du sexe féminin. Deux Cardeuses accouplées à la même tâche, en face l'une de l'autre, peuvent demeurer quatre heures sans dire un seul mot. Rien de ce qui se passe autour d'elles ne les émeut; aucun incident n'éveille leur curiosité; le grincement de la carde, qui sépare les fils entrelacés de la laine, est le seul bruit qui émane d'elles; elles n'éprouvent jamais le besoin de se communiquer de mutuelles observations; mais il faut moins attribuer leur mutisme à une sage tempérance qu'à la stérilité de leur esprit.... et à la peur d'avaler de la poussière.

La Cardeuse de matelas est simple au moral comme au physique; elle n'a de précieux sur sa personne que des boucles d'oreilles d'or, monomanie qu'elle partage avec la Marchande de Poisson. Cette humilité de cœur tant recommandée par l'Évangile, la Cardeuse la possède au plus haut point; elle a la soumission et la modestie de Cendrillon, n'élève point la voix, ne surfait jamais. Ses prix sont invariablement arrêtés:

Pour un matelas de trois pieds de large   1 fr.   50 c.

Pour un matelas de quatre pieds   2   »

Elle peut carder et recoudre cinq à six matelas avant l'heure de la retraite. Comme les anciens hôtes de la cour des Miracles, elle mène une vie errante et irrégulière: se trouvant parfois, quand finit sa journée, à un myriamètre de son domicile, elle s'attable chez le premier gargotier venu, et dîne largement avec des *arlequins* [30], du fromage et du vin frelaté.

[30] Voyez page 45, ligne 58.

La Cardeuse demeure au sixième étage, dans une de ces immenses maisons divisées en cellules comme une ruche, et où les ouvriers parisiens sont amoncelés par centaines. Son logis est étroit, dépourvu de meubles; elle repose sur un grabat, elle qui nous procure des couchers si doux et si moelleux, à moins que, prélevant chez ses pratiques des contributions illégales, elle n'ait fini par se faire un matelas des flocons de laine enlevés journellement aux matelas d'autrui.

L'hiver vient; les pauvres, si nombreux à Paris,

.... songent avec effroi

Que voici la saison de la faim et du froid.

Que feront les Cardeuses? Elles ont vécu pendant l'été sans qu'il leur fût possible d'économiser; l'état de l'atmosphère ne leur permet plus de travailler en plein air; les bourgeois sont plus disposés à s'étendre sur leurs matelas qu'à les faire carder. Les Cardeuses se mettent à la solde des tapissiers, et préparent, moyennant 15 centimes la livre, du crin pour la fabrication des matelas. Ce genre de travail leur est souvent funeste: on a employé, pour apprêter le crin, du vitriol, dont les émanations empoisonneraient quelquefois les pauvres ouvrières si on ne leur portait de prompts secours.

Trois régions ont l'heureux privilége de fournir à la capitale des Cardeuses de Matelas:

- Paris et la banlieue;

- La ci-devant province d'Auvergne;

- La ci-devant province de Normandie.

Il s'ensuit qu'une réunion de Cardeuses reproduit, en abrégé, le phénomène de la confusion des langues: les unes grasseyent le langage parisien; les autres s'énoncent en patois *charabia*; d'autres encore dénotent, par leur accent traînard, leur origine falaisienne.

Les Cardeuses de Matelas sont presque toutes âgées et pourvues de peu d'attraits. Une jeune et jolie provinciale, venue à Paris pour tenir la carde, a bien des luttes à soutenir, bien des séductions à repousser, si elle veut persister à vivre dans l'obscure condition de Cardeuse de Matelas. «Vous n'êtes pas faite pour cela,» lui murmurent à l'oreille maints conseillers perfides; «quittez cet ignoble métier.» Et la pauvre fille, éblouie par la perspective d'une vie de luxe, enivrée par les flatteries, avide de plaisirs et d'oisiveté, s'avilit en échangeant—à quel prix, grand Dieu!—la bure contre la soie; elle s'abaisse en croyant monter.

Nous n'avons point parlé des Cardeurs, qui, bien que peu nombreux, ne sont pas un mythe fantastique. Il est certains métiers accaparés, à juste titre, par les dames, que la nature semble avoir destinées à l'exercice de toutes les professions sédentaires; le cardage est de ce nombre, et l'on pourrait adresser aux Cardeurs ce reproche d'Ulysse à Achille: «Que faites-vous, fils de Pélée? les ouvrages de laine ne sont pas dignes de vous occuper.» Les Cardeurs sont des vieillards voûtés, tristes et moroses, et qui paraissent mériter le reproche impoli qu'Hernani adresse à Ruy Gomez de Silva.

Les Cardeurs formaient jadis une corporation, dont les maîtres étaient qualifiés de *cardeurs, peigneurs, arçonneurs de laine et coton, drapiers drapans, coupeurs de poils, fileurs de lumignons, cardiers*, etc. Elle avait non-seulement le privilége de carder et de peigner la laine, mais encore celui de fabriquer des cardes et des draps, et de teindre la laine en noir, musc et brun. Ses anciens statuts avaient été confirmés par lettres-patentes de Louis XI, du 24 juin 1467, et par d'autres lettres-patentes de Louis XIV, du mois de septembre 1688, enregistrées au Parlement le 22 juin 1691. Il fallait, pour être reçu maître, avoir fait trois ans d'apprentissage, un de compagnonnage, et présenter un *chef-d'œuvre*. La communauté était représentée par trois jurés, établis pour en défendre les intérêts, et réformer les abus qui s'y pourraient introduire.

Quoique les historiens n'aient pas daigné nous laisser de détails sur la profession de cardeur, il est présumable que son antiquité remonte à l'invention des lits, imaginés par les Persans, suivant saint Clément d'Alexandrie: «Les Barbares, dit-il dans son recueil intitulé *Stromates*[31], sont les inventeurs de presque tous les arts. Nous savons aussi que les Perses ont construit les premiers chars, les premiers lits, les premiers marchepieds.»

[31] Mot qui signifie tapisserie.

Les héros d'Homère sommeillaient sur des peaux de bêtes, coucher bien digne de gens qui mettaient des gigots à la broche de leurs propres mains. Le même poëte donne du lit nuptial d'Ulysse une description incompréhensible dans le texte grec, et plus encore dans les traductions de l'érudite Mme Dacier, de l'élégant prince Lebrun, du flegmatique Bitaubé[32]. La fidèle Pénélope doute que l'individu qui se présente à Itaque soit véritablement le sage Ulysse. Pour l'éprouver, elle dit à sa nourrice Euryclée: «Hâtez-vous de préparer cette couche moelleuse qui se trouve maintenant hors de la chambre de l'hyménée, et que mon époux construisit lui-même. C'est là que vous dresserez un lit, en étendant dessus des peaux, des couvertures de laine et de riches tapis, afin que ce héros goûte un doux sommeil.—Qui donc a déplacé cette couche? répond Ulysse irrité. Cette entreprise eût été difficile au mortel même le plus ingénieux. Un dieu seul l'aurait transportée ailleurs. Il n'est aucun homme, fût-il à la fleur de l'âge, qui l'eût aisément changée de place; et la preuve certaine est dans la manière dont elle fut construite, car c'est moi-même qui l'ai faite, et nul autre que moi. Dans l'enceinte des cours était un jeune olivier couronné d'un vert feuillage; il s'élevait comme une large colonne. Je bâtis tout autour la chambre de l'hyménée avec des pierres étroitement unies; je la couvris d'un toit magnifique, et je plaçai les portes épaisses, formées d'ais solides. J'abattis ensuite les branches de l'olivier; alors, coupant le tronc près de la racine, j'en ôtai l'écorce avec le fer, et l'ayant creusé, je le posai sur le pied de l'arbre, où je l'assujettis avec de fortes chevilles introduites dans des trous nombreux, que je fis au moyen d'une longue tarière. Après avoir poli cette couche et le pied qui la soutenait, j'achevai cet ouvrage en incrustant l'or, l'argent et l'ivoire. Enfin, je tendis dans l'intérieur des sangles de cuir recouvertes d'une pourpre éclatante. Telle est la preuve de ce que j'ai dit. Je ne sais donc, ô reine, si ma couche est encore intacte dans la chambre que j'ai bâtie, ou si quelqu'un l'a transportée ailleurs en coupant à la racine l'olivier sur lequel je l'avais attachée.»

[32] *Odyssée*, chant XXIII.

A ces mots, Pénélope reconnaît son époux. La nourrice Euryclée et l'intendante Eurynome préparent la couche nuptiale, qu'elles recouvrent d'étoffes délicates et de tapis éclatants. On nous dira peut-être que

L'on ne s'attendait guère

A voir Ulysse en cette affaire.

Mais, à moins de profonde ingratitude, nos lecteurs doivent nous savoir gré d'avoir mis sous leurs yeux ce curieux passage, qui démontre d'une manière péremptoire qu'à l'époque où écrivait Homère on ignorait l'usage des matelas. Les Grecs ne semblent pas les avoir connus; cependant un auteur nommé Antiphon nous apprend que les Athéniens tiraient des matelas de Corinthe. Les Romains, dans les premiers temps de la république, couchaient sur la paille, comme les indigents d'aujourd'hui. «Les lits de nos pères, dit Ovide, n'étaient garnis que d'herbes et de feuilles; et celui qui pouvait y ajouter des peaux était riche.» Plus tard, ils fabriquèrent des matelas, qu'ils appelaient *pulvini*. Le poëte Lucrèce fait mention du *peigne de fer à carder la laine (ferreus pecten quo lana carminatur*); et l'on voit apparaître pour la première fois dans les ouvrages de Varron le nom de Cardeuse (*carminatrix*). Les sybarites de l'empire reposaient leurs corps efféminés sur des lits de fin duvet, sur des matelas de laine de Milet, et les Cardeuses devaient avoir d'autant plus d'occupation que l'on était alors dans l'usage de se coucher pour manger.

Pendant le moyen-âge, les lits devinrent de véritables édifices, ornés de dais magnifiques, de colonnes, de bas-reliefs merveilleusement sculptés, et la composition du coucher se compliqua graduellement. «Un lit, dit l'*Encyclopédie*, est composé du châlit en bois, de la paillasse, des matelas, du lit de plume, du traversin, des draps, des couvertures, du dossier, du ciel, des pentes, des rideaux, des *bonnes grâces*, de la courte-pointe, du couvre-pieds, etc.» On se servit longtemps, pour carder, du chardon à Bonnetier ou à Foulon, plante considérée comme si essentielle que l'exportation en était interdite par les règlements.

Les Cardeuses sont sur le point de disparaître. Elles n'existent guère en province, où les tapissiers en tiennent lieu, et où l'on se contente généralement de battre la laine des matelas avec des baguettes, sans jamais la carder. Elles sont présentement déclassées, à Paris, par le cardage mécanique, dont les agents traînent dans les rues de petites voitures chargées d'inscriptions, roulants prospectus de la nouvelle industrie. Les Cardeuses avaient vu sans crainte prôner, par les encyclopédies domestiques, les matelas de mousse, les matelas de *zostère*, et autres sommiers végétaux. La laine restait en honneur, malgré ces inventions économiques, qui tendaient à ramener l'homme à l'enfance de l'art *cubilaire*; mais le cardage mécanique porte une atteinte plus directe aux priviléges de nos pauvres travailleuses. Il n'est donc point de progrès qui, profitable à la majorité, ne soit funeste à quelques-uns.

• On invente l'imprimerie, vingt mille copistes sont ruinés;

• On invente les chemins de fer, les voituriers sont aux abois;

• On invente les bateaux à vapeur, les entrepreneurs de coches d'eau n'ont d'autre ressource que de se noyer;

• On invente les métiers à la Jacquart, voilà des milliers d'ouvriers sur le pavé;

• On invente le cardage mécanique, adieu les Cardeuses de matelas!

Le Boulanger.

XVII.
LE BOULANGER.

Cet art est le premier; il nourrit les mortels.

THOMAS, *Épître au Peuple*.

SOMMAIRE: Description poétique d'une Boulangerie.—Travail du Boulanger
de province.—Détails sur la Boulangerie ancienne et moderne.—Le pot neuf
rempli de noix.—Vieilles ordonnances renouvelées.—Uniforme exigé par les
lois.—École de Boulangerie.—Boulangerie Viennoise.—Apprentissage.—
Bénéfices.—Épuisement précoce.—Compagnonnage.—Enfants de maître
Jacques.—Jour de la Saint-Honoré.—Guerres avec les charpentiers.—Maître
Boulanger.—Vente à faux poids.—Histoire de Pierre Bachelard.—Souvenirs
de disette.—Dépôt de garantie.—Conclusion humanitaire.

Vous descendez, par un tortueux escalier, dans un antre souterrain qui
retentit de grincements aigus et de gémissements sourds. L'éclat d'une
fournaise ardente s'unit aux pâles lueurs des lampes, pour vous montrer
confusément, sous une voûte noire et fumeuse, des hommes maigres, demi-
nus, demi-rôtis, prêts à s'écrier comme   saint Laurent: «Tournez-moi de
l'autre côté!» Sont-ce des conspirateurs, des faux-monnayeurs, des damnés?
Vous voyez là simplement des Boulangers. Cette bouche pleine de flammes
est celle du four; ces strideurs aiguës sont le chant du grillon, hôte familier
des boulangeries; cet homme qui geint pétrit votre nourriture de demain.
Tous ces instruments que vous remarquez, épars sur le sol, dressés contre la
muraille, ou entre les mains des ouvriers, sont ceux qui servent à la confection
du pain: pelles, pétrins, coupe-pâtes, râbles, corbeilles, moulin à passer la
farine en grappe, et divers autres outils panificateurs.

C'est à Paris seulement que l'on observe dans toute son extension ce travail nocturne. Le Boulanger provincial se couche tard et se lève matin, mais, du moins, il passe la nuit dans son lit. De l'aube jusqu'à midi, il fait ses levains et ses fournées, se repose pendant quelques heures, rafraîchit ses levains, et les manipule de nouveau vers les neuf heures du soir, avant de s'endormir du sommeil du juste.

Chose bizarre! ce métier, qu'on pourrait croire le plus ancien de tous après l'agriculture, était à peine connu dans le monde païen. Les mères de famille romaines fabriquaient elles-mêmes le pain, une heure avant le repas; on le cuisait sur l'âtre en le couvrant de cendres chaudes, ou sur une espèce de gril qu'on plaçait au-dessus de quelques charbons ardents. L'usage des fours ne fut importé d'Orient en Europe que l'an 583 de la fondation de Rome. A cette époque, des Boulangers s'établirent dans les quatorze quartiers de Rome, et formèrent un collége auquel ils demeurèrent attachés avec toute leur famille, sans pouvoir quitter leur état ni passer librement d'une boulangerie dans une autre.

En France, les Boulangers s'appelèrent d'abord *tamisiers, tameliers, talmisiers* (du mot tamis); puis, au treizième siècle, Boulangers, à cause de la forme ronde des pains en boule qu'ils fabriquaient. Leur communauté était sous la protection du grand-panetier de France, et l'on ne pouvait aspirer à la maîtrise qu'après avoir été successivement vanneur, bluteur, pétrisseur, et enfin gindre ou maître-valet pendant quatre ans. Le candidat comparaissait alors devant le chef de la communauté, un pot neuf rempli de noix à la main: «Maître, disait-il, j'ay faict et accomply mes quatre années, veez-cy mon pot remply de noix.» Le chef, après s'être assuré de la durée réelle de l'apprentissage, prenait le pot, le brisait sur le pavé, et recevait le néophyte.

La communauté fut soumise, au dix-septième siècle, à la juridiction du prévôt de Paris et du lieutenant-général de police. On comptait, en 1762, deux cent cinquante Boulangers dans l'enceinte de Paris, six cent soixante dans les faubourgs, et neuf cents Boulangers forains, qui apportaient du pain, deux fois par semaine, de Saint-Denis, Gonesse, Corbeil, et autres lieux.

La Révolution n'a point complétement affranchi la boulangerie, qui demeure soumise à de vieilles ordonnances, comme celle du prévôt de Paris, du 22 novembre 1546: «Le pain, dit-elle, doit être sans mixtion, bien élaboré, fermenté et boulangé, bien cuit et essuyé, froid et paré, à six ou sept heures du matin. Il est défendu d'employer aucune farine réprouvée ou gâtée, blé relevé ou son remoulu.» On a maintenu encore en vigueur deux arrêts du Parlement, l'un du 16 novembre 1560, l'autre du 20 mars 1670. Le premier interdit l'emploi d'autre levure de bière que celle qui se fait dans Paris et aux environs, fraîche et non corrompue. Le second enjoint aux Boulangers d'avoir poids et balances en cuivre, pendant publiquement dans leurs boutiques, afin que l'acheteur puisse faire peser le pain si bon lui semble. On a pris pour base de ce qu'on doit mettre en pâte par chaque pain, un rapport de l'Académie des sciences, entériné par arrêt du Parlement du 25 juillet 1785, et posant en principe qu'un sac de bonne farine, du poids de 325 livres, donne au moins 400 livres de pain.

La profession de Boulanger ne peut être prise ni abandonnée sans autorisation préalable. La liste des Boulangers de Paris, classés suivant la quantité de farine qu'ils cuisent chaque jour, est imprimée annuellement. Des décrets et ordonnances spéciales règlent l'état de la boulangerie à Paris et dans les départements. Les plus minutieux détails de cette importante industrie ont été sagement prévus, et les garçons Boulangers sont les seuls dont l'uniforme soit déterminé réglementairement. «Ils doivent être vêtus, dans leur travail, d'une cotte qui leur descende jusqu'au dessus du mollet, sans aucune fente, et d'un gilet boutonné qui peut être sans manches. Ils ne doivent en aucun cas se montrer dans les rues sans être vêtus d'un pantalon et d'un gilet à manches.» Si donc vous voyez un Boulanger en costume de travail, fumant tranquillement sa pipe à la porte de la boutique, vous êtes autorisé à crier haro! il est en contravention, et tout sergent de ville rigide aurait droit de mettre la main sur ce *sans-culotte* déhonté.

Malgré les entraves indispensables apportées au commerce de la boulangerie, l'art de la panification est arrivé à son apogée. Les travaux de Parmentier et de Cadet de Vaux l'avaient déjà régénéré sous Louis XVI. Le lieutenant-général de police Lenoir avait fondé, dans la rue de la Grande-Truanderie, une école gratuite où l'on fabriquait le pain blanc de l'École-Royale-Militaire, et le pain bis des prisons de Paris. Cependant nous étions restés au-dessous des étrangers pour la boulangerie fine; nous n'avons présentement plus rien à leur envier. Le pain étalé aux vitres des magnifiques boulangeries parisiennes est d'une délicatesse exquise, et quand on a dégusté les produits succulents de la boulangerie dite Viennoise, on ne manque jamais

De faire en bien mangeant l'éloge des morceaux.

Le métier de Boulanger s'apprend en un an ou dix-huit mois, durant lesquels le jeune mitron donne au maître une rétribution de 150 à 200 francs. Un ouvrier accompli est payé, à Paris, moitié en espèces, moitié en nature; il gagne, par jour, 2 francs 75 centimes, et un pain d'un kilogramme. Les appointements de l'ouvrier en chef s'élèvent à la somme de 5 francs. Lorsqu'on a exercé jusqu'à l'âge de quarante ans environ, on est tellement las et épuisé, qu'il faut songer à la retraite. La flamme du four est aussi fatale au Boulanger que le feu du champ de bataille au soldat; l'homme qui alimente est, dans ses vieux jours, aussi invalide que l'homme qui tue, et, après avoir passé sa vie à nourrir les autres, il se trouve lui-même sans asile et sans pain.

Contre les chances contraires de la fortune, contre les soucis de leur laborieuse existence, les garçons Boulangers ont cherché un refuge dans le compagnonnage. Ils font partie du *devoir*, qui prétend avoir pour fondateur un certain maître Jacques, architecte du temple de Salomon. Cette association, composée d'abord des tailleurs de pierre, des menuisiers et des serruriers, a successivement adopté les boulangers, les maréchaux, les tourneurs, les vitriers, les charrons, les tanneurs, les corroyeurs, les blanchers, les chaudronniers, les teinturiers, les fondeurs, les ferblantiers, les couteliers, les bourreliers, les selliers, les cloutiers, les tondeurs, les vanniers, les doleurs, les chapeliers, les sabotiers, les cordiers, les tisserands et les cordonniers.

Les compagnons Boulangers trouvent dans chaque ville une mère qui les héberge et s'occupe de leur placement. Ils ont pour signe extérieur une raclette suspendue à l'une de leurs boucles d'oreilles, et, dans les solennités, de grosses cannes à pomme d'ivoire. Tous les ans, le 16 mai, jour de la Saint-Honoré, précédés de musiciens et des syndics de leur corps, parés de bouquets et de faveurs tricolores, ils se rendent processionnellement à la messe. Le lendemain, ils font célébrer un service pour les défunts, et offrent un pain bénit de fine fleur de farine, que quatre compagnons portent sur leurs épaules, orné de drapeaux et d'innombrables rubans. On trouve dans les journaux du 19 mai 1841 une description détaillée de cette remarquable cérémonie.

Les compagnons Boulangers ont pour adversaires les charpentiers; la haine que se portent les enfants de maître Jacques et les charpentiers, enfants du père Soubise, est d'une si haute antiquité, qu'elle n'est plus expliquée que par des légendes. Neuf cent quatre-vingt-cinq ans avant Jésus-Christ, disent les traditions, maître Jacques, qui voyageait dans les Gaules, fut persécuté par les disciples du père Soubise; dix d'entre eux tentèrent un jour de l'assassiner, et l'obligèrent à se réfugier dans un marais. Maître Jacques, retiré à la Sainte-Beaume, y vivait d'une vie ascétique et contemplative, quand un de ses élèves, nommé par les uns Jéron, et par les autres Jamais, le livra à ses ennemis; un baiser qu'il donna au vénérable solitaire servit de signal à cinq assassins, qui le percèrent de cinq coups de poignard. Depuis, les sectateurs de maître Soubise sont poursuivis par la faction adverse comme solidaires de ce lâche homicide. Une *vendetta*, évidemment née d'une rivalité primitive entre deux *devoirs* synchroniques, divise les compagnons en deux armées, et, par une aberration étrange, le principe fraternel de l'association engendre de sanglants conflits. On a vu, au mois d'août 1841, les Boulangers et les charpentiers se livrer bataille dans les champs voisins de Toulouse, et plusieurs étaient tombés grièvement blessés quand les habitants des faubourgs dispersèrent les combattants.

Le maître Boulanger demeure étranger aux querelles et aux bénéfices du compagnonnage, comme il l'est au travail manuel de la fabrication du pain;

ses fonctions se bornent à l'achat des farines et à la direction générale. Non moins que sa moitié, héroïne d'un refrain populaire:

Le *Boulanger* a des écus

Qui ne lui coûtent guère.

Son ambition est d'être nommé syndic de la boulangerie, et de n'avoir aucune altercation avec le fonctionnaire civil, maire ou commissaire de police, qui épie attentivement les contraventions. Il est assez difficile à un Boulanger de n'être jamais en défaut; d'avoir toujours exactement par avance la fourniture d'un mois requise par les ordonnances; de ne point se tromper quelquefois de quelques centigrammes sur le poids du pain qu'il débite. Trop souvent, le défaut de poids légal n'est point, il faut le dire, le résultat d'une erreur; trop souvent des condamnations judiciaires signalent à la réprobation publique le délit de quelques Boulangers rapaces, qui, se flattant d'échapper à l'active surveillance de l'autorité, dérobent honteusement quelques grammes de farine. Laissons la justice et l'opinion flétrir ces citoyens indignes, et opposons-leur l'honnête Boulanger, celui qui ne connaît point la fraude, celui qui accorde aux pauvres de longs crédits, qui leur donne même au besoin quittance entière et sans réserve, préférant le trésor de leur reconnaissance à des pièces de cinq francs mal acquises.

Tel fut M. Bachelard, le modèle, l'archétype des Boulangers, l'honneur du département de l'Ain, qui lui a donné naissance. Il fut d'abord domestique, et ses services lui concilièrent tellement la confiance de son maître, que celui-ci, à son lit de mort, le fit appeler pour lui dire: «Tu m'as témoigné un dévouement sans bornes; tu es, pour moi, moins un serviteur qu'un ami; deviens le tuteur de mes enfants et le régisseur de leur fortune.»

Le maître meurt, et Pierre Bachelard gère les biens des orphelins avec l'intégrité.... d'un notaire? non; d'un agent de change? encore moins...; d'un ministre?... Allons donc! que le lecteur cherche lui-même une comparaison!

Son pieux devoir accompli, Bachelard épouse une honnête fille, et élève à Coligny une hôtellerie où nous le laisserons, attendu qu'il s'agit ici des Boulangers, et non des gens qui logent à pied et à cheval. L'établissement prospérait, quand les alliés fondirent comme des nuées de sauterelles sur le département de l'Ain; ils pillèrent les provisions et les fourrages du malheureux aubergiste, qui se trouva avoir travaillé pour S. M. le roi de Prusse. Ruiné dans son premier commerce, il se fit Boulanger, et quand des indemnités furent distribuées aux victimes de l'invasion, il renonça à sa part en faveur des indigents. C'est ici que commence la série des bonnes actions qui lui méritent une mention honorable en ce recueil. Dans la disette de 1816 et 1817, il fabrique gratuitement le pain que l'autorité locale fait distribuer chaque jour aux indigents; il veut, dit-il, contribuer au soulagement des pauvres. En 1828, le prix du pain ayant éprouvé une augmentation notable, Bachelard le donne aux ouvriers de sa commune à cinq et dix centimes au-dessous du cours. On l'avait chargé de remettre chaque semaine une certaine quantité de pains à une vieille femme infirme; au bout de quelque temps il reçut contre-ordre, et continua toutefois à servir la pauvre vieille, sans lui révéler jamais qu'elle avait changé de bienfaiteur.

Un pareil homme honore la boulangerie, et si les vertus sont préférables aux dons de l'esprit, elle doit s'enorgueillir de Bachelard plus que du boulanger-poëte de Nîmes, dont nous ne voulons pourtant point contester les talents et les qualités. De bonnes actions valent mieux qu'un recueil de vers plus ou moins élégants.

Les disettes, qui sont la pierre de touche des Boulangers probes et humains, sont moins à craindre aujourd'hui qu'autrefois.

Les hommes de la vieille génération se rappellent avec horreur les fréquentes alarmes causées par l'insuffisance des subsistances. Ils nous répètent les cris que poussaient les Parisiennes, le 6 octobre 1789, en escortant à Paris la famille royale: «Courage, mes amis! nous ne manquerons plus de pain; nous vous amenons le Boulanger, la Boulangère et le petit Mitron.» Ils nous racontent le meurtre commis, le même mois, sur la personne d'un malheureux Boulanger de la rue du marché Palu; ils nous peignent la foule affamée faisant queue à la porte des Boulangers, et réduite à la portion congrue. Les progrès de l'administration des subsistances ont rendu impossible la disette et les désastreux excès qu'elle entraîne. Outre que chaque Boulanger doit avoir en magasin un approvisionnement déterminé en raison du nombre de sacs de farine qu'il cuit journellement, il est astreint à un dépôt de garantie, qui est, à Paris, fixé de la manière suivante[33]:

NOMBRE DE SACS.

Pour le Boulanger qui cuit chaque jour quatre sacs de farine et au-dessus	84
Pour celui qui cuit trois sacs et au-dessus	66
Pour celui qui cuit deux sacs et au-dessus	48
Pour celui qui cuit au-dessous de deux sacs	18

Chaque sac doit contenir cent cinquante-neuf kilogrammes de farine de première qualité.

[33] Ordonnance du 17 juillet 1831.

Après avoir pris ces utiles précautions, il ne reste plus qu'à mettre tout le monde à même de se procurer du pain en quantité suffisante.

La Femme de Ménage.

XVIII.
LA FEMME DE MÉNAGE.

Cet appel, répété deux ou trois fois à haute voix, fit apparaître dans la chambre une vieille aux yeux chassieux, courte, mince et hideuse, qui, essuyant sa face ridée avec son sale tablier, demanda du ton dont parlent les sourds: «Est-ce vous qui m'avez appelée, ou est-ce l'horloge qui a sonné?»

CH. DICKENS, *Nicolas Nickleby.*

SOMMAIRE: Comparaison de la Femme de Ménage avec le chat et le perroquet.—Description d'un physique qui n'a rien d'attrayant.—Comment on devient Femme de Ménage.—Occupations quotidiennes.—Les tourterelles et les Femmes de Ménage.

Si la Femme de Ménage n'existait pas, il ne faudrait pas l'inventer; car c'est le plus désagréable de tous les animaux domestiques, après le chat et le perroquet.

A tout prendre, elle les vaut bien. Le chat est notoirement égoïste et perfide; la Femme de Ménage ne l'est pas moins. Le perroquet jase à tort et à travers; la Femme de Ménage bavarde avec autant de ténacité, mais comme, outre le don de la parole, elle possède celui de la médisance, elle compromet par ses commérages et ses calomnies les individus qui ont le malheur de l'employer.

Encore si elle était jeune et belle! si elle avait le front élevé, le sourire gracieux, les yeux vifs, la main blanche, la taille svelte ou majestueuse! si elle se présentait à nous comme une apparition féerique, descendue du ciel sur un rayon de l'aurore! Parmi les femmes de chambre, les bonnes d'enfants, les cuisinières même, on rencontre, de loin en loin, des femmes jetées par le hasard dans une condition infime, mais dignes de figurer, aussi bien que la reine Victoria, sur quatre planches de sapin recouvertes de velours. Quant aux Femmes de Ménage, elles semblent n'avoir jamais eu de jeunesse, n'avoir jamais inspiré de tendres sentiments, être nées à soixante ans, avec un nez bourgeonné, des mains calleuses, un asthme, des rhumatismes, et le visage d'une pomme de reinette conservée six mois dans un fruitier. On épuiserait en vain toute l'eau de la fontaine de Jouvence pour leur rendre quelque fraîcheur. Elles résument tous les types de vieilles créées par l'imagination des romanciers, Elspeth, Megs Merrilies, la Sachette, Peg Sliderskew, et autres héroïnes de Walter Scott, Hugo, Hoffman et Dickens. Ces vers de l'énergique Régnier leur sont applicables:

L'une, comme un phantosme, affreusement hardie,

Semble faire l'entrée en quelque tragédie;

L'autre, une Égyptienne en qui les rides font

Contre-escarpes, remparts et fossés sur le front.

Lorsqu'une femme a servi tour à tour dans vingt maisons, et s'est fait chasser de tous côtés; lorsque son ignorance et son incapacité l'ont empêchée de prendre un état; lorsque, courbée par l'âge, elle se voit près de l'hôpital, elle se constitue Femme de Ménage.

Les Femmes de Ménage se louent à l'heure, comme les fiacres. Leurs émoluments sont en raison du temps pendant lequel on les utilise, et des services qu'on exige d'elles. Elles se chargent, au plus juste prix, de tous les travaux domestiques, font les lits, balaient, frottent, servent à table, vont en commission, lavent la vaisselle; on pourrait les assimiler à des servantes ordinaires, si elles étaient logées et nourries; mais le propre de la Femme de Ménage est d'arriver chez vous à une heure fixe, d'y être occupée pendant un espace de temps déterminé, et de se retirer ensuite pour aller répéter ailleurs le même exercice, ou se reposer dans ses foyers.

Il y avait un roi, c'était, je crois, Charles-Quint, qui s'amusait à jeter du grain à des tourterelles, et, remarquant qu'elles s'envolaient aussitôt après avoir pris leur becquée, s'écria: «Voilà l'image des courtisans.» Voilà aussi l'image des Femmes de Ménage. Elles emportent du domicile de leurs pratiques tout ce qu'il leur est possible de détourner, et disparaissent immédiatement. N'étant unies à vous par aucun lien de reconnaissance, elles vous pillent sans scrupule et sans remords. La somme de huit, dix ou quinze francs que vous leur accordez mensuellement ne satisfait pas leur avidité. Elles ont toujours au bras un large cabas ou un immense panier, et, quand vous tournez le dos, quand elles croient n'être pas observées, elles engloutissent dans ce lieu de recel tous les objets qui leur tombent sous la main, depuis le sucre jusqu'aux serviettes, depuis les pots de confitures jusqu'aux bouteilles de liqueur. Ces rapines les préoccupent plus que les soins de vos meubles ou de votre appartement; elles laissent la poussière sur les armoires, cassent les porcelaines dont elles cachent les débris sous les commodes, et semblent n'avoir qu'un but, celui de s'approprier n'importe quoi. La laveuse de vaisselle, spécialité de la Femme de Ménage, pousse la hardiesse jusqu'à visiter les casseroles, et en enlever des morceaux de viande, qu'elle dissimule dans la vaste capacité de ses poches.

O malheureux jeunes gens, employés, avocats, hommes de lettres, qui, loin de votre famille, isolés dans Paris, êtes condamnés à avoir recours aux Femmes de Ménage, à quelles déprédations vous êtes exposés! Que vous seriez à plaindre si le ciel ne vous avait donné l'insouciance pour plastron contre l'adversité! Comme la Femme de Ménage vous rançonne! ce que vous laissez traîner, vous êtes sûr de ne le revoir jamais. Envoyez-vous chercher, pour votre repas du matin, des côtelettes, du porc frais, ou les ingrédients indispensables à la préparation d'une tasse de café, vous pouvez être convaincus que la Femme de Ménage reverra, corrigera et augmentera considérablement la note des fournitures prises chez l'épicier, la fruitière ou le charcutier. Vous dites à des amis: «Venez ce soir chez moi; nous ferons un punch; j'ai du sucre, et,—ajoutez-vous facétieusement,—le premier rhum du monde.» Le soir, une bande joyeuse se rassemble autour de votre foyer. On fume, on rit, on fait des calembours, on traite les questions politiques, et cependant les gosiers se dessèchent, et l'on demande à grands cris le punch annoncé. Mais, ô douleur! où donc est le sucre?

Quoi! du plus grand des pains voilà tout ce qui reste!

Et la bouteille de rhum? elle est vide comme le cerveau d'un compositeur de romances. Les conquérants laissent après eux des ruines et des débris fumants; les Femmes de Ménage ne laissent rien.

Nous en avons connu qui cachaient sous leurs vêtements une petite fiole, qu'elles remplissaient d'eau-de-vie ou de rhum avant de déguerpir.

Un négociant de la rue de Grenelle-Saint-Honoré avait acheté d'excellent vin de Bourgogne, qu'il offrait avec satisfaction à ses convives. Un jour de grand festin, après avoir distribué à la ronde le précieux liquide, il est étonné de voir tous ses hôtes faire simultanément la grimace. Il est constaté que le prétendu vin de Bourgogne, première qualité, n'est que de la détestable piquette.

«C'est une erreur, dit l'amphitryon; Marguerite, descendez à la cave chercher une autre bouteille!»

Marguerite rapporte une autre bouteille dont le contenu obtient le suffrage unanime des gourmets.

Cependant, un pareil accident s'étant renouvelé, le négociant crut devoir en conférer avec son fournisseur. «Ah! çà, lui dit-il, expliquez-moi donc comment il se fait que parmi vos bouteilles de vin de Bourgogne, il s'en trouve un certain nombre de vin de Surène. Vous me permettrez de vous dire que vous auriez pu vous dispenser....

—Comment! s'écria le marchand de vin; sur quelle herbe avez-vous marché? Je vous ai livré la quintessence de mon cru, et vous m'accusez de vous avoir trompé! Je vous défie de prouver ce que vous avancez.

—Je vous le prouverai quand vous voudrez.

—A l'instant même.

On se rendit à la cave, et la dégustation successive de plusieurs bouteilles démontra combien les reproches de l'acheteur étaient fondés. Le vendeur protesta de son innocence; l'acheteur persista dans ses conclusions; la querelle s'échauffa; des injures furent échangées; une provocation s'ensuivit, et les adversaires, avant de se séparer, faillirent se jeter les bouteilles à la tête.

Heureusement les révélations de la portière de la maison vinrent éclaircir l'affaire. La Femme de Ménage du négociant importait régulièrement à la maison une bouteille de vin à 40 centimes le litre, et la substituait adroitement à une bouteille de bourgogne, qu'elle exportait à son profit.

Voilà les tours des Femmes de Ménage. Elles sont absolument de la nature de Babonette, l'épouse de Dandin, qui disait d'elle avec l'accent du regret et de l'admiration:

Elle eût du buvetier emporté les serviettes,

Plutôt que de rentrer au logis les mains nettes.

Ainsi donc, ô jeunes gens! si vous rendez hommage à notre véracité, si vous reconnaissez la justesse de nos observations, évitez les Femmes de Ménage, et plutôt que de les appeler à vous servir, ne craignez pas de faire votre lit vous-même, de descendre trois étages pour aller chercher des vivres, de cirer vos bottes, d'allumer votre feu.... ou bien mariez-vous, et, malgré votre amour pour l'indépendance, gardez-vous de croire que ce remède soit pire que le mal.

Pour un célibataire faible et cassé, une Femme de Ménage, quels que soient ses défauts, est moins dangereuse qu'une jeune gouvernante. Celle-ci le flatte, le séduit, le captive, et à force de cajoleries félines, acquiert un empire qui, sous la forme de legs, se perpétue au delà du tombeau. La Femme de Ménage, du moins, vole sans tyranniser.

Devons-nous envelopper toute la race dans une même prescription, ou admettre des exceptions en faveur de quelques personnes d'élite? Avec de la patience et un bon microscope, on découvrirait sans doute des Femmes de Ménage soigneuses, attentives et fidèles, qui pourraient porter sans usurpation le nom sous lequel on les désigne; mais elles sont rares, presque introuvables, et si l'on parvient à s'en procurer, nous demandons qu'elles soient empaillées... après leur mort, et conservées comme des curiosités dans le Cabinet d'Histoire naturelle.

Peut-être y aurait-il moyen de régénérer les Femmes de Ménage. Il suffirait de les enrégimenter, de les organiser en corporation, comme les Forts de la halle, d'exiger d'elles les conditions d'admission les plus sévères, de les tenir constamment sous la surveillance de la police; le public et elles-mêmes y gagneraient.

Le Balayeur.

XIX.
LE BALAYEUR.

Place, place au balayeur,

Qui va fair'son p'tit service,

Autorisé par la Justice

Et par monsieur l'Préfet d'police;

Place, place au balayeur,

Car il y va de bon cœur.

AUGUSTE RICARD.

SOMMAIRE: L'auteur désire garder l'anonyme.—Balayage à la charge des particuliers.—Entreprise générale de Balayage public.—Inconvénient de la délicatesse d'odorat.—Ancienneté du service de nettoiement de la ville de Paris.—Balayage à la charge de la ville.—Misère des Balayeurs.—Travaux d'hiver.—Travaux d'été.—Métamorphoses du Balayeur après onze heures du matin.—Péroraison poétique.

Un grand poëte inédit, appelé à être un jour de l'Académie de Saint-Jean-Pied-de-Port (au moins), a peint en ces termes le réveil du Parisien:

A travers les rideaux la lumière pénètre;

L'aube argente les toits; vite, ouvrons la fenêtre;

Laissons l'air et le jour égayer la maison.

Eh quoi! pour toute vue et pour tout horizon,

De grands murs crénelés de noires cheminées,

Des masses de moellons que le temps a minées,

Des gouttières de plomb, des tuyaux menaçants,

Tout prêts à foudroyer la tête des passants.

Si je regarde en bas, j'aperçois une rue,

Où la foule en tous sens se coudoie et se rue,

Où la roue, effleurant le trottoir riverain,

Aux malheureux piétons dispute le terrain.

De la grande Cité que l'aurore réveille,

Le bourdonnement sourd ébranle mon oreille;

Le roulement des chars ébranle mes carreaux;

Voici les Balayeurs et leurs lourds tombereaux,

Et des ruisseaux fangeux, que leur brigade agite,

Les funestes odeurs montent jusqu'à mon gîte.

La classe des Balayeurs est en effet une des plus matinales de Paris. Quelle que soit la saison, ils sont, à trois ou quatre heures, debout, les armes à la main, et marchent, par brigades hideuses et déguenillées, à la conquête des immondices. Un peu plus tard, des sonneurs partis des bureaux des commissaires de police, parcourent les rues, et avertissent les habitants de balayer. Portières, sortez de votre bouge et mettez-vous à l'œuvre! Garçons épiciers, garçons de magasin, locataires des rez-de-chaussées, refoulez les ordures, sans toutefois les pousser sur la propriété du voisin! Mettez à part les verres et les débris de bouteilles; cassez la glace ou la neige; ou sinon, gare les amendes! Les inspecteurs de la salubrité sont inflexibles, et la moindre contravention serait l'objet d'un procès-verbal. L'obligation de balayer est commune à tous, aux propriétaires d'une maison de cinq étages comme aux savetiers en échoppes;

Et la garde qui veille aux barrières du Louvre

n'en défend point les concierges-portiers des palais royaux.

Les premiers Balayeurs qui nous apparaissent portent un chapeau de cuir, orné par-devant d'une plaque de cuivre, sur laquelle on lit:

ADMINISTRATION
n° 30,
RUE NOTRE-DAME-DE-NAZARETH.

Ce sont les satellites de l'entreprise générale de balayage public, fondée par Destors, en 1781, sous les auspices de l'autorité municipale. A raison de 3 à 4 centimes par mètre, elle se charge de remplir les obligations imposées aux habitants, de balayer jusqu'au milieu de la chaussée, de gratter et laver les trottoirs, d'arroser en été, de briser les glaces en hiver, de nettoyer les escaliers, les cours, les plombs, etc. Ses employés, conjointement avec les habitants, amoncellent les boues au coin des bornes, en tas immenses et peu odoriférants. Malheur aux gens délicats que leurs affaires contraignent à sortir de bonne heure! Étouffés par une atmosphère empestée, ils penseront tristement à l'air pur des campagnes, et s'écrieront avec le poëte déjà cité:

Qu'il est pâle, grand Dieu! ce soleil de printemps!

Ailleurs, loin de Paris, ses rayons éclatants,

Que n'obscurcissent point des vapeurs méphitiques,

Dorent l'herbe des prés et les fermes rustiques.

Ailleurs le ciel reprend son éclat, le buisson

Sa dentelle de fleurs, et l'oiseau sa chanson;

Ailleurs le rossignol chante dans les futaies;

L'aubépine, étoilant la verdure des haies,

Prête un riant asile à cent oiseaux divers

Qui chantent à l'envi la fuite des hivers.

Mais toujours, ô Paris, la brume t'environne;

D'un cercle de brouillards ta tête se couronne;

De tes rares jardins les arbres rabougris

Jaunissent tristement sous un firmament gris;

De ton peuple inquiet, de tes rauques voitures

On n'évite le bruit qu'au fond des sépultures;

Et sur ton territoire, en leurs linceuls épais,

Les morts seuls ont le droit de reposer en paix.

Qui croirait que cette ville de Paris, que nous voyons si fangeuse, est plus belle et plus triomphante que jamais? L'architecte Hurtaut, auteur d'un *Dictionnaire de Paris* (1779), dit que: «Dès l'an 1666 on commença à nettoyer les rues.» Si l'on n'y avait pas songé précédemment, il est à présumer que la grande capitale devait être le plus hideux des cloaques. Le service de nettoiement fut, dès le principe, organisé à peu près comme aujourd'hui. A sept heures en été, à huit heures en hiver, au tintement de la sonnette, il fallait procéder au balayage. Une somme de 450,000 livres, levée sur les propriétaires de maisons, était affectée aux services des boues, lanternes et pavage, et l'on prenait sur ce chiffre cent mille livres pour payer l'adjudicataire au rabais de l'entreprise du balayage.

Les escouades d'hommes et d'enfants, à la solde de l'entrepreneur, ont dans leurs attributions la toilette des places, des boulevards, des ponts, quais, ports, descentes d'abreuvoirs, escaliers de descente à la rivière, etc. A peine ont-elles fini leur tâche, que les boueurs conduisent à travers les rues leurs tombereaux, dont ils emportent hors de la ville le contenu fécondant. Cette vase qui vous répugne contribuera à fertiliser les champs voisins, et, transformée agréablement, reparaît sous forme de carotte, pomme de terre, ou autre végétal.

Plaignez les hommes que la destinée a condamnés à cette utile et rebutante besogne du débarbouillement des pavés, car aucun bien-être, aucune jouissance, ne compensent leurs fatigues et leurs douleurs. Ce sont des galériens, moins le crime; des forçats libres et estimables; car il leur faut une grande force d'âme pour lutter contre le dénuement, et ne jamais manquer au commandement qui dit: «Tu ne déroberas point.» En grelottant dans leurs haillons à côté de gens chaudement vêtus, en frôlant des boutiques où l'or étincelle, il leur faut, pour se conserver purs de tout larcin, soit une résignation bénigne, soit une crainte terrible des procureurs du roi; et, certes, c'est moins ce dernier sentiment qui les guide que la moralité profondément enracinée en leurs cœurs. Ils savent s'imposer à eux-mêmes le supplice de Tantale. Leur minable extérieur cache une âme incorruptible.

«C'est pour un modèle,» dit Henri Monnier, taillant ses crayons et ouvrant son album, pendant que le Balayeur posait devant lui.

—Modèle de misère, dit tristement le balayeur.

L'hiver surtout!...

Sans les balayeurs, Paris serait englouti sous les glaces comme les légions françaises en Russie. Un verglas glissant couvre le pavé; les ruisseaux gelés forment de larges nappes de cristal, dont de nouvelles eaux accroissent continuellement l'épaisseur; le dégel fait de cette masse solide un océan de fange que grossissent en tombant des toits des torrents de neige fondue. Le corps enveloppé d'une espèce de sac qu'ils portent en bandoulière durant les beaux jours, chaussés de gros sabots, coiffés de chapeaux qui peuvent tenir lieu de parapluie, les Balayeurs fendent à coups de pioche les blocs de glace, préviennent d'innombrables chutes en semant de la cendre ou du sable sur le verglas, et disent aux flots du dégel: «Vous n'irez pas plus loin!»

La belle saison change la nature de leurs travaux, sans augmenter leur salaire d'un franc par jour. C'est la classe aisée seulement qui peut saluer le soleil de mai, comme l'avant-coureur des plaisirs, ainsi que l'a si élégamment exprimé notre grand poëte inédit:

O riches d'ici-bas, ô maîtres de la terre,

Dont les coffres sont pleins d'un or héréditaire,

Dans les jours rigoureux vous n'avez pas connu

Le froid qui raccornit le pauvre demi-nu;

Trouvant un jour factice à l'éclat des bougies,

Vous avez dans la nuit prolongé vos orgies;

Et maintenant, lassés des fêtes, vous pouvez

Sous vos chaises de poste, ébranlant les pavés,

Regagner vos châteaux, dont les combles énormes

Dominent fièrement la cime des grands ormes.

L'hiver vous a donné ses bals et ses banquets;

Et la chaude saison vous offre ses bosquets,

Ses eaux vives, ses parcs aux ombreuses allées,

Et d'arceaux verdoyants ses pelouses voilées.

Mais nous dont le travail réclame les instants,

Coursiers à la charrue attelés en tout temps,

Nous qui, par le destin, voués à l'indigence,

Faisons œuvre des bras ou de l'intelligence,

Par la beauté du ciel vainement alléchés,

Il nous faut demeurer sur notre œuvre penchés.

Geôlière sans pitié, la misère fatale

A pour nous en prison changé la Capitale.

Et la nécessité nous cloue à ce séjour,

Où nous devons trouver le pain de chaque jour.

Loin de la grande ruche, abeilles fortunées,

Allez boire le suc des roses qui sont nées;

Nous autres, nous restons pour bâtir les rayons...

Qu'importe le soleil?... Esclaves, travaillons!

Travaillez, Balayeurs, et puisque le temps est sec, et l'asphalte des trottoirs brûlant, guidez de places en places des tonneaux qui répandront sur le sol une rosée rafraîchissante et salutaire.

N'étant occupé par l'administration que pendant quelques heures, le Balayeur a d'ordinaire plusieurs métiers lorsqu'il appartient à la jeune génération. C'est un Protée qui subit de nombreuses métamorphoses; tantôt commissionnaire marron, tantôt marchand ambulant. Ses chefs, en relation perpétuelle avec la police, lui obtiennent sans trop de démarches une patente. C'est lui qui crie le soir, au coin des passages: «Demandez des allumettes chimiques; un sou le paquet, deux sous la boîte!» Ou bien: «Tenez, Messieurs, si vous voulez rire, c'est la nouvelle édition des calembours de M. Odry, composés et recueillis par ce célèbre acteur.» Parfois il distribue des imprimés, l'annonce d'un élixir odontalgique, de la pommade du lion, d'un clyso-pompe à jet continu, d'un restaurant à 75 centimes par tête, de socques sans brides articulés en liége, d'un cabinet de phrénologie et de cartes, de chapeaux neufs à 3 fr. 50 cent., de perruques et toupets invisibles, ou de cinq cent mille francs de marchandises à vendre par cessation de bail. Souvent encore, le Balayeur exploite, dans l'après-midi, une modeste boutique à deux sous, et en s'adressant de préférence aux dames, comme au sexe le plus faible et le plus sensible, il s'écrie avec chaleur: «Deux sous, Mesdames! la vente à bon marché! il est facile de se convaincre que les articles n'ont pas été établis pour le prix! Deux sous au choix dans toute l'étendue de la vente! Ciseaux, couteaux, tabatières, miroirs de poche, tuyaux de pipe à deux sous! Demandez, Mesdames, profitez du bon marché! donnez-vous la peine de voir et de vérifier ce petit fonds de vente!»

Le Balayeur transfiguré vend aussi des foulards à treize sous, «restant du fonds d'un commerçant qui a fait banqueroute de neuf cent mille francs les mains pleines.» Il débite des cahiers de papier à lettre, ou des bourses de tricot, «article très-bien fait et bien confectionné, le même que l'on vend vingt-cinq sous dans toutes les boutiques.» Il trafique aussi des bâtons de phosphore enserrés dans des étuis de plomb, et déploie en ce cas une éloquence dont ceux qui l'ont vu le matin ne l'auraient pas soupçonné capable: «Avec un clou, dit-il, vous pouvez obtenir du feu, à l'aide de mon briquet. Tenez, Messieurs, vous vous trouvez dans une société comme il faut, chez un ministre ou un ambassadeur. Au dessert, vous faites semblant de vouloir moucher la chandelle, et vous l'éteignez. La maîtresse dit: Satané farceur! il ne sera pas moucheur à l'Opéra; et pendant qu'elle va chercher de la lumière, vous dites: Je parie un litre avec n'importe qui que je rallume la chandelle; on se moque de vous, on vous défie, chacun dit la sienne. Vous tirez de votre poche un briquet; vous prenez avec un clou, un cure-dent, une fourchette, gros comme une épingle de ma composition; vous l'approchez de la mèche, et à l'instant même une brillante lumière éclaire la société!»

L'idée que le pauvre Balayeur se forme du grand monde nous rappelle les paroles mises sérieusement, par un vaudevilliste des Funambules, dans la bouche d'un personnage aristocratique: «En vérité, madame la marquise est bien singulière; à présent, elle change de femme de chambre comme de chemise, tous les huit jours.»

Le Balayeur vend aussi des balais; il se promène tenant en main une sorte de porte-manteau garni de balais de crin, et s'annonce par ce cri: «Balayez, balayez, nettoyez vos maisons, Mesdames; à dix-neuf sous! Voilà le marchand de balais!»

Nous aimons mieux le Balayeur en ces fonctions variées que dans sa principale branche de commerce. Sitôt qu'il saisit le balai, une odeur de fange nous monte au nez; nous recommençons nos jérémiades sur le climat pluvieux et maussade de la capitale, et nous nous rappelons involontairement les accents pleins de mélancolie de notre futur académicien:

Sort maudit, qui me tient écroué dans la ville!

Et pourtant je connais un oasis tranquille,

Où, bien loin des cités, un moment établi,

De mes mille tracas j'ai savouré l'oubli.

Là, quand l'aube s'allume, on peut, de la croisée,

Apercevoir au loin la campagne boisée,

Les coteaux onduleux, la Loire au cours changeant,

Qui roule un sable d'or en ses ondes d'argent,

Et le prochain village, avec ses maisons blanches

Qui, comme autant de nids, se cachent dans les branches.

Là, plus de bruit sinistre, et l'oreille n'entend

Que la voix du berger qui s'avance en chantant,

Les concerts des oiseaux, dont les brusques volées

Pirouettent dans l'air ou peuplent les feuillées,

Le doux roucoulement des pigeons familiers,

Et le vent qui frissonne entre les peupliers.

Tu n'as, ô beau pays, que de riantes scènes!

Ton ciel n'est point chargé d'exhalaisons malsaines;

Tu gardes du contact des méchants et des sots

Ceux qui cachent leur vie au bord de tes ruisseaux;

On n'est point, en ton sein, harcelé de visites,

Traqué par les fâcheux et par les parasites;

 Mais quand dans le clocher l'angélus a tinté,

On aime dans les bois errer en liberté,

Y chercher dans la mousse une douce retraite

Où l'on puisse s'asseoir, vivre en anachorète,

S'entourer de silence et d'ombre, s'abreuver

Du plus grand des plaisirs.... être seul et rêver.

La Marchande de la Halle.

XX.
LA MARCHANDE DE LA HALLE.

Les laitages nouveaux du matin ou du jour,

On les fait épaissir quand l'ombre est de retour;

Ceux du soir, dans des joncs tressés pour cet usage,

La ville au point du jour les reçoit du village,

Ou le sel les sauvant des atteintes de l'air,

Dans un repas frugal on s'en nourrit l'hiver.

VIRGILE, *Géorgiques*, traduction de DELILLE.

SOMMAIRE: Vente du beurre.—Ferme de Basse-Normandie.—Voyage à Paris.—Richesse et simplicité.—Caractère.—La fille de la fermière.—Esprit religieux.

De quelle marchande s'agit-il?

Ce n'est point de la Poissarde, dont nous avons déjà dépeint la physionomie.

Ce n'est point de la Marchande des Quatre Saisons, que nous vous avons montrée piétinant dans la boue et la tête exposée à la pluie.

C'est de la Fermière-Marchande, qui vient de dix ou vingt lieues vendre son beurre et ses fromages à la halle de Paris.

La vente du beurre, comme celle du poisson, est effectuée dans une halle spéciale, par l'intermédiaire des facteurs. Des entrepreneurs font des rafles générales de beurre et d'œufs dans les campagnes, et amènent sur le carreau de la halle d'énormes cargaisons de ces comestibles. Le beurre destiné aux marchands en boutique peut être conduit aux adresses indiquées par les factures une heure après l'ouverture de la vente en gros.

Madame Javotte, la marchande de la halle, habite un village de la Basse-Normandie. Elle est la directrice suprême d'une vaste ferme dont dépendent de riches pâturages justement admirés du Parisien qui se rend en bateau à vapeur de Paris à Rouen. Les travaux des champs, la vente de blé et de fourrages, occupent le mari de la fermière. Celle-ci s'est réservé la direction des étables et de la laiterie. Elle est toujours levée la première; elle gourmande les servantes, leur distribue leur tâche, se met elle-même à l'œuvre, trait les vaches, baratte le lait, entretient la propreté de la laiterie et des ustensiles qu'on y emploie. Elle sait que la moindre partie de lait ancien adhérente à une terrine, deviendrait, en se décomposant, un principe de fermentation, un véritable levain qui pourrait influer désavantageusement sur la qualité du beurre et du fromage.

Deux fois par semaine, presque régulièrement, le lundi et le vendredi, veilles des jours de marché, madame Javotte emballe tant le beurre de sa maison que celui qu'elle a acheté à ses voisins, ordonne d'atteler la jument à la carriole, et, munie de lettres de voiture, elle part pour Paris. Ne la priez pas de se charger de commissions, de lettres à remettre, de paquets à rapporter: «Ça m'est impossible, se dirait-elle; ma carriole est comble, et d'ailleurs j'ons ben d'autres choses en tête.» Madame Javotte est légèrement égoïste; on prétend que nous le sommes tous.

Madame Javotte vient directement à Paris, sans s'arrêter en route, sans rien distraire de ses marchandises. Elle voyage indifféremment la nuit ou le jour, sous un ciel ardent ou pluvieux, protégée contre le froid par un ample manteau. Sa jument est tellement accoutumée à la route, que la fermière peut dormir paisiblement au fond de la carriole sans craindre de verser dans un fossé, de heurter une diligence, ou de se détourner de son vrai chemin.

Elle entre à Paris, et si les habitants de cette bonne ville méritaient leur réputation de badauds, ils ouvriraient assurément de grands yeux à l'aspect de ce gothique véhicule, et de la paysanne qui y est incluse. Madame Javotte est douée d'une grosse tête, d'un gros torse et de grosses jambes. Son costume, reproduit *de visu* par H. Monnier, est propre, mais d'une simplicité excessive. Ce n'est qu'aux fêtes patronales, ou dans les occasions solennelles, qu'elle déploie un luxe qui n'étonne point les gens initiés à ses ressources. Elle attache alors à ses oreilles des anneaux d'or d'un poids respectable; elle entoure son cou d'une pesante chaîne d'or, à laquelle pend une croix à la Jeannette. Mais, dans ses excursions hebdomadaires, la Marchande de la Halle ne songe point à se parer. Elle est tout entière aux affaires, et ne désire pas attirer les regards par le faste de sa toilette: c'est à la bourse qu'elle vise, et non au cœur.

Cette femme, du reste, n'a jamais connu les sentiments tendres. Elle a été élevée dans une ferme, habituée dès l'enfance à travailler rudement, et à n'avoir qu'un but, celui de gagner de l'argent aux dépens des Parisiens. Elle s'est mariée sans la moindre inclination, uniquement pour atteindre plus facilement le but proposé, pour se donner un collaborateur. Produire et vendre, voilà sa vie; connaître le cours du beurre, des œufs et des fromages, voilà sa science; calculer combien rapporte une vache ou un dellage[34], voilà sa seule pensée.

[34] Mot normand, qui signifie un certain nombre de sillons.

Les denrées de madame Javotte sont de la meilleure qualité; jamais elle ne mêle de vieux beurre au nouveau; jamais elle n'emploie de safran, d'herbes ou de décoction pour colorer les produits de ses barattes. On peut mirer ses œufs sans y rencontrer un poulet naissant, sans y constater le moindre principe de décomposition. Aussi toutes ses marchandises sont-elles vendues au taux le plus élevé. Elle emporte toujours de Paris une somme rondelette, et il n'est point surprenant qu'elle ait de l'argenterie sur sa table, des fonds placés chez le notaire, et quantité de linge et de vêtements dans ses grandes armoires de chêne.

Malgré son aisance notoire, madame Javotte se plaint de la dureté des temps: «Ah! mon Dieu, répond-elle à ceux qui l'interrogent sur son état financier, j'crai qu'ces Parisiens i voulont avoir tout pour ren. Ma vente de la s'maine darniaire n'paie pas tant seulement les frais d'la course. Et pis, les propriétaires sont si durs; c'est pas assez qu'i nous prenions la laine; i voudraient core nous avoir la peau. Crairiez-vous que l'nôtre songe core à nous augmenter? Allais, marchais, si ça continue, j'irons tout dret à l'hôpital.»

Dans son village, madame Javotte est respectée et regardée comme une femme du plus haut mérite, quoiqu'elle sache lire et écrire tout juste assez pour correspondre avec les marchands de beurre qu'elle fournit. «La mère Javotte n'est pas malheureuse, disent les paysans; c'ti-là qui lèvera son oreiller est ben sûr d'y trouver queuqu'chose [35]. Sa fille est un bon parti, dame! all'est d'débit, et y a ben des hommes de loi qui n'demanderaient pas mieux que d'l'épouser, quoiqu'ses parents n'soient qu'des laboureux.»

> [35] C'est-à-dire qu'elle laissera une succession importante. Expression normande, qui vient de ce qu'on plaçait autrefois sa bourse sous son oreiller.

Cette jeune personne, qu'on appelle mademoiselle Ernestine, ne suivra point la profession de sa mère. Elle a été placée tout enfant dans un pensionnat de Mantes, et a reçu l'éducation ordinaire des jeunes filles de la bourgeoisie. Comme le prévoient les paysans, elle trouvera sans peine un notaire ou un avoué, pressé de payer sa charge avec une dot, et consentant volontiers à prendre pour belle-mère une paysanne ignorante; mais cette paysanne, dont on fait fi, communique l'impulsion à une grande machine agricole, livre à la consommation d'excellents produits, augmente son pécule en approvisionnant nos marchés; sa fille danse, joue des quadrilles, parle et écrit passablement; mais jamais, par des œuvres utiles, elle n'accroîtra sa fortune particulière, ou la richesse générale: madame Javotte appartient à la généreuse race des producteurs; mademoiselle Ernestine n'est bonne à rien.

Cependant la vieille fermière idolâtre son unique enfant, dont elle se propose de solenniser la noce par une fête extraordinaire, avec profusion de cidre, de vin blanc, de volailles, de tartines, de rubans et de coups de fusil. On se rendra sans éclat à la mairie, car le mariage civil n'est qu'une simple formalité, mais la bénédiction nuptiale sera donnée aux époux avec toutes les pompes de la liturgie. Quoique la fermière ait de fréquentes relations avec les incrédules de la Halle au beurre, et les voltairiens du marché des Prouvaires, elle est encore attachée aux pratiques de la religion catholique. On l'a vue autrefois descendre la Seine jusqu'à Elbeuf, pour assister aux belles processions de la Fête-Dieu. Elle ne manque ni grand'messe, ni vêpres, et se rend invariablement au pèlerinage de sainte Clotilde, le dimanche le plus proche du 2 juin de chaque année. Elle croit à l'efficacité des eaux de la fontaine des Andelys, et à la vertu curative des bagues qui ont touché l'image de la femme de Clovis.

Comme on le voit, notre fermière n'est pas exempte de superstition. Elle s'imagine que, le vendredi saint, les œufs contiennent des crapauds; qu'il y a des *raparats* dans les vieilles démolitions; qu'une bûche de Noël arrosée d'eau bénite préserve du tonnerre; et de peur de se porter malheur, elle ne coupe pas un pain sans tracer une croix sur le côté plat.

Ainsi, à des intervalles rapprochés, notre Marchande de la Halle se montre à Paris, d'où elle sort le jour de son arrivée. Elle passe vingt-quatre heures au milieu de la population de la capitale, et dans un monde tout différent de celui qu'elle habite; mais toutes les impressions qui l'assiégent glissent sur elle. Elle ne se dépouille point des idées villageoises pour prendre celles de la grande ville. Elle a des yeux pour ne point voir, des oreilles pour ne pas entendre, à moins qu'on ne lui présente des pièces d'argent; à moins qu'on ne lui parle d'une certaine quantité de beurre à livrer sous quinze jours. Paris n'est point pour elle le séjour des beaux-arts, le siége du gouvernement, le centre du mouvement intellectuel, la ville sur laquelle tous les peuples fixent les yeux pour en parodier les allures, pour en emprunter les mœurs, pour en imiter la torpeur ou l'agitation; c'est tout bonnement un lieu où l'on vend assez avantageusement le beurre, les œufs et les fromages. La Marchande de la Halle, dont la carriole suit des quais magnifiques, ou côtoie des palais et des colonnades, n'a jamais eu l'envie de ralentir sa course pour admirer un monument public. Que lui font le Louvre et les Tuileries? elle s'imagine qu'on n'y vend rien. Le seul édifice qui attire son attention, c'est la Banque de France, parce qu'on lui a dit qu'il y avait des millions dans les caves de ce chef-lieu du monde commerçant.

Malgré son amour pour le lucre, la Marchande de la Halle est compatissante pour les pauvres. Elle donne au mendiant qui passe, et lui permet même quelquefois de passer la nuit dans un coin de la grange.

Lorsque, suivant l'usage antique et solennel,

elle tire avec sa famille le gâteau des Rois, elle n'oublie point de mettre en réserve la première part pour le *bon Dieu*, c'est-à-dire pour les pauvres qui, connaissant l'usage, chantent à la porte d'une voix chevrotante:

Aguignette, aguignon,

Coupez-moi un p'tit cagnon;

Si vous n'voulez pas l'couper,

Donnez-moi l'pain tout entier.

Elle fait des présents en monnaie et en œufs aux musiciens ambulants qui, pendant la *semaine preneuse* (la semaine Sainte), viennent demander la *paschré* en chantant la Passion de Notre-Seigneur.

Grâce à ces actes de bienveillance, pendant que d'avides héritiers se consoleront, en palpant des écus, du trépas de la Marchande de la Halle, elle sera pleurée sincèrement par les malheureux.

Le Cocher de Fiacre.

XXI.
LE COCHER DE FIACRE.

Il excelle à conduire un char dans la carrière.

RACINE, *Britannicus.*

SOMMAIRE: Énumération des véhicules parisiens.—Statistique.—Quelques mots sur les Cochers de bonne maison, les grooms, les Cochers d'omnibus, les Cochers de coucou, de corbillard et de cabriolet.—Le Cocher de fiacre.—Son costume.—Fiacres anciens et modernes.—Imprécation du Cocher contre l'unique objet de son ressentiment.—Au Cocher fidèle.—Causerie politique.—A l'heure ou à la course.—Frappez derrière!—Distraction d'un membre de l'Institut.—O Jupiter, donne-moi de la pluie!—Le Cocher de fiacre après dîner.—Beaucoup de bruit, peu de besogne.—L'échoppe du savetier.—Le dimanche du Cocher de fiacre.—Noces et festins.—Carnaval.—Conscrits.—Duels.—Trait de probité.—Caisse de secours et pensions.

«Une voiture, mon maître!—Un cabriolet, milord, mon prince!» crient, à la sortie des spectacles, ces hommes à tout faire, dont le métier est en général de n'en pas avoir, et en particulier d'ouvrir les portières des carrosses de louage, et d'en abaisser complaisamment le marchepied.

C'est devant la façade d'un théâtre, entre onze heures et minuit, qu'on peut voir réunis des échantillons de tous les genres de véhicules à l'usage des Parisiens. Fiacres, cabriolets milords ou compteurs, Carolines, Citadines, Zéphyrines, Atalantes, carrosses du Delta, courent, passent, repassent, se pressent, se succèdent, se croisent, comme des fusées volantes dans le ciel. C'est le rendez-vous, l'assemblée générale, la convention nationale des voitures publiques; il ne manque que le corbillard....

Dont puisse le ciel vous préserver longtemps, cher lecteur!

On compte à Paris, d'après une statistique officielle[36], 53,000 voitures:

Voitures de remise ou de place	800
Cabriolets, *id. id.*	1,200
Voitures de maître	10,000
Cabriolets bourgeois	11,000
Charrettes, tombereaux, baquets	30,000
Total	53,000

[36] *Moniteur* du 29 octobre 1841.

Il y a donc, par conséquent, près de cinquante-trois mille Cochers; desquels devons-nous vous entretenir?

Est-ce du Cocher de bonne maison, personnage qui, hérissé de fourrures et coiffé d'un tricorne, a la rotondité d'un député du centre, la pesanteur d'un éléphant, et l'insolence d'un chef de bureau?

Est-ce du groom, ce Bébé des Cochers, être chétif et rabougri, serré dans une élégante redingote, et jaune comme les revers de ses bottes?

Est-ce du Cocher d'omnibus, automate qui, suivant toujours la même ligne, prend le parti de se laisser conduire par ses chevaux?

Est-ce du Cocher de coucou, victime innocente, malheureuse et persécutée des chemins de fer?

Est-ce du Cocher de corbillard, qui, malgré les crêpes et son lugubre costume, aime à rire, aime à boire, aime à chanter comme nous?

Est-ce enfin du Cocher de cabriolet, fier du privilége de s'asseoir à côté du *bourgeois*, avec lequel il cause intrépidement de la réforme, des fortifications, du Théâtre-Français, des procès faits à la presse, de l'Opéra, du tombeau de Napoléon, des banqueroutes, et du cours de la rente?

Pour faire passer sous vos yeux tous ces individus d'allure différente, il faudrait écrire un volume in-8°, et nous ne pouvons accorder qu'un nombre limité de pages à la physiologie des automédons modernes; bornons-nous donc à la monographie du Cocher de Fiacre.

Celui que nous vous présenterons compte maintes années de bons et loyaux services; il a reçu son livret et sa médaille bien avant la Révolution de 1830. La compagnie de loueurs de voitures à laquelle il appartient a souvent récompensé par des gratifications la bonne conduite et la probité du père Gigomard.

Le père Gigomard a quarante-neuf ans; il est robuste, quoique légèrement voûté. La teinte rosée de son nez est l'indice d'une prédilection assez prononcée pour le *jus de la treille*; il pourrait jouer, tout aussi bien que Mascarille, cette scène de déshabillement qui, dans les *Précieuses Ridicules*, provoque un rire universel; car il porte un gilet de flanelle, un ou deux gilets, un vieil habit, une redingote et un carrick à triple collet. Aussi, quand ses confrères ont avec lui,—ce qui arrive parfois,—quelque discussion à coups de fouet, ils ne visent jamais qu'à la figure, seule partie vulnérable de son individu.

Le père Gigomard est matinal:

Aussitôt que la lumière

A redoré nos coteaux,

Il commence sa carrière

Par visiter ses chevaux.

Il les panse, les bouchonne, les harnache, nettoie son fiacre, en dégage les panneaux de toute souillure.... Admirez l'élégance et la richesse de ce carrosse de louage! Où sont les voitures de nos ancêtres, lourdes et périlleuses machines, auxquelles ils préféraient avec raison la chaise à porteur et la *vinaigrette*? Bien des fiacres actuels sont assurément plus commodes que le pesant équipage où montait Henri IV pour aller visiter Sully. Le luxe s'est fait roturier; les progrès du *confortable* ont été si rapides, que les vieux fiacres, construits sous la Restauration, n'osent plus apparaître au grand jour. Ils ne sortent que le soir, comme des mendiants honteux, tandis que leurs jeunes rivaux étalent en plein soleil de brillantes couleurs.

Le fiacre que conduit le père Gigomard peut entrer en concurrence avec les plus somptueux, surtout après avoir été suffisamment débarbouillé par le soigneux Cocher. Ses chevaux, non plus, ne sont point d'une maigreur trop osseuse; leur vigueur et leur santé ont été constatées, en présence d'un commissaire de police, par l'expert vétérinaire de la Préfecture, et si on les conduisait au marché, on trouverait assez aisément des amateurs qui en offriraient jusqu'à cinquante francs.

Quand le père Gigomard a récuré sa maison roulante, il s'achemine vers la station, où, moyennant 75 francs par an, il lui est accordé de se mettre chaque jour à la file[37]. En attendant la pratique, il tire de son gousset une pipe de terre *ultrà culottée*, la bourre lentement et avec méthode, et s'enveloppe d'une auréole de fumée. Ne voyant venir aucuns voyageurs, il attribue leur absence à l'omnibus, et l'accable de malédictions: «Gueux d'omnibus, murmure-t-il; méchant bateau à vapeur, canaille de voiture! Regardez-moi un peu quelle tournure ça vous a! dirait-on pas une boîte d'eau d'cologne? et dire qu'on aime mieux s'empiler là d'dans, que d's'asseoir sur mes coussins, pour épargner une trentaine de sous? comme c'est mesquin! Et c'conducteur, fait-il d'la poussière, en fait-il!... Ça n'empêche pas qu'l'autre jour il a mené à la Madeleine un monsieur qui voulait aller à la Bastille; il n's'en vante pas, le sans-cœur, mais j'connais l'anecdote. Fouette donc tes rosses, méchant propre à rien, casse-toi le cou; n'y aura pas grand mal!»

[37] Les droits de station rapportent annuellement 426,000 francs à la ville de Paris.

Cette véhémente apostrophe lui ayant desséché le gosier, le père Gigomard entre dans un cabaret voisin. La devanture est surmontée d'une enseigne, où l'on voit un Cocher présenter à un bourgeois un sac qui est censé contenir une prodigieuse quantité de napoléons. Une inscription explique le tableau:

AU COCHER FIDÈLE.

Tout en mangeant de la *ratatouille*, précédée et suivie de plusieurs verres de vin, le père Gigomard s'entretient avec ses collègues du rembrunissement de l'horizon politique, et s'approchant de celui qui tient le journal:

«Eh bien, dit-il, a-t-on des nouvelles de la Pologne? elle aura bien d'la peine à s'en tirer... Ah! si j'étais cocher de l'Autocrate, j'voudrais le verser dans une fondrière, au risque de me casser l'cou à moi-même.... Que fait-on du prince Louis? on assure que c'est un jeune homme qu'a des moyens, mais il n'vaudra jamais son oncle; on n'en fabriquera plus comme celui-là; le moule est brisé!... Ah! çà, il paraît que les Anglais sont en train de prendre la Chine, i veulent donc tout avoir, ces insulaires? Dieu de Dieu!... j'n'aime pas les Chinois; j'en ai vu sur des paravents, et ça m'paraît un bien vilain peuple; mais j'leur paierais bien bouteille, à condition qu'ils donneraient une volée aux habits rouges! Y a pas à dire, les Anglais et nous, nous n'serons jamais compère et compagnon; et si l'ministère n'veut pas s'décider à leur chercher querelle, je m'révolutionne, et j'donne mon coucou aux premiers émeutiers qui me l'demanderont. Mais, tenez, ne parlons pas politique; ça m'échauffe le sang; faisons plutôt une partie de piquet; huit sous en deux cents liés, ça t'va-t-il, Jérôme?»

La partie est à peine commencée, lorsqu'une voix du dehors s'écrie:

«O hé! père Gigomard! v'là trois bourgeois qui d'mandent à se faire trimballer; c'est à votre tour à marcher.

—Sacristi! dit Gigomard en étalant son jeu sur la table, ces bourgeois auraient bien fait d'arriver cinq minutes plus tard. Sacristi! c'est-i dommage! j'avais gagné en main! six carreaux, seizième majeure et 14 d'as, 96; tierce majeure en trèfle, 99, trois rois, 102, avoir joué, 103! j'te faisais capot sur table encore! 115, la dernière 116, et 40, 156! enfin, j'te repincerai un autre jour; ce qui est différé n'est pas perdu.... Voilà, not' bourgeois!»

Notez que lorsque vous prenez un fiacre, vous êtes toujours un *bourgeois* pour le Cocher; dès que vous n'avez plus besoin de ses services, vous n'êtes plus à ses yeux qu'un *monsieur*, un simple particulier.

«Par ici, Cocher; arrivez donc! voilà un quart-d'heure au moins que nous attendons!

—Voilà! est-ce à l'heure ou la course?»

Contractez autant que possible à la course; autrement vous soumettez le Cocher à une tentation terrible. Il se trouvera partagé entre le désir de vous conduire promptement à votre destination, et celui d'accroître son salaire en prenant le chemin des écoliers; des remords tardifs saisissent le malheureux voyageur, lentement promené dans les rues les plus tortueuses, les plus encombrées. Il peste contre les fiacres, et

Honteux et confus,

Jure, mais un peu tard, qu'il ne les prendra plus....

qu'à la course; d'autant plus mécontent, qu'à toutes ses observations, l'imperturbable Cocher répond flegmatiquement: «Dam'! Monsieur, il fallait prendre le chemin de fer!»

Le crocodile a, dit-on, pour ennemi, un petit animal appelé l'ichneumon. L'ichneumon du Cocher de Fiacre, c'est le gamin de Paris. Pendant que le père Gigomard poursuit tranquillement sa route, un gamin, déterminé également à ne pas aller à pied, et à ne rien débourser, s'installe sur le marchepied de derrière. Heureusement qu'un passant avertit le Cocher, en lui criant: «Tapez derrière!» Et de vigoureux coups de fouet font instantanément déguerpir le *bourgeois* de contrebande.

Un mathématicien, membre de l'Institut, connu par sa science et ses distractions profondes, errait un jour dans la rue, poursuivi par un problème; tout à coup il s'arrête devant une sorte de tableau noir, qui n'était autre chose que la face postérieure d'un fiacre, et, ramassant un plâtras, il commence à tracer des triangles et des circonférences. Le fiacre se met en marche; le savant, sur le point de trouver la solution qu'il cherchait, monte sur le marchepied, et il continuait à dessiner des figures de géométrie, quand de rudes coups de fouet, le tirant de son extase, lui firent sentir qu'il n'était pas à son cours du Collége de France.

Les occupations du Cocher de Fiacre varient suivant l'état de l'atmosphère. Durant la semaine, quand le temps est beau, le père Gigomard se croise les bras, et *fume* dans les deux acceptions du mot. Il est comme les canards, il aime la pluie, dût-elle transpercer son carrick, sa redingote et ses trois gilets.

«Comment! dit-il avec humeur en contemplant le ciel sans nuages, il ne tombera pas une goutte d'eau! ça m'arrangerait pourtant bien; y a tant de monde dehors aujourd'hui! Coquin d'soleil! Y a donc que'que chose de détraqué dans le firmament? Bah! ne perdons pas l'espérance; nous aurons de l'orage ce soir; j'm'en vais toujours casser une croûte.»

Et il retourne à l'enseigne du Cocher Fidèle, où l'attendent une nourriture saine et abondante, et une boisson plus abondante encore, quoique beaucoup moins salutaire. Il est souvent dangereux d'employer le père Gigomard après son dîner. Exposé depuis le matin au froid, à la pluie, il a senti trop impérieusement le besoin de se réconforter, et, communiquant à ses chevaux l'excitation qu'il éprouve lui-même, il prend sa course avec une hardiesse inaccoutumée, dépasse les voitures de maître, entame les bornes, monte à l'assaut des trottoirs.

«Cocher, Cocher! arrêtez donc! où allez-vous? nous versons!»

—Soyez tranquilles, ayez pas peur.

—Cocher! ouvrez-nous; nous voulons descendre.

—Nous arriverons, n'craignez rien,» répète le Cocher flegmatique, croyant fermement qu'il y a un Dieu pour lui; mais ses actions sont moins rassurantes que ses paroles; et les voyageurs dont il compromet la sécurité, sont obligés de se précipiter hors du fiacre, et d'achever la route à pied, après avoir menacé l'imprudent d'attaquer en dommages et intérêts son loueur, civilement responsable.

Deux farces dont le père Gigomard a été victime lui ont toutefois appris la tempérance à ses dépens. Il était un soir à la barrière de la Villette, et, ayant bu plus que de coutume à son dîner, il dormait paisiblement sur son siége, quand des cris, mêlés d'éclats de rire, le réveillèrent en sursaut.

«Ohé, Cocher! êtes-vous pris?

—Où allez-vous?

—Au boulevard Saint-Denis.

—Combien qu'vous êtes?

—Nous sommes plusieurs (ils étaient cinq); mais nous vous paierons bien. N'vous donnez pas la peine de descendre, nous allons nous arranger.»

Gigomard ne demandait pas mieux que de rester assoupi dans son hamac de bois et de cuir; il laisse donc aux jeunes gens qui l'avaient apostrophé le soin de s'installer dans la voiture. L'un d'eux y entre, ouvre immédiatement la portière opposée, et descend sans bruit; ses camarades l'imitent, traversent successivement le fiacre, en font le tour, et reviennent à la portière qu'ils avaient ouverte d'abord. Ils se succèdent ainsi processionnellement pendant quelques minutes, entrant d'un côté, sortant de l'autre, et laissant toujours la voiture vide.

«Ah! çà, s'écrie Gigomard, dont la vue et les idées sont confuses, vous voulez donc assassiner mes chevaux? comment diable tiendrez-vous tous dans mon bahut? Voilà une heure qu'il y monte du monde! j'peux pas conduire un régiment.

—C'est fait, répond l'inventeur de la plaisanterie, en fermant la portière avec fracas. «Allons, adieu, les amis; bien des choses chez vous.... En route, Cocher, et dépêchons; il y aura un pour boire soigné.»

Quelle fut la surprise de Gigomard, quand, arrivé au boulevard Saint-Denis, il trouva son fiacre, qu'il croyait surchargé, complétement dépourvu d'habitants!

Un autre soir, tandis que le père Gigomard faisait sa sieste sur son siége, des rapins, campés à la porte d'un atelier, l'appellent impérativement:

«Ohé! Cocher! arrivez vite! venez nous prendre!»

Le père Gigomard se met en marche; mais aussitôt un fracas épouvantable, un bruit de planches brisées se fait entendre derrière lui, et de perçantes clameurs partent du milieu des décombres. Les rapins avaient amarré au fiacre l'échoppe roulante d'un savetier, qui, emporté soudain avec tout son établissement, s'imaginait être victime d'un tremblement de terre.

Le dimanche, loin d'être le jour du repos pour le Cocher de Fiacre, lui apporte un surcroît de travaux et de bénéfices. Des familles entières, père, mère, enfants, domestiques, s'entassent dans sa voiture, pour être transportés dans les bois de Boulogne, de Vincennes ou de Romainville; il pousse même ses excursions jusqu'à Versailles, d'où il ramène, en les rançonnant, des voyageurs qui n'ont pu trouver de place au chemin de fer.

Le fiacre est l'accessoire obligé de toutes les actions importantes de la vie de l'ouvrier ou même du commerçant parisien. C'est en fiacre que le nouveau-né est porté à la mairie et à l'église; c'est un fiacre qui reçoit les fiancés et leurs familles, et, au sortir du temple, conduit la noce au *Capucin* ou au *Cadran Bleu*. Durant les saturnales du Carnaval, les masques s'installent dans des fiacres pour se donner en spectacle le long des boulevards, pour se rendre au bal, pour aller, le Mercredi des Cendres, se faire jeter de la farine à la tête, sur la route de la Courtille. Les conscrits que le sort a favorisés, ceux qu'il a condamnés au service, s'accumulent sur un fiacre, tant en dedans qu'en dehors, et du haut de l'impériale où ils sont juchés, lancent aux passants de joyeuses apostrophes. Deux jeunes gens ont-ils résolu de se battre, malgré les arrêts de la Cour de Cassation, c'est un fiacre qui les conduit sur le terrain. Le père Gigomard se soucie médiocrement de cette corvée, et sa figure s'allonge, lorsque, au point du jour, il voit s'avancer vers lui six individus, dont l'un porte une boîte de pistolets, et qu'on lui dit mystérieusement:

«Au bois de Vincennes!

—Tant pis,» répond-il, et il ralentit le pas de ses chevaux, comme pour donner aux deux adversaires le temps de réfléchir et de se réconcilier. Quand ils se sont éloignés, quand il les a vus s'enfoncer dans le bois, il demeure triste et morne, et la saveur du *caporal* dont il charge sa vieille pipe, n'a point le pouvoir de le distraire. Il attend avec anxiété le bruit des deux détonations; il fait des vœux pour que l'issue du combat ne soit point funeste. Mais son attente a été trompée; les témoins rapportent un blessé; le Cocher retourne les coussins de sa voiture, pour éviter qu'ils soient tachés par le sang, aide les témoins à placer commodément la victime, et s'il peut prendre l'un d'eux à part, il lui demande à voix basse: «En réchappera-t-il? y a-t-il du danger?» En ramenant le blessé à son domicile, il évite avec soin les cahots, et poursuit le cours de ses réflexions:

«Le pauvre diable! c'est p't-être pour que'que mauvaise femme,—ou bien une querelle de café,... j'suis sûr que ça n'en valait pas la peine... Un beau garçon, ma foi!... Qu'est-ce que va dire sa mère?... et puis, si ça s'découvre, on est capable de les poursuivre... Les hommes sont que'quefois pires que des loups... s'il allait mourir dans ma voiture!... mais, non; il crie... c'est bon signe; il a encore les poumons solides... Dieu de Dieu! j'aurais bien donné vingt francs pour être arrivé à la station un quart-d'heure plus tard!... Jérôme les aurait conduits, et lui, c'est un vieux dur-à-cuire, qu'est sensible comme un manche de fouet. Mais, moi, ça m'fait d'l'effet; c'est plus fort que moi, et s'il fallait recommencer souvent, j'aimerais mieux renoncer au métier.»

La conduite du père Gigomard en cette circonstance montre que l'humanité est une de ses vertus; son honnêteté ne mérite pas moins d'éloges. Vingt fois on a oublié dans son fiacre des valeurs, des objets précieux, qu'il aurait pu s'approprier; il a toujours été au-devant des réclamations. On a parlé de fiacres perfides, qui ont entraîné des voyageurs, et principalement des voyageuses dans des quartiers lointains et déserts de concert avec des voleurs. Ces allégations ont été imaginées par des hommes dont la lecture des romans d'Anne Radcliffe avait sans doute dérangé le cerveau. Le Cocher de Fiacre est aussi fidèle en réalité que sur l'enseigne des cabarets, et en voici un exemple historique:

Un commis-voyageur d'une maison de Bruxelles prend un fiacre à la station de l'Hôtel-de-Ville, et le congédie quelques heures après, pour aller rejoindre un ami qui lui avait donné rendez-vous à onze heures au café Colbert. A peine y est-il entré, qu'une émotion violente se peint sur ses traits.

«Qu'as-tu donc? lui demande son ami, te sens-tu indisposé?

—Mon Dieu! j'ai perdu mon portefeuille!

Il se fouille, retourne ses poches, et demeure convaincu de la réalité de sa perte.

—Qu'est-ce qu'il y avait dedans?

—La procuration de ma maison, deux billets de banque de mille francs, des effets au porteur... On me l'aura volé.

—Ne l'as-tu pas oublié quelque part?

—Je crois l'avoir ouvert dans le fiacre que j'ai pris ce matin.

—Sais-tu le numéro?

—C'est 197, 297 ou 397, autant que je puis me le rappeler.

—Où l'as-tu laissé?

—A la place des Victoires.

—Allons-y.»

Les deux amis courent à la station, et y cherchent inutilement le fiacre; ils vont à la place de l'Hôtel-de-Ville, interrogent le gardien et les Cochers, donnent le signalement de celui qu'ils soupçonnent d'infidélité, mais sans pouvoir le rencontrer. L'anxiété du commis-voyageur redoublait à chaque instant: «Ce coquin de cocher se sera sauvé avec mon portefeuille, s'écriait-il, je suis ruiné, déshonoré, mon patron ne croira jamais au malheur qui m'est arrivé; il s'imaginera que j'ai détourné à mon profit les valeurs qui m'étaient confiées! Ma femme dira que j'ai dépensé mon argent en débauches. Je passerai pour un mandataire infidèle, pour un joueur, pour un libertin!

—Calme-toi, lui dit son ami; allons à la Préfecture de police, et faisons-y notre déclaration.»

Cette formalité accomplie, le commis-voyageur, harassé de fatigue, épuisé d'angoisses, rentre à son hôtel, et trouve à la porte son Cocher de Fiacre, qui l'attendait patiemment.

«Arrivez donc, lui crie l'honnête homme; je suis là depuis onze heures du matin.

—Vous avez mon portefeuille?

—Le voici.»

Le commis-voyageur poussa un cri de joie, et faillit embrasser le cocher. Lorsqu'enfin, remis de son émotion, il lui eut fait accepter une récompense, il lui demanda: «Comment avez-vous découvert mon adresse?

—Vous veniez de descendre de ma voiture quand j'ai trouvé le portefeuille; j'ai naturellement pensé qu'il était à vous. Je vous avais vu entrer rue du Mail; j'ai été d'hôtel en hôtel, en vous décrivant tant bien que mal aux portiers: un homme grand, cinq pieds six pouces, nez aquilin, gros favoris noirs, pantalon de nankin et redingote marron. Le portier du numéro 29 vous ayant reconnu, j'ai pris le parti de vous attendre; j'étais à votre porte, pendant que vous couriez peut-être après moi.»

Le père Gigomard serait capable d'un pareil trait; mais il n'accepterait point de récompense; il dirait à l'étranger reconnaissant: «Gardez votre argent, je m'suis fait une loi d'n'empocher que celui que j'gagne dans mon état. Seulement, si vous êtes dans la nouveauté, et que vous ayez quelque pièce d'étoffe qui vous gêne, j'vous prierai d'vous en débarrasser en faveur de ma femme; ça lui f'ra plaisir à c'te pauvre vieille, qui n'a rien à s'mettre les dimanches sur le casaquin.»

Ce désintéressement est d'autant plus méritoire, que le père Gigomard n'a guère de fonds à la Caisse-d'Épargne. Le loueur qui l'exploite s'est enrichi. Mais le Cocher qui ne reçoit chaque jour qu'une modique somme et de faibles pour-boire, a mis excessivement peu de foin dans ses bottes:

«Ainsi va le monde, dit-il philosophiquement, les grands poissons mangeront toujours les petits. Les propriétaires de voitures sont de beaux messieurs, amis du Préfet de police. Ils sont en corporation, et se font représenter par des délégués. Nous autres, pauvres Cochers, personne ne nous représente; personne ne plaide nos intérêts. Aussi, c'est les maîtres qu'ont tout le fricot, et nous n'avons que du pain sec. Mais enfin il y a une caisse de pension et de secours pour les Cochers vieux et infirmes, c'est une ressource; ça vaut toujours mieux que rien.»

Le Chiffonnier.

XXII.
LE CHIFFONNIER.

Dans un cabaret, barrière du Maine,

Au temps où le vin se vendait six sous,

Lorsque, pour six blancs, on avait sans peine

Un plat de goujons et du lard aux choux,

Un vieux Chiffonnier un jour se présente,

Casquette levée et le croc au poing;

Il vient demander si sa douce amante

N'est pas, par hasard, restée en un coin.

Chanson populaire.

SOMMAIRE: Belle prosopopée.—Causes qui déterminent à embrasser la profession de Chiffonnier.—Ce que c'est que les carons, le gros de Paris, le gros de campagne, le bul, etc.—Emploi des chiffons, des verres cassés, des os, etc.—Éloge de la chimie.—Le marchand de chiffons.—Description de son intérieur.—Chiffonniers nocturnes.—Prix d'une course d'omnibus.—Garnis de Chiffonniers.—*Quos ego....*—Relations avec les voleurs.—Le Chiffonnier décapité.—La veuve Boursin.—Le père Moustache.—Rixes et combats.—Chansons de guerre.—Expédition contre les chats et les chiens.—Gratteurs de ruisseaux.—Chiffonniers en province.

Non, vous n'êtes pas morts tout entiers, étranges habitants de la Cour des Miracles, sujets du grand Coësre, belistres, cagoux, archi-suppôts de l'argot, piètres, malingreux, coquillards; peuplades bohémiennes qui viviez dans la rue; lézards-bipèdes amoureux du soleil, parias cuirassés contre la honte pour l'amour de la liberté, et qui vous courbiez si bas sous la verge des lois, qu'elle ne vous atteignait point; non, vous n'êtes pas morts *ab intestat* et sans successeurs. Dans la société moderne, moins tolérante pour les Truands, vous avez été remplacés par les Chiffonniers.

Lorsqu'un homme est sans ressources, et qu'il peut en trouver en fouillant dans les tas d'ordures, il faudrait qu'il n'eût pas sept francs dans sa poche pour se priver d'une hotte et d'un crochet. Dès qu'il est armé Chiffonnier, dès qu'il s'est familiarisé à l'ignominie de ce sale métier, après l'avoir adopté par nécessité, il le continue par inclination. Il se complaît dans sa vie nomade, dans ses promenades sans fin, dans son indépendance de lazarone. Il regarde avec un profond mépris les esclaves qui s'enferment du matin au soir dans un atelier, derrière un établi. Que d'autres, mécaniques vivantes, règlent l'emploi de leur temps sur la marche des horloges, lui, le Chiffonnier philosophe, travaille quand il veut, se repose quand il veut, sans souvenirs de la veille, sans soucis du lendemain. Si la brise le glace, il se réchauffe avec des verres de *camphre*; si la chaleur l'incommode, il ôte ses guenilles, s'allonge à l'ombre, et s'endort. A-t-il faim, il se hâte de gagner quelques sous, et fait un repas de Lucullus avec du pain et du fromage d'Italie. Est-il malade, que lui importe? «L'hôpital, dit-il, n'a pas été inventé pour les chiens.»

Soumis à toutes les privations, le Chiffonnier est fier parce qu'il se croit libre. Il traite avec hauteur le marchand de chiffons même, auquel il porte la récolte du jour, et dont il reçoit de temps en temps de légères avances sur celle du lendemain. «Si tu ne veux pas m'acheter, j'm'en fiche pas mal, j'irai ailleurs,» s'écrie-t-il; et il fait mine de s'éloigner. On aperçoit son orgueil à travers les trous multipliés de sa veste.

«Mais, demandent avec étonnement les gens du monde, comment le Chiffonnier peut-il subsister? qui peut vouloir de son ignoble marchandise?» Leur surprise augmentera quand nous leur affirmerons que certains marchands de chiffons sont riches; mais elle diminuera sensiblement lorsque nous leur aurons montré tous les trésors que renferme la hotte d'un Chiffonnier. Rien de ce qu'il ramasse au coin des bornes n'est perdu pour l'industrie; les vils débris qu'il retire de la boue sont comme de hideuses chrysalides auxquelles la science humaine donnera des formes élégantes et des ailes diaphanes.

Ainsi, les fabricants de carton et de papier achètent pour leur usage:

Prix de 100 kilog.

Les *carons*, vieux papiers sales	8 francs.
Le *gros de Paris*, toiles d'emballages, restes de sacs	8
Le *gros de campagne*, chiffons de couleur, cotonnades	18
Le *gros bul*, toiles en fil grossières et sales	20
Le *bul*, même qualité, mais plus propre	26
Le *blanc sale*, chiffons, ordinairement de cotonnades	34
Le *blanc fin*, chiffons propres et de toile de fil	44

Les chiffons d'une dimension raisonnable passent entre les mains des revendeuses à la toilette du Marché du Temple. Les fabricants de produits chimiques tirent du sel ammoniac des lambeaux de laine ou de draps. On fait de nouvelles vitres avec les morceaux de verre cassés, et de nouvelles ferrures avec les anciennes.

Un grand festin s'est donné; les convives étaient nombreux, les services variés, les mets exquis; les débris amoncelés près de la porte de l'hôtel attestent la magnificence de la fête; eh bien! tous ces restes sont utilisés. Les coquilles d'huîtres fument les champs, ou servent à la fabrication de la chaux; les bribes de pain engraissent les bestiaux, si elles ne sont pas assez présentables pour grossir les soupes consistantes des Maçons et des

Limousins, ou pour être consommées par le Chiffonnier en personne. Et les os sont-ils négligés? les tabletiers, les tourneurs ne savent-ils pas les changer en bilboquets, en quilles, en dominos, en fiches d'échiquier, en cure-dents, en couteaux à papier? Les os calcinés et pulvérisés ne sont-ils pas la base du noir animal, cet engrais puissant, ce stomachique de la terre épuisée? Et les assiettes cassées? on en ôte précieusement la dorure; et la porcelaine entre dans la composition du ciment romain, ou, réduite en poudre impalpable, elle est mêlée au papier dont elle augmente le poids.

Voilà des manipulations dignes d'un siècle où la chimie dompte la matière et semble usurper une partie de la puissance créatrice. La chimie aujourd'hui se mêle à toutes les actions de la vie, et l'on a peine à concevoir comment les anciens s'en passaient. S'agit-il de teindre une robe, vite du chlore, des acides, des mordants, du prussiate de potasse. Vient-il une épidémie, c'est la chimie qui constate la quantité de substances délétères combinées avec l'air atmosphérique. Non-seulement on fait de la chimie dans les manufactures, mais nous en faisons nous-mêmes tous les jours, sans nous en douter. Quand, par exemple, vous vous procurez du feu avec un briquet Fumade, vous engendrez une série de phénomènes chimiques de la plus haute importance. Le chlorure de potassium de l'allumette se combine avec l'acide sulfurique imbibant l'amiante du flacon; il se forme du sulfate de potasse, avec un tel dégagement de chaleur que le soufre s'enflamme; le chlore se dégage, la goutte d'acide sulfurique devient de l'acide sulfureux en abandonnant au chlore une portion d'oxygène; et le sulfate de potasse, passant à l'état solide, reste attaché en globules jaunes sur le bois incandescent de l'allumette: que de science résumée dans un briquet!

Cette expérience quotidienne n'est pas plus miraculeuse que le changement des chiffons en papiers, des os en poudre fertilisante, des vieux draps en sel ammoniac, et de la porcelaine en ciment.

Habile alchimiste, le marchand de chiffons transmute en or les objets de rebut qu'on lui apporte. Avec le produit de la vente du *caron* et du *bul* il achète des rentes sur l'État. Il reçoit les Chiffonniers dans un bouge infect, et ses amis dans un salon élégant. Sa boutique est hideuse à voir; elle est encombrée d'immondices, de guenilles crottées, de bois pourris, d'ossements qui sentent l'amphithéâtre; le tout apporté par des êtres à peine humains, pesé dans des balances d'un aspect fantastique, trié par des mégères décrépites....... Mais si l'on pénètre au delà de cette première pièce, si l'on visite l'appartement particulier du Chiffonnier en gros, on y remarquera l'attirail ordinaire du luxe bourgeois, la pendule dorée, les scènes gravées de la vie de Napoléon, le cabaret en porcelaine.

Et l'on trouve un piano dans l'arrière-boutique.

Ce meuble est à l'usage de la fille du logis, héritière recherchée et digne de l'être. Nous pouvons citer un Chiffonnier en gros de la rue Jean-Tison, qui a donné à chacune de ses deux filles soixante mille francs de dot!

Si les marchands de chiffons gagnent tant, il est tout simple que les Chiffonniers ne gagnent presque rien; effectivement, les plus actifs n'arrivent à réaliser que trois ou quatre francs par jour. Ce sont ceux qui, malgré une ordonnance encore en vigueur, celle du 26 juillet 1777, vaguent dans les rues pendant la nuit. Les Chiffonniers, comme les papillons, se partagent en diurnes et en nocturnes; et ces derniers, commençant leurs pérégrinations au moment où les balayeurs reposent, ont chance de faire de bonnes trouvailles. Ils adoptent certains quartiers, et de préférence le faubourg Saint-Germain, la Chaussée-d'Antin, le faubourg Saint-Honoré, résidences de la classe opulente. Ils finissent par être connus des cuisinières, dont ils reçoivent du pain et de la viande, s'engageant en revanche à restituer tout objet perdu qu'ils pourraient découvrir dans les ordures. Une fois qu'ils sont acclimatés dans une certaine circonscription, ils ont des bénéfices en dehors de leur industrie. Les gens paresseux et condamnés par état à se lever matin se font réveiller par eux. Nous avons l'honneur de connaître un Chiffonnier qui va tous les matins de la montagne Sainte-Geneviève à l'Assomption, pour frapper à la porte d'un épicier, d'un pâtissier et d'un marchand de vin. Cette course lui vaut 30 centimes, et cet ouvrier économe calcule que cette faible somme paie les trois-quarts de son loyer quotidien.

Les Chiffonniers diurnes ne sont pas étrangers à tous plaisirs. Ils vont, le dimanche, *boire* à la barrière avec leurs *épouses*, et se permettent même d'aller voir un mélodrame en vogue, *Lazare le Pâtre*, ou la *Grâce de Dieu*, ou *Paul et Virginie*, ou tout autre, pourvu que le sujet soit intéressant et le traître puni à la fin de la pièce.

Quelle que soit sa prospérité, le Chiffonnier n'a jamais de meubles à lui, il loge toujours en garni, au prix fixe de 20 centimes, que les logeurs méfiants exigent communément d'avance: «Tes quatre sous, ou tu ne couches pas.» L'individu qui peut débourser, Chiffonnier ou Chiffonnière, se jette sans quitter ses haillons, sur une paillasse. Dans ces noires chambrées, où l'on couche pour deux sous, le lit commun est une longue planche en talus, et la couverture commune est un lambeau de tapisserie, cloué au mur d'un côté, et attaché de l'autre à un clou. Quand des querelles nocturnes surgissent en cette enceinte, le logeur paraît armé d'un merlin, et du nom de Neptune gourmandant les vents: «Qu'est-ce qui bronche ici? que j' lui abatte un aileron!»

Dans ces repaires, les Chiffonniers se trouvent en contact avec des voleurs dont ils deviennent passivement les complices. Ils ne sont pas tenus de leur prêter un concours actif; mais dévoiler le mystère d'une criminelle entreprise serait se vouer à d'implacables vengeances. Soupçonné d'avoir trahi deux voleurs, un vieux Chiffonnier fut trouvé, un matin, assassiné au coin d'une borne. On l'avait surpris à la *veillée*, on lui avait tranché la tête, que, par un atroce raffinement de barbarie, on avait déposée dans sa hotte!

Tous les Chiffonniers savent et parlent l'*argot*, ce patois énergique qui appelle la langue la *menteuse*, l'amour le *dardant*, une montre une *toquante*, la lune la *luisarde*, un livre un *babillard*, et le supplice l'*Abbaye de Monte-à-Regret*. Un mot favori des Chiffonniers est rupin, vieille expression autrefois employée pour signifier un gentilhomme. Tout ce qu'ils trouvent beau, tout ce qui excite leur admiration, est *rupin* ou *chenu*; mais quoique possédant le langage des gens qui vivent de proie, quoique confondue avec eux, la majorité des Chiffonniers n'est pas pervertie par cette dangereuse fréquentation; il en existe même qui se recommandent par leur probité, et qui, s'ils trouvent de l'argent, un cachet, un porte-crayon, des cuillères, prennent des renseignements avant de s'approprier ce que leur a envoyé la fortune. Le 11 octobre 1841, la veuve Boursin, vieille Chiffonnière de la rue Mouffetard, habituée de la Chaussée-d'Antin, déterre dans un tas d'ordures un bouton de chemise en diamant. Elle ne quitte point la rue, va de maison en maison, exhibe sa trouvaille, découvre le propriétaire du bouton, et s'empresse de le lui restituer, ne demandant pour récompense que le prix de sa journée qu'elle avait perdue en recherches.

On doit signaler parmi les Chiffonniers honorables le père Moustache, ancien soldat de la garde impériale, chevalier de la Légion-d'Honneur. Ce brave homme, ayant deux filles, a longtemps renoncé à toucher sa pension pour leur faire donner une éducation convenable et les mettre à même de s'établir. Aussi est-il en honneur dans sa tribu, qui sait au moins apprécier les vertus qu'elle n'exerce pas.

Travailler le moins, boire le plus possible, telle est la volupté suprême des Chiffonniers. Dans les beaux jours, on en voit au milieu des rues montueuses du quartier Saint-Marcel, couchés au soleil, et jouant aux dés comme des lansquenets. S'ils se disputent, ils passent sans transition des injures aux voies de fait. Par une habitude traditionnelle, ils mettent bas leur chemise, avant d'en venir aux mains, et crient, en se montrant l'épaule: «Regarde-moi celle-là, elle n'a jamais été marquée; en pourrais-tu dire autant?» Puis une lutte acharnée s'engage; les haillons déchirés s'éparpillent; les deux adversaires, à moitié nus, roulent en hurlant sur le pavé ensanglanté.

Les Chiffonniers ont une vive inclination pour la rixe. Un amour irrésistible de désordre les pousse au combat toutes les fois que l'émeute se déchaîne. Ils ont même une chanson de guerre dont le refrain est:

En avant courage!

Marchons les premiers;

Du cœur à l'ouvrage,

Braves Chiffonniers!

En entendant leurs cris sauvages, en suivant des yeux dans sa chute cette avalanche de gueux déterminés, le commerçant dit avec terreur: «Voilà le faubourg Marceau qui descend!» Le plus stable gouvernement tremble sur sa base, quand, guidée par les Chiffonniers, la have population des faubourgs se rue sur les riches quartiers. On appréhende moins le pillage que le bouleversement de la société; on sent combien l'ordre public est faible contre tant de gens qui n'ont rien à perdre; et la protestation armée des misérables fait comprendre à tous la nécessité d'adopter comme règle de conduite ce grand axiome: «Amélioration du sort de la classe la plus nombreuse et la plus pauvre.»

En temps de calme, les Chiffonniers ne font la guerre qu'aux animaux domestiques: aux chiens et aux chats, qu'ils vendent à l'équarrisseur. Un dogue vaut de 30 à 40 sous; un chien de moyenne taille, de 5 à 10 sous; un chat, 4 sous en été et 8 sous en hiver. Les tondeurs emploient la graisse de chat, d'autres artisans l'huile de pieds de chien; et les fourreurs s'accommodent des peaux, qui deviennent entre leurs mains du renard noir ou de la marte zibeline. Un Chiffonnier déterminé, agile comme un chasseur de chamois, intrépide comme un tueur d'ours, ferait promptement sa fortune en poursuivant sa proie jusque sur les toits, en pénétrant audacieusement dans l'intérieur des maisons, en affrontant la fureur des portières et les poursuites de l'Autorité.

Il fut dans la famille des Chiffonniers une branche collatérale aujourd'hui proscrite, celle des Gratteurs de ruisseau. Après les pluies d'orage, ils se précipitaient dans les rues, et fouillaient la boue avec une persévérance souvent fructueuse: ils ramassaient de vieux clous, des ferrailles, de l'or même; mais la police les a suspendus de leurs fonctions, sous prétexte qu'ils déchaussaient les pavés.

La chiffonnerie s'étend actuellement dans les campagnes. Des Chiffonniers provinciaux parcourent les villages pour acheter les chiffons, les os, les vieux papiers; mais le véritable Chiffonnier, tel que nous l'avons dépeint, indépendant, insoucieux, ivrogne, abruti, indiscipliné, et *toujours Frrrançais!* est aussi essentiellement Parisien que la Colonne Vendôme ou l'Arc de l'Étoile.

L'Égouttier.

XXIII.
L'ÉGOUTTIER.

On ignore par quel moyen nos santés sont conservées, comment l'air qui nous environne est respirable, par quel miracle un quartier qui n'était naguère qu'un marais infect se trouve couvert de palais et des plus magnifiques théâtres, parce que la cause de tous ces bienfaits est cachée sous terre.

(Parent-Duchatelet, *Essai sur les Cloaques.*)

Sommaire: Considérations morales.—Égouts de Paris.—Conseils aux touristes.—Égout Montmartre.—Administration du curage des égouts.—La rue de Nevers.—Organisation des Égouttiers.—Costume.—Instruments de travail.—Journée des Égouttiers.—Chef de division.—Cas d'asphyxie.—Anecdote.—Défense de fumer.—Trouvailles.—Inconvénients d'une pluie d'orage.—Dîner.—Travail dans les temps de gelée ou de sécheresse.—Salaire.—Dangers d'une coalition des Égouttiers.

Dans les grandes villes, tout est grossi, développé, revêtu de proportions gigantesques; toutes les grandeurs et toutes les misères sont concentrées, groupées, mises en relief. Si, d'un côté, les lumières intellectuelles y répandent un rayonnement immense, de l'autre, les vices nous épouvantent par leur active propagation. A côté de vastes palais se trouvent de vastes réceptacles d'immondices; et, pour recevoir les fanges de la cité, il a fallu creuser des canaux souterrains dont le parcours, à Paris, n'a pas moins de vingt-quatre lieues[38].

Vingt-quatre lieues! quel travail colossal!... Vous qui vantez les anciens au détriment des modernes, quelle œuvre architecturale pouvez-vous opposer à ce monument d'utilité publique? Vingt-quatre lieues d'égouts solidement voûtés, solidement pavés, assez élevés pour qu'on s'y promène à l'aise! Étrangers qui venez visiter la capitale de la France, nous vous invitons à prendre sur vous de parcourir ces sombres routes. Ce voyage ne semble pas, sans doute, très-séduisant au premier abord: jusqu'à ce jour, quelques Anglais intrépides en ont seuls affronté les désagréments et les périls; mais ils en ont rapporté des impressions qui les ont amplement dédommagés d'une inhumation momentanée. Le docteur Parent-Duchâtelet, qui a laissé de si remarquables travaux sur l'hygiène publique, disait à l'un de ses amis, au milieu d'un bal donné à l'Hôtel-de-Ville: «J'aime cent fois mieux aller dans un égout que de venir à cette réunion.» Sans partager cette étrange prédilection, on peut avancer que les égouts de Paris doivent être comptés au premier rang des curiosités de cette ville.

Et les Égouttiers aussi.

L'eau fangeuse des ruisseaux se précipite dans ces vastes cavités par des bouches qui jadis étaient d'une menaçante largeur. On remarquait, entre autres, celle de la barrière des Sergents, rue Saint-Honoré; celle de la rue Montmartre, en face la rue Mandar, et l'immense caverne qui s'ouvrait au bas du chevet de Saint-Eustache. Ce fut dans cette dernière que, le 14 février 1795, l'on jeta le buste de Marat, dont les cendres avaient été solennellement transférées au Panthéon le 24 septembre 1794.

De distance en distance, des *tampons*, ouvertures couvertes de plaques de fer circulaires, ont été ménagés pour livrer passage aux Égouttiers. Nous ne voulons point pénétrer avec vous dans ces obscures retraites pour en suivre les détours et en raconter l'histoire; recommandons seulement à la reconnaissance publique Hugues Aubriot, prévôt des marchands et intendant des finances sous Charles V, et Michel-Étienne Turgot, président du grand-conseil de la ville en 1740. Le premier imagina de substituer des égouts voûtés aux égouts découverts; le second fit construire l'immense souterrain appelé aujourd'hui le *grand égout de ceinture*.

Les égouts de Paris jettent leurs fanges dans la Seine par quarante-cinq ouvertures, dont vingt et une sur la rive droite et vingt-quatre sur la rive gauche. Le grand égout de ceinture parcourt une étendue de 6,866 mètres; son bassin, selon l'ingénieur en chef Girard, occupe à lui seul une surface bien supérieure à la moitié de Paris, et des ramifications multipliées y amènent non-seulement les eaux d'un très-grand nombre de quartiers, mais encore celles des flancs méridionaux de la colline de Montmartre. Les autres égouts sont, sur la rive droite:

Les égouts Amelot et de l'abattoir Popincourt, du Petit-Musc, de la Grève, des rues de la Tannerie, de la Vieille-Lanterne, de la Vieille-Tuerie, de la Joaillerie, du Châtelet, de la Saulnerie, des arches Pépin et Marion, de la place de l'École, de la barrière des Sergents, de la rue Froidmanteau, du Carrousel, des Tuileries, de la place Louis XV, de la Pompe-à-Feu, de la rue Saint-Pierre.

[39] *Mémoire sur les inondations souterraines de Paris*, in-4°.

Sous les quartiers de la rive gauche serpentent les égouts de la Salpétrière, de la Ménagerie, de la Halle-aux-Vins, des Grands et des Petits-Degrés, de la place Maubert, de la rue de la Bûcherie et du pont Saint-Michel, de l'École-de-Médecine, de la rue de Seine, de la rue Saint-Benoît, des rues de Poitiers, de Belle-Chasse et de Bourgogne, du Palais-Bourbon, des Invalides, du Gros-Caillou, de l'École-Militaire.

On compte en outre onze égouts pour la Cité et pour l'île Saint-Louis; dans le faubourg Saint-Marceau, six égouts qui tombent dans la Bièvre; sur le quai Voltaire, deux petits égouts à l'usage de maisons particulières; et enfin trois égouts découverts dans les faubourgs Saint-Antoine et Saint-Marceau.

Le curage des égouts est fait aux frais de l'entrepreneur-général du nettoiement, sous la direction de l'inspecteur-général de la salubrité. L'entrepreneur fournit les outils et ustensiles nécessaires, mais la surveillance des ouvriers appartient à une administration spéciale, dont le chef-lieu est rue de Nevers, 25. Cette rue est une des plus affreuses de Paris. Large d'environ trois mètres, elle est bordée de maisons noires, décrépites, tremblotantes, dont les pignons lézardés la couvrent d'une ombre éternelle. C'est comme un égout à ciel découvert.

Les Égouttiers parisiens sont au nombre de quatre-vingt-quatre, partagés en divisions de quatorze à quinze hommes. Leur uniforme se compose d'une blouse de toile bleue très-courte et de très-longues bottes de pêcheurs, qui leur sont fournies par l'administration. L'instrument dont ils se servent pour remuer la boue et la pousser vers la Seine est une longue perche terminée en forme de truelle qu'ils appellent *rabot*.

Tous les matins, vers une heure, chaque division marche au rendez-vous. Elle est commandée par un chef, qui porte sur le devant de son chapeau une plaque de cuivre où sont gravés ces mots:

PRÉFECTURE
DE POLICE.

SERVICE DES ÉGOUTS.
CHEF.

La division tout entière disparaît dans la branche d'égouts qui lui est assignée; deux Égouttiers seulement restent au dehors pour rouvrir le tampon quand il en sera temps. Quoique les fontaines aient coulé de six à sept heures sur le radier, cette descente n'est pas sans danger: il arrive que des gaz délétères enveloppent le travailleur au moment où il atteint le bas de l'échelle. Il tombe suffoqué, il va périr; mais, au risque de partager son sort, ses camarades viennent à son secours. On voit, en pareil cas, éclater ce noble dévouement dont la classe ouvrière a souvent donné des preuves. Le samedi 31 juillet 1841, à onze heures du matin, une division d'Égouttiers était groupée autour d'un tampon dans la rue d'Alger. Un homme manquait à l'appel: il était au fond du gouffre et râlait. La crainte arrêtait ses confrères; leur hésitation prolongée était l'arrêt de mort du malheureux asphyxié... Un jeune ouvrier se fait attacher avec une corde sous les aisselles, parvient jusqu'à la victime, la saisit dans ses bras, remonte avec elle et la rappelle à la vie.

La science a recherché les causes de ces accidents; elle a analysé l'air des égouts, et en a reconnu l'impureté. Tandis que celui que nous respirons se compose de vingt et une parties d'oxygène, de soixante et onze parties d'azote et de quelques millièmes seulement d'acide carbonique, l'air des égouts contient, suivant le calcul de M. Gaulthier de Claubry:

Oxygène	13,79
Azote	81,21
Acide carbonique	2,01
Hydrogène sulfuré	2,99
	100,00

Cette atmosphère empestée, lorsqu'elle ne tue pas, attaque les paupières et les yeux, et cause de douloureuses ophthalmies; et cependant les Cureurs travaillent souvent dans l'égout de six heures et demie jusqu'à onze heures, sans remonter, à la lueur d'une petite lampe fumeuse. Si elle s'éteignait?... dites-vous; et vous les voyez déjà condamnés au destin du paysagiste Robert, perdu dans les catacombes de Rome:

Il cherche, mais en vain: il s'égare, il se trouble;

Il s'éloigne, il revient, et sa crainte redouble...

L'infortuné déjà voit cent spectres hideux,

Le délire brûlant, le désespoir affreux,

La Mort!... Non cette Mort qui plaît à la victoire,

Qui vole avec la foudre, et que pare la gloire;

Mais lente, mais horrible, et traînant par la main

La Faim, qui lui déchire et lui ronge le sein!

Son sang, à ces pensers, s'arrête dans ses veines;

Et quels regrets touchants viennent aigrir ses peines!...

Cependant il espère... Il pense quelquefois

Entrevoir des clartés, distinguer une voix;

Il regarde, il écoute... Hélas! dans l'ombre immense

Il ne voit que la nuit, n'entend que le silence,

Et le silence encore ajoute à son horreur.

Rassurez-vous toutefois... Les Égouttiers ont une telle habitude de leur noir labyrinthe, qu'ils savent précisément l'endroit où ils sont, et pourraient désigner la rue sous laquelle ils barbottent.

Durant ces tristes occupations, aucune distraction n'est permise. La pipe aurait bien des charmes pour le Cureur: il en aspirerait avec délices les bouffées odoriférantes; cependant, comme il se trouve souvent dans la compagnie des gens que l'odeur de la pipe incommode, on s'en abstient par politesse. Il est défendu de fumer, mais vous pouvez vous asseoir.

Ils sont là, à dix mètres du sol; le bruit des voitures leur parvient confusément; ils suivent à pas lents, le rabot à la main, ces longues galeries qui sont leur domaine. Par intervalles, l'un d'eux pousse un cri de joie: il vient de ramasser une pièce de cinq francs ou une canne à pomme d'or qui, échappée la veille des mains de son propriétaire, est tombée par les fentes d'un tampon; d'autres fois une exclamation d'horreur retentit: les Égouttiers maudissent la mesure qui a supprimé les tours, car ce lambeau sanglant qu'ils ramènent au bout de leur rabot, c'est le cadavre d'un enfant nouveau-né!...

La plupart du temps, ils ne trouvent rien que de la boue, partout et toujours. Cette boue, prétendent-ils, loin d'être malfaisante, a des vertus contre les plaies des jambes et les éruptions cutanées; c'est un onguent, un excellent spécifique; mais il n'a malheureusement point d'action sur les rhumatismes, l'une des maladies ordinaires des Cureurs.

Pendant la marche, le chef qui précède la division examine avec soin l'état de la voûte, et tient note des réparations à effectuer, pour les signaler à l'inspecteur-général.

Les Égouttiers sont exposés non-seulement à l'asphyxie, mais encore à la submersion. Si tout à coup le ciel se charge de nuages, si une pluie d'orage vient à tomber, ils se verront renversés à l'improviste par les eaux, et entraînés vers la Seine. Cet accident est rare, mais on en a des exemples: l'on a vu des Égouttiers, luttant contre des torrents tumultueux, se sauver à la nage au milieu des ténèbres, et gagner à grand'peine leur échelle. En 1809, à l'angle de la rue de Bondy, deux ouvriers sur sept furent noyés. Trois Égouttiers périrent, en 1820, dans le grand égout, près du faubourg du Temple; et leur chef, après de longs efforts, eut le bonheur de s'accrocher à une corde qu'on lui jeta par un tampon en face de la rue d'Angoulême.

Vers midi, les Égouttiers revoient la lumière du jour, et les hommes de chaque division vont dîner ensemble chez un gargotier. Après un modeste repas, ils reprennent leur promenade souterraine, et rafraîchissent le fond du radier, que les eaux des bornes-fontaines baignent de midi à deux heures.

 Dans les temps de gelée ou de sécheresse, les Égouttiers enlèvent les sédiments adhérents au dallage des égouts. Leur service est alors moins pénible; mais comme on compte annuellement à Paris une moyenne de deux cent trente-quatre jours de vents humides et de cent quarante-deux jours de pluie, comme certaines années ont présenté jusqu'à trois cent vingt jours de pluie et cent vingt centimètres de hauteur d'eau pluviale, les Égouttiers ont peu de chances d'interruption dans le cours de leur existence amphibie.

Dans les quatre saisons, à Paris, l'on essuie de la pluie et du vent, du vent et de la pluie.

C'est pour deux francs vingt-cinq centimes, pour trois francs quand ils ont le grade de chef, que ces hommes consentent à s'enterrer vivants pendant la moitié de la journée, à piétiner dans un marais fétide et nauséabond. Au bout de vingt ans de service, ils ont droit à une pension de trois cents francs. Ce salaire est-il proportionné à leurs fatigues, à leurs dangers?... Ne doit-on pas appréhender qu'un jour, las d'être rétribués si modestement, ils refusent soudain de travailler?... Que deviendrions-nous, grand Dieu?... Le bourgeois parisien voit, sans trop d'inquiétude, les coalitions de serruriers, de forgerons, d'ouvriers en papiers peints, d'imprimeurs, etc.; mais supposez une coalition des Égouttiers: la fange s'accumule dans les canaux, et menace d'en sortir pour inonder Paris; d'immondes vapeurs se répandent; la peste, le typhus, vont peupler les hôpitaux; l'existence même de la ville est compromise: un déluge de boue va l'ensevelir.

Les Égouttiers sont, comme vous le voyez, les maîtres de la ville souterraine, les monarques du royaume des ténèbres. En cette qualité, ils ont droit à nos respects; et, si nous songeons à l'utilité de leur besogne, nous les indemniserons, par notre estime, de ce qu'elle a de rebutant.

En diverses circonstances, l'administration a appelé les savants à s'occuper du sort des Égouttiers. Lorsqu'il fut question de curer l'égout Amelot, abandonné et obstrué depuis longtemps, le préfet de police, M. Delavau, de concert avec M. de Chabrol, préfet de la Seine, organisa une commission pour diriger les travaux de curage sans compromettre ni la salubrité publique ni la santé des ouvriers. Cette commission, composée de MM. d'Arcet, Cordier, Girard, Devilliers, Parton, Gaulthier de Claubry, Labarraque et Chevallier, était dirigée par Parent-Duchâtelet. Grâce aux précautions prises par ces hommes savants et dévoués, le curage fut opéré sans danger. Six mois suffirent à trente-deux ouvriers pour extraire de l'égout Amelot et de ses embranchements *deux mille cent cinquante* tombereaux de matières solides, et trois fois autant de matières molles; et, au terme de cet effrayant travail, tous les Égouttiers jouissaient de la santé la plus florissante.

On assure même que quelques-uns avaient engraissé.

Le Marchand de Peaux de Lapins.

XXIV.
LE MARCHAND DE PEAUX DE LAPINS.

Aux montagnes de la Savoie,

Je naquis de pauvres parents;

Voilà qu'à Paris l'on m'envoie,

Car nous étions beaucoup d'enfants.

BOUILLY, *Fanchon la Vielleuse.*

SOMMAIRE: Description d'un nègre-blanc.—Esprit stationnaire.—Travaux d'hiver et d'été.—Destruction des chats.—Il faut des époux assortis.—Aventure récente.—Scène à la police correctionnelle.—Extension du commerce du Marchand de Peaux de Lapins.

Les moralistes de notre époque s'élèvent souvent dans des diatribes plus ou moins éloquentes contre les progrès toujours croissants du luxe, soit dans les habitations, soit dans les vêtements; certains industriels viennent cependant chaque jour donner un démenti à ces déclamations, et parmi ceux qui ont conservé une physionomie particulière, en manifestant un profond dédain pour les recherches du bien-être, du luxe, et les ablutions quotidiennes, il suffit de montrer le Marchand de Peaux de Lapins.

Quel galbe original! Il a, pour la couleur, quelque chose de l'Éthiopien, quelquefois du Lapon pour la taille. De quel épais enduit son visage et ses mains sont-ils revêtus! Quel cosmétique serait assez puissant pour les restituer à la couleur normale! Ou plutôt, le noir ne serait-il pas leur véritable couleur?

En vain les vêtements se sont transformés de manière à égaliser les classes et les individus. C'est à peine si l'extérieur du Marchand de Peaux de Lapins a subi quelques changements: un pantalon, et quel pantalon! a bien remplacé l'épaisse culotte et le grossier haut-de-chausse dont ses devanciers étaient affublés; mais il porte toujours les cheveux longs et crépus; son bonnet de laine et ses lourds sabots ne sauraient l'abandonner.

Né dans le Cantal, il a quitté bien jeune encore ses montagnes et l'humble chaumine où il ressentit les premières atteintes de la misère, pour venir à Paris ramoner d'abord les cheminées, puis, obéissant à son instinct commercial, acheter et revendre des peaux de lapins. On le voit apparaître au moment où les hirondelles s'éloignent, où les brouillards et les frimas fondent sur la cité. Il est possible qu'il reste à Paris pendant la belle saison, mais c'est assurément pour lui une époque de chômage. C'est l'hiver qu'il triomphe! Bravant une pluie froide et pénétrante, portant sur l'épaule un grand sac, d'où le moindre choc fait sortir une poussière noire et suffocante, il parcourt les rues, faisant entendre son cri retentissant: «Ah! peaux de lapins!» Il est suivi d'un jeune enfant exilé comme lui, qui répète après lui, d'une voix argentine: «Ah! peaux de lapins!» à l'entrée des maisons, aux fenêtres des cuisines surtout; car c'est avec la cuisinière que les négociants auvergnats ont de mystérieux conciliabules, qu'ils concluent d'étranges et avantageux marchés! La calomnie a bien répété (elle ne respecte rien) que plus d'un chat bien aimé, commensal appétissant d'une cuisine bien fournie, mais redoutable au cordon bleu par ses adroits larcins, avait disparu peu de temps après la visite d'un Marchand de Peaux de Lapins!

Les journaux graves n'ont pas craint de rapporter que la police, dans une visite chez maint gargotier des quartiers populeux, où la gibelotte est en honneur, avait découvert les têtes trop reconnaissables de chats défunts, et les Marchands de Peaux de Lapins étaient accusés de les avoir enlevés,

<blockquote>Servant, sans le savoir, des haines domestiques,</blockquote>

puis livrés à la consommation en permettant ainsi d'en faire des ragoûts frauduleux!

Le Marchand de Peaux de Lapins est quelquefois marié à une femme de son pays, de son village, et qui, laborieuse comme lui, peu favorisée des grâces extérieures, prouve la sagesse et la logique incontestable du refrain:

Il faut des époux assortis

Dans les liens du mariage.

Employée dans un magasin de revendeur, elle y donne, au même degré que son mari, l'exemple du travail, de la sobriété, de l'économie, de toutes les vertus enfin, excepté de la propreté. Leur double industrie, les privations de toute espèce qu'ils s'imposent, leur permettent d'envoyer chaque année quelques épargnes au pays.

Une pièce de terre, une habitation misérable comme celle où ils sont nés pour le travail et la pauvreté, voilà le rêve de leur avenir! Tel est l'espoir de leurs vieux jours. Toutefois, le désir d'arriver au jour du repos ne leur fait jamais enfreindre les lois d'une probité scrupuleuse, et l'on en cite des traits bien dignes d'éloges. Le Marchand de Peaux de Lapins pourrait dire, comme l'un des héros de Shakspeare: «Sans doute, mon visage est noir; mais vois le visage d'Otello dans son âme.»

Le lendemain d'une grande soirée, dans une belle maison du faubourg Saint-Germain, la cuisinière fit venir un Marchand de Peaux de Lapins, pour lui vendre la dépouille d'un lièvre qui avait paru avec honneur sur la table d'un riche Amphitryon, dans un festin dont la superbe ordonnance avait de nouveau mis en lumière les talents du cordon bleu. Le marché fut conclu sur une table où gisaient encore des biscuits, des gâteaux ébréchés, et de riches plateaux, encore chargés de soucoupes dorées, de verres de cristal, de cuillers en vermeil.

Après quelques débats, le Marchand se retire avec son acquisition, dont le prix reste fixé à 50 centimes; la dépouille d'un lapin eût été payée 20 centimes seulement.

Les domestiques achèvent de ranger les cristaux, la somptueuse vaisselle; tout à coup, ô douleur! ô soupçon fâcheux! on s'aperçoit qu'une petite cuiller manque. Qu'est-elle devenue? La cuisinière interroge tous les domestiques; chacun s'excuse, elle seule reste en butte aux soupçons, si cruels pour une âme fière, si blessants pour une conscience irréprochable. Un sourire d'incrédulité accueille ses explications maladroites; la malheureuse au désespoir rêve déjà le suicide; une heure, deux heures se passent ainsi.

Qu'aperçoit-elle, accourant pesamment, ruisselant de sueur, quoique trempé par une pluie abondante!!! Notre Marchand de Peaux de Lapins, d'une main se débarrassant de son grand sac, et lui montrant de l'autre la cuiller, qui s'était collée aux humides replis de la peau vendue: «J'ai bien couru, lui dit notre honnête négociant, mais la pensée que vous ou moi nous étions soupçonnés, m'a donné du cœur aux jambes.»

Il allait se retirer sans vouloir accepter de récompense, quand les domestiques, lui barrant le passage, jurèrent que du moins il trinquerait avec eux. On versa à boire et l'on porta d'une voix unanime un toast bruyant en l'honneur du brave homme. Cependant les maîtres avaient été avertis; ils le firent monter, et le forcèrent de recevoir une somme ronde, qu'il refusait obstinément.

Le sort du Marchand de Peaux de Lapins n'est pas toujours heureux; s'il a l'insouciance et la liberté de locomotion du Juif errant, il est quelquefois soumis à de rudes épreuves; de graves maladies le retiennent sur son grabat, le forcent d'entrer à l'hôpital, et réduisent sa femme, ses enfants à demander l'aumône.

Dernièrement, à la police correctionnelle, les juges allaient condamner une pauvre femme pour mendicité. Son accent étrange lui permettait à peine de faire entendre que son mari, Marchand de Peaux de Lapins, était depuis peu convalescent d'une longue maladie, qui avait épuisé leurs faibles ressources et l'avait réduite à aller le soir avec ses deux enfants implorer la charité publique. Le délit était flagrant, les juges délibéraient lorsque le Marchand de Peaux de Lapins traversa la foule rassemblée dans la salle, et vint, roulant dans ses mains noires et amaigries son bonnet crasseux,

Tenir à peu près ce langage:

«Mechieurs les juges! ch'est que j'étais malade, et que les médechins dijaient comme chà que je devais me reposer; les petits mangeaient toujours pendant che temps-là, et che n'était plus moi que je pouvais leur gagner du pain. La femme a fait che qu'elle a pu pour les empêcher de mourir de faim. Si vous la mettez en prison, qu'est-che qui aura choin de moi encore malade et des petits?»

A ces mots il s'incline, et chacun, étonné,

Admire le bon sens et même l'éloquence

Du commerçant infortuné.

Les juges souriaient de son langage et de son accent; mais ils acquittèrent la pauvre femme.

Quand la fortune favorise les efforts du Marchand de Peaux de Lapins, il ne court plus les rues, loue un grand hangar, qu'il arrange en magasin, y entasse la ferraille, le vieux cuivre, les chiffons. A toutes les ventes qui ont lieu par cessation de commerce, pour cause de décès, ou par autorité de justice, on le voit arriver, concurremment avec une nuée de ses compatriotes, et enlever aux enchères les glaces, les casseroles, les tapis, les tuyaux de poêle, les assiettes, toute espèce d'objets mobiliers. Il répare, brosse, nettoie, polit, *rafistole* ses acquisitions; recolle la porcelaine; met des pieds aux tables brisées; passe les vieilles commodes à l'encaustique; recoud le linge déchiré, et revend avantageusement sa cargaison. Il réalise même parfois un bénéfice de cent pour cent, en cédant presque immédiatement ce qu'il vient d'acheter. Notre marchand fait alors un commerce considérable, et naît à la vie politique; propriétaire, il devient juré, électeur, officier de la garde nationale, homme influent dans son quartier; et ce qui met surtout le comble à son orgueil, c'est quand le gouvernement récompense le travail heureux et persévérant, la probité constante du riche industriel en le nommant chevalier de la Légion-d'Honneur.

Inutile de dire que ces hautes destinées sont le partage de quelques privilégiés. Le plus grand nombre des Marchands de Peaux de Lapins achète un petit quartier de terre, où ils vivent en paix, plantent des choux, sont aussi fièrement que l'empereur Dioclétien dans son jardin de Salone, et racontent à leurs petits-enfants les merveilles de la Grande Ville.

Le Portier.

XXV.
LE PORTIER.

Monseigneur, quand je me présente,

Ordonnez qu'on me laisse entrer.

PIRON, Épîtres.

SOMMAIRE: Malédiction.—Variétés de l'espèce.—Le Suisse.—Le Concierge.—Concierge des Palais, de la Halle aux Blés, de la Halle aux Cuirs.—Concierge d'hôpital.—Histoire tragi-comique d'un Locataire et d'un Portier.

Heureux ceux qui ne connaissent pas le Portier! heureux les habitants des petites villes, malgré les cancans, le boston, les visites sans fin, les distributions de prix, les indigestions, les harangues du maire, parce que le Portier n'existe pas chez eux!

O témoignage vivant de la disparition de l'âge d'or, mouchard domestique, incarnation de la méfiance et de la curiosité! tu ne dois la vie qu'à la méchanceté des hommes! Aurait-on besoin de se cadenasser chez soi, d'entretenir sur le seuil des maisons de vigilants Cerbères, si la bonne foi régnait ici-bas? L'espionnage du Portier ne deviendrait-il pas inutile, du moment que personne ne songerait à s'approprier le bien d'autrui?

Quel ennui pour un honnête homme, de ne pouvoir entrer dans un logis quelconque sans attirer les regards d'un vassal qui, montrant au vasistas une figure inquiète, s'écrie: «Chez qui, Monsieur?—Où Monsieur va-t-il?—Que demande Monsieur?» Je demande que tu cesses de m'importuner, misérable!

Suis-je un larron? ai-je l'air suspect? Faut-il te raconter d'où je viens, où je vais, te décliner mon nom et mes qualités? O malheureuse société, qui supposes toujours le mal, qui places des sentinelles partout, qui soumets les mieux intentionnés à l'intolérable inquisition des Portiers!

La loge du Portier a été le point de mire d'une multitude d'observations; on a patiemment scruté la vie privée et publique de ce fonctionnaire; mais l'espèce n'a pas été envisagée dans ses variétés: le Portier proprement dit, le Suisse, le Concierge, etc.

Le Suisse de porte, comme celui de paroisse, est pourvu d'un riche uniforme, chamarré de galons, et ombragé d'un tricorne. On pourrait, attendu qu'il est replet et vêtu de rouge, le prendre pour un officier de cavalerie anglaise. Il garde la porte des grandes maisons: ministères, ambassades, hôtels aristocratiques. Malgré l'épaisseur de son enveloppe matérielle, c'est un homme d'une exquise perspicacité, quand il s'agit de distinguer les gens à l'extérieur. Un personnage de haut rang, décoré d'un ou de plusieurs ordres vient-il à descendre d'un équipage armorié, le Suisse accourt, et s'incline avec la soumission d'un mandarin devant l'empereur de la Chine. Qu'un piéton se présente avec l'habit noir râpé du solliciteur, le Suisse ne daigne pas mentir, en disant: «Monsieur n'y est pas;» mais se cambrant avec fierté: «Que demandez-vous? Monsieur ne reçoit personne.—Cependant n'y aurait-il aucun moyen...—Je vous dis que Monsieur ne reçoit personne.» Et le pauvre hère s'éloigne pour revenir le lendemain essuyer un nouvel affront.

Le Concierge va de pair avec le Suisse, notamment s'il est serviteur de l'État ou de la Liste civile.

Un Concierge de palais est un grand seigneur, bien pansé, bien chauffé, et susceptible de recevoir les hommages du populaire. Il est environné de pétitionnaires: on lui demande l'autorisation de visiter *son* monument, et quelle que soit sa haute position, il ne refuse pas les *pour-boire* des étrangers curieux.

La Ville de Paris entretient des Concierges en divers établissements d'utilité publique: par exemple, la Halle aux Blés possède, outre un Portier, un Inspecteur-Concierge, qui surveille les arrivages, le placement des marchandises, la propreté du local, et la conduite des journaliers. A la Halle aux Cuirs, un Concierge ouvre et ferme les portes pour la réception, vente et sortie des marchandises; sonne la cloche au commencement et à la fin des ventes; ne laisse sortir aucune marchandise sans bulletin, et chasse du sanctuaire les personnes étrangères au commerce, ou celles qui s'y permettent le délassement prohibé de la pipe.

Le Concierge d'hôpital est bien connu des malheureux qui, le dimanche, rendent visite à des parents malades. Ce gardien incorruptible fouille tous ceux qui se présentent avec la rigueur d'un douanier. Pourquoi ces précautions vexatoires? Pour empêcher d'imprudents amis d'apporter en fraude, à des gens condamnés à un régime sévère, des tasses de bouillon, des côtelettes, des pommes de terre frites, et autres aliments qui ne conviennent aucunement aux valétudinaires.

Le titre de Concierge désigne des fonctions plus élevées que celui de Portier[40]. Dans les maisons particulières, le Concierge est un Portier-Intendant, un factotum qui perçoit les loyers, donne les quittances, persécute les locataires dont la solvabilité est douteuse. Le Portier cumule: il a une clientèle, comme tailleur ou savetier; on ne sait quel nom donner à sa loge; est-ce un magasin, un établi, une cuisine, une chambre à coucher, ce séjour où l'on raccommode des pantalons, où l'on fait cuire des mirotons, où l'on mange, où l'on couche, où l'on voit des échantillons de toutes sortes d'objets: bottes, chandeliers, cages, savates, casseroles, trousseau de clefs, briquets, bouteilles, lampes, boîtes de cirage, etc.? La loge du Concierge, plus agréable à la vue, plus spacieuse, mieux éclairée, offre moins de rapport avec une cave ou une boutique de bric-à-brac. Le Concierge, qui n'est détourné de son emploi ni par le maniement de l'aiguille, ni par le rapiécetage des savates, est la véritable personnification du Portier. Il en possède à un degré éminent les rares qualités, les multiples défauts. N'allons pas déranger dans son obscure cahute le gniaffe qui tire le cordon et l'alène; choisissons le Concierge comme le type le plus noble et le plus complet de l'espèce Garde-Porte.

[40] L'étymologie de *concierge* est, selon Ménage, *conservius*, du verbe *conservare*, conserver.

Nous devons néanmoins, avant de mettre en scène le Concierge, mentionner une importante espèce du genre Portier, le Portier d'hôtel garni. Cet individu, dans la plupart des caravansérails parisiens, reçoit de chaque voyageur une somme déterminée pour le service. Il a sous ses ordres deux ou trois garçons qu'il solde et qu'il nourrit. L'argent prélevé sur les locataires, les gratifications, les étrennes, les quatre cents francs que lui donne le maître, peuvent lui constituer un revenu d'environ trois mille francs. Notez qu'il est, en outre, chauffé, logé, éclairé, et vous ne serez point surpris de ce qui arrive d'ordinaire: le chef de l'établissement se ruine, et le Portier, après quelques années de patiente thésaurisation, s'établit, achète un fond d'hôtel, et fait avantageusement concurrence à son ancien patron.

Permettez-nous maintenant de vous narrer une récente anecdote, au lieu de vous donner une description didactique des mœurs du Concierge.

Pour peu que vous hantiez le Palais, vous avez dû entendre plaider le jeune Agathocle Gouffier.... Comment le trouvez-vous? n'est-ce pas l'espoir du barreau français? n'a-t-il pas en lui l'étoffe d'un bâtonnier? Ce vertueux jeune homme a récemment comparu devant le tribunal de police correctionnelle, pour avoir rossé son Portier. C'est impossible, direz-vous! lui, Agathocle Gouffier, si doux, si paisible, si inoffensif! Il a donc été mordu par un chien hydrophobe? Nullement; mais il a été mis à la torture, harcelé, poussé à bout par le plus tracassier des Concierges.

Lorsqu'Agathocle eut prêté serment, et commencé à déployer ses ailes d'avocat stagiaire, il songea à louer un appartement dans une maison tranquille et bien famée. Après quelques jours de recherches, il finit par en trouver une à son gré, et y entra pour prendre langue.

«Il n'y a donc pas de Portier ici?» dit-il, voyant la loge déserte.

—Vous voulez parler au Concierge? demanda, en accourant précipitamment, un petit homme coiffé d'un bonnet gras, et tenant un balai à la main.

—Vous avez un appartement à louer?

—Oui, Monsieur.

—De quel prix?

—Trois cents francs.

—A quel étage?

—Au second.... au-dessus de l'entresol.

—Voulez-vous me le montrer?

—Volontiers.

Tout en conduisant Agathocle, le Concierge continua la conversation.

—Monsieur n'est pas dans le commerce?

—Non; je suis avocat.

—Hum! hum! c'est un état qui attire bien du monde. Voyez-vous, Monsieur, cette maison-ci est une maison tranquille, et nous n'aimons pas y admettre les gens qui reçoivent beaucoup de visites, parce que ça salit les escaliers.... Vous n'avez pas de chien?

—Non.

—Tant mieux. Voyez-vous, Monsieur, comme notre maison est une maison tranquille, on n'y souffre ni chiens, ni enfants; ça crie, ça aboie et ça salit les escaliers. Monsieur est-il musicien?

—Je joue un peu d'accordéon. Pourquoi me demandez-vous ça?

—C'est que le propriétaire m'a expressément recommandé de ne pas louer à des musiciens. Il y a trois ans, nous avions le malheur d'en posséder plusieurs, et la maison était devenue inhabitable. Au premier, une demoiselle tapotait sur un piano du matin au soir; au second, un chef d'orchestre du théâtre du Luxembourg raclait du violon; et un étudiant en médecine, logé dans les mansardes, donnait du cor tous les soirs après dîner.

—Je conçois que ça devait faire un drôle de charivari.

—C'était assourdissant. Voici, Monsieur; donnez-vous la peine d'examiner. Remarquez la propreté du papier, les placards, le cabinet de toilette; la cheminée ne fume jamais.

—J'arrête ce logement, dit Agathocle en mettant cinq francs dans la main du Concierge.»

Ce don parut tempérer la maussaderie de cet homme vétilleux qui, en escortant le futur locataire jusqu'à la porte-cochère, fit des courbettes avec la gentillesse d'un cheval de manége.

«Si vous n'avez point de femme de ménage, Monsieur, je me recommande à vous; vous pouvez prendre dans le quartier des renseignements sur moi. Jérôme Ganachot est, je m'en flatte, avantageusement connu.

—Bien, bien; nous verrons.»

Le lendemain, Agathocle procéda à l'emménagement. M. Ganachot aida le commissionnaire à placer les meubles, et sa figure se rembrunit quand il vit le peu qu'en possédait le jeune stagiaire. Il lui fut impossible de contenir ses émotions, qui débordèrent en ces mots, prononcés avec un dédain mal dissimulé:

«C'est là tout ce que vous avez?

—Mon Dieu, oui, répliqua naïvement le longanime Agathocle, croyant le propos dicté uniquement par le désir qu'éprouvait le Portier de voir l'installation terminée.

—Vous oubliez ça, dit le commissionnaire, apportant un paquet de longues pipes turques avec leurs bouts d'ambre et leurs tuyaux de merisier.

—Ah! vous fumez, reprit Ganachot.

—Pourquoi pas?

—Dame! chacun son goût; mais ça ne serait pas le mien. Une fois que l'odeur de tabac s'est mise dans une chambre, il n'y a plus moyen de l'en faire déguerpir. Tenez, pour désinfecter un appartement du rez-de-chaussée, qu'avait occupé un officier en retraite, un fumeur enragé, il m'a fallu brûler sur une pelle la moitié d'un pain de sucre; à preuve que le propriétaire l'a payée. Après tout, ça vous regarde... Monsieur, je vous salue.»

Et le Concierge descendit en grommelant: «Ces emménagements, comme c'est désagréable! il y a d'la paille et des ordures partout! comme ça salit les escaliers!»

Quand on a été étudiant, on ne saurait se dispenser de *pendre la crémaillère*, cérémonie qui consiste à rassembler un certain nombre d'amis, pour les gorger de boissons alcooliques. Agathocle ne voulut pas déroger à l'usage, et invita de joyeux camarades à passer la soirée chez lui. Le Concierge compta les conviés un à un à mesure qu'ils défilèrent devant lui, et son âme fut triste jusqu'à la mort. Comme la pluie tombait depuis le matin, il songeait avec horreur aux crimes de lèse-escalier qui s'allaient commettre; il criait à chacun:

«Essuyez vos pieds, s'il vous plaît! N'oubliez pas d'essuyer vos pieds! Vous êtes prié d'essuyer vos pieds!»

S'étant même aperçu qu'un des invités, le plus crotté de tous, avait à peine effleuré le paillasson, M. Ganachot s'élança hors de sa tanière, et courut après le délinquant en hurlant d'une voix sombre:

«Vous auriez bien dû essuyer vos pieds, s'il vous plaît!»

La réunion fut d'abord assez calme; mais peu à peu le punch l'anima, et dans une conversation où le plaisant et le sérieux, les saillies bouffonnes et les réflexions profondes, la philosophie et les calembours étaient bizarrement confondus, on traita *de omni re scibili et quibusdam aliis*. A l'apogée de la discussion, la porte fut ébranlée par un coup violent, et le Concierge entra, non sans tousser, au milieu de la pièce enfumée.

«Pardon, excuse, monsieur Gouffier, dit-il; j'viens vous prier de faire un peu moins de bruit, si c'est possible. La locataire du premier, madame la comtesse de Vieussac, m'a fait signifier que si ça continuait, elle donnerait congé à l'instant même.

—Il me semble pourtant, répondit Agathocle, que nous sommes assez raisonnables.

—Je n'vous dis pas le contraire; mais cette maison-ci est une maison tranquille où il ne loge que des gens comme il faut.

—Est-ce que vous croyez que je ne vaux pas vos autres locataires? dit Gouffier légèrement irrité.

—Assurément, mais...

—C'est bien, c'est bien, je sais ce que j'ai à faire; laissez-moi en repos.»

M. Ganachot sortit; mais, peu de jours après, il prouva au jeune homme

Qu'un concierge offensé ne pardonne jamais.

Invité lui-même à une plantation de crémaillère, Agathocle arrive à sa porte à une heure après minuit. Il frappe; point de réponse. Il frappe encore; la maison tranquille paraissait déserte. Enfin, au bout d'un quart d'heure, M. Ganachot montre, à une fenêtre de l'entresol, sa tête ornée d'un bonnet de coton:

«Qu'est-ce que c'est? qu'est-ce que c'est?

—Eh! parbleu! c'est moi, votre locataire, Agathocle Gouffier.

—Tiens, tiens, dit paisiblement le Concierge.

—Ouvrez-moi donc, je suis morfondu; ouvrez, ou je vais casser un carreau.

—Aussi, répond le Concierge sans se déranger, pourquoi rentrez-vous si tard? Dans toutes les maisons tranquilles, la porte est toujours fermée après minuit; vous auriez dû me prévenir. Quel tapage vous avez fait! je suis sûr que madame la comtesse va donner congé demain matin.»

Après ce discours, Ganachot se décida à tirer le cordon, et le malheureux avocat rentra chez lui, en se promettant de transplanter ailleurs ses pénates si le Portier persévérait dans sa tyrannie.

Agathocle appartenait, comme beaucoup de jeunes avocats, à la Société de la Morale Chrétienne, et recevait parfois les femmes ou les filles des criminels qu'il était chargé de défendre.

«Monsieur? lui dit un jour le Concierge.

—Qu'y a-t-il? dit Agathocle, s'arrêtant au moment de franchir le seuil.

—Monsieur, la locataire du premier m'a signifié qu'elle donnerait congé, si vous persistiez à tenir une conduite aussi scandaleuse.

—Comment, comment?

—Oui, Monsieur; il vient chez vous des femmes tous les jours, et vous pensez bien que cela fait mauvais effet dans une maison honnête et tranquille, sans compter qu'elles ramassent la boue aux quatre coins de Paris, et qu'elles salissent les escaliers.

—Écoutez, reprit Agathocle, vous m'ennuyez souverainement depuis que j'ai eu le malheur de m'établir ici. Votre maison tranquille est un enfer. Dites à votre comtesse que j'ai donné congé, et que je déménagerai au terme; entendez-vous?

—Vous ferez comme il vous plaira, Monsieur; vous êtes libre de nous quitter, mais vous ne trouverez pas beaucoup de maisons aussi tranquilles que celle-ci.

—Je l'espère bien. Quoi qu'il en soit, je vous donne congé, tenez-vous pour averti.

—Ça suffit, Monsieur.»

Dès ce moment, le stagiaire fut en guerre ouverte avec son Portier. Se souvenant de cet axiome diplomatique, que la parole a été donnée à l'homme pour déguiser sa pensée, M. Ganachot disait à quiconque se présentait: «M. Gouffier est sorti.» Souvent même, il feignait de ne pas le connaître: «M. Gouffier? où prenez-vous M. Gouffier? Que fait-il?

—Il est avocat et journaliste.

—Oh! cette maison-ci est une maison tranquille; nous n'avons pas de gens comme ça.»

Un avoué qu'Agathocle avait souvent sollicité, eut une cause à lui confier, et se hâta de lui écrire. Huit jours après, rencontrant l'avocat:

«En vérité, lui dit-il, vous êtes un joli garçon; vous me priez de vous faire plaider, je vous envoie une affaire pressée, et je n'entends point parler de vous.

—Vous m'avez écrit?

—Il y a huit jours.

—Mon Portier ne m'a point remis la lettre. Nous sommes à deux pas de chez moi, veuillez m'y accompagner; nous allons lui demander une explication.»

M. Ganachot écoute gravement la réclamation d'Agathocle, et répond: «Si on vous a adressé une lettre, je dois l'avoir; rien ne se perd ici.» Puis il prend sur une planche une vieille botte, et, la secouant sur la table, en fait tomber des pelotons de ficelle, des carrés de cire à frotter, des boîtes de cirage, des bouts de chandelles, et enfin la lettre de l'avoué.

«Je vous le disais bien, Monsieur; voici votre lettre; rien ne se perd ici.»

Ce dernier trait exaspéra Agathocle, qui prit le parti de quitter la place le lendemain. Dès six heures du matin, la voiture de déménagement fut à la porte, et le mobilier du jeune homme y fut bientôt entassé.

«Vous partez, Monsieur? lui demanda Ganachot.

—Dieu merci!

—Vous avez payé jusqu'au terme, vous êtes dans votre droit; mais je vous prie de jeter les yeux sur la quittance; elle se termine par: *sauf les réparations locatives.* Ayez donc la bonté de me solder ce petit compte.»

Et le Concierge présente à l'ex-locataire un mémoire de 45 francs 90 centimes, pour un carreau cassé, plafond à reblanchir, papier de tenture endommagé, serrures en mauvais état, etc., etc., etc.

«Et vous croyez, s'écria l'avocat en fureur, que je vais vous payer ce compte d'apothicaire?

—Assurément, Monsieur; autrement je serais dans la nécessité de vous retenir.

—Vous prétendriez m'empêcher de sortir?

—C'est mon devoir, Monsieur.

—Vous n'aurez pas un sou; je ne vous dois rien! Livrez-moi passage!

—Non, Monsieur; je suis dans mon droit.»

Agathocle fit un mouvement vers la porte. Le Portier se mit devant lui, et allongea la main comme pour le saisir au collet. Le jeune homme, courroucé, lança un coup de poing terrible dans la poitrine de Ganachot, qui tomba à la renverse.

«A la garde! au meurtre! à l'assassin!» cria le Concierge.

—Vous êtes un gredin!

—Vous m'insultez, vous me frappez! Bien! J'ai des témoins; je vous attaquerai en dommages et intérêts.»

M. Ganachot s'empara de la basque de l'habit d'Agathocle; une nouvelle rixe s'engagea; l'avocat perdit la basque de son habit, et le Concierge, trois de ses dents ébréchées.

«Nous plaiderons, Monsieur, dit-il en battant en retraite vers sa loge.

—Allez à tous les diables, répliqua l'avocat; vous n'avez que ce que vous méritez.»

Et il sortit de la maison tranquille.

L'Allumeur de Réverbères.

XXVI.
L'ALLUMEUR.

On raconte que le général des Capucins, arrivant un soir à Paris du côté du pont Royal, et voyant l'illumination des quais du Louvre et des Théatins, crut fermement qu'on avait éclairé la ville pour célébrer son entrée.

Aventures parisiennes, 1808.

SOMMAIRE: Description de l'Allumeur de réverbères.—Sa disparition prochaine.—Sa supériorité sur l'Allumeur de gaz.—Souvenirs historiques.— Journée de l'Allumeur.

Regardez bien cet homme à la blouse tachée d'huile, et qui, avec l'adresse d'un équilibriste, porte sur sa tête une grande boîte de fer-blanc carrée, où il range ses mèches vieilles et nouvelles; examinez attentivement cette bonne et paisible physionomie... Demain, peut-être, vous ne le verrez plus.

Si l'Allumeur lisait les journaux (Dieu l'en préserve, et vous aussi!), s'il s'engageait dans le labyrinthe des *faits divers*, il y trouverait sa sentence écrite en ces mots souvent répétés:

«Plusieurs rues nouvelles viennent d'être éclairées au gaz.»

Il se sentirait frissonner du froid de la mort ou gémirait à l'idée de changer de drapeaux, de prendre en main une gaule surmontée d'une lanterne sourde, et de faire voltiger la flamme de bec en bec.

Quel troc désavantageux! L'Allumeur de réverbères a besoin d'une certaine dose d'adresse manuelle pour descendre chacune de ses lampes aériennes, enlever les mèches consumées, nettoyer la *coquille*, étaler le coton afin qu'il s'imprègne d'huile, allumer au milieu de la rue, encombrée de voitures, au risque d'être écrasé par un cocher maladroit, et lancer dans l'espace un phare éblouissant. Voilà une opération compliquée, qui exige du savoir-faire et peut occuper l'intelligence; mais quel mérite y a-t-il à ouvrir et fermer un conduit, à soulever le couvercle d'un lampadaire et à enflammer du gaz qui ne demande qu'à brûler?... En se consacrant au gaz, l'Allumeur de réverbères se considérera comme déchu, comme réduit à l'état de machine, comme rayé du nombre des travailleurs actifs et experts.

Quant à nous, qui n'avons point les mêmes raisons pour déprécier le gaz, nous nous félicitons de le voir succéder aux réverbères, comme ceux-ci avaient succédé aux lanternes. Nous sommes bien loin du temps où les rues de Paris n'étaient pas éclairées, où les voleurs de nuit assommaient impunément les passants attardés, où les laquais de bonne maison, l'épée à la main, insultaient et frappaient les roturiers. Et quand ces désordres avaient-ils lieu? est-ce dans le Paris fangeux du moyen-âge? Point: c'est au milieu d'un siècle voisin du nôtre, car l'établissement fixe des lanternes ne date que de 1667. Auparavant on se contentait de recommander aux bourgeois de placer une chandelle sur la fenêtre du premier étage, quand des bandes de brigands exploitaient la ville; par exemple en 1524, 1526 et 1553, lorsque la capitale était mise à contribution par les *mauvais garçons*. La Reynie, nommé lieutenant du prévôt de Paris pour la police en 1667, songea le premier à placer au milieu et aux deux extrémités de chaque rue des lanternes garnies de chandelles; innovation si importante, que, pour en perpétuer le souvenir, on frappa une médaille avec cette légende: *Urbis securitas et nitor.* Un édit de juin 1697 étendit l'éclairage à toutes les villes du royaume. «Dans toutes les villes où il n'existe pas de *lanternes*, dit cette ordonnance, il sera procédé à leur établissement. Les intendants ordonneront aux maires et échevins desdites villes de s'assembler et de leur rapporter un état de la quantité de lanternes qu'il sera nécessaire d'établir, et des sommes dont il faudra faire les fonds annuellement pour leur entretien. Les maires et échevins nommeront annuellement, ainsi qu'il se pratique en la ville de Paris, le nombre d'habitants qu'ils trouveront convenable pour allumer les lanternes, chacun dans son quartier, aux heures réglées, et un commis surnuméraire dans chaque quartier pour avertir de l'heure.»

L'histoire de la naissance des réverbères est obscure. Dulaure, dans le septième volume de son *Histoire de Paris*, p. 188, attribue d'abord l'invention de ce système d'éclairage à l'abbé Matherot de Preigney et au sieur Bourgeois de Chateaublanc, qui obtinrent le privilége de l'entreprise par lettres-patentes enregistrées le 28 décembre 1745; mais, dans le même ouvrage, t. VIII, p. 109, on lit:

«Les lanternes avaient existé jusqu'en 1766. A cette époque, le sieur Bailly entreprit d'y substituer des réverbères. Déjà, au mois d'avril de cette année, près de la moitié des rues étaient éclairées par des réverbères de sa façon, lorsque le bureau de la ville préféra les modèles du sieur Bourgeois de Chateaublanc, qui, avec plus d'économie, rendaient plus de lumière. Ce dernier entrepreneur se chargea de pourvoir la capitale de trois mille cinq cents réverbères, alimentant sept mille becs de lumière. Le 30 juin 1769, le sieur Bourgeois fut chargé de l'entreprise de l'illumination de Paris pendant vingt ans.»

M. Maurice Alhoy, auteur d'un article sur les *réverbères*, prétend qu'il faut en attribuer l'établissement à un sieur Tourtil-Saugrain, qui substitua l'usage de l'huile à celui des chandelles à double mèche. Nous ne saurions comment concilier ces assertions contradictoires, et jeter du jour sur ce sujet lumineux, si nous n'avions sous les yeux un poëme intitulé *les Nouvelles Lanternes*, publié en 1746 par M. de Valois d'Orville. Le permis d'imprimer de cet opuscule de treize pages est précisément du 28 décembre, jour où fut enregistré le privilége de l'éclairage. Après avoir peint la lutte de Phébus et de la Nuit, le poëte fait parler en ces termes Jupiter, supplié par le dieu du jour:

• •

Le règne de la Nuit désormais va finir;

Des mortels[41] renommés par leur sage industrie,

De leur climat sont prêts à la bannir:

Vois les effets de leur génie:

Pour placer la lumière en un corps transparent,

Avec un verre épais une lampe est fermée.

Dans son centre une mèche, avec art enfermée,

Frappe un réverbère éclatant,

Qui, d'abord la réfléchissant,

Porte contre la nuit sa splendeur enflammée.

Globes brillants, astres nouveaux,

Que tout Paris admire au milieu des ténèbres[42],

Dissipez leurs horreurs funèbres

Par la clarté de vos flambeaux.

Déjà, pour lever tous obstacles,

Du monarque français on implore l'appui.

Nous ne favorisons les humains que par lui.

Des dieux les rois sont les oracles.

Pour ne rien hasarder, enfin,

Il charge de Thémis les ministres fidèles[43]

D'examiner les machines nouvelles;

Quel avantage on leur trouve soudain!

Chacun y reconnaît l'utilité publique.

L'auteur fait valoir les avantages de l'invention pour la sécurité générale, et termine par une apostrophe à l'abbé de Preigney:

Tes ingénieuses lumières,

Abbé, vont désormais rassurer les esprits,

Elles serviront dans Paris

D'armes, de gardes, de barrières.

Déjà nos citoyens sincères

De ces heureux travaux ont admiré le prix

.

[41] MM. de Preigney et Bourgeois, auteurs de nouvelles lanternes. (*Note de Valois d'Orville.*)

[42] Les lanternes qui sont au Louvre. (*Id.*)

[43] Le privilége enregistré au Parlement le 28 de décembre 1745. (*Id.*)

Les réverbères eurent, comme on le voit, un succès d'enthousiasme. En 1767, sous l'administration de M. de Sartines, une compagnie proposa de fournir Paris de réverbères, de les entretenir d'huile et de tout ce qui était nécessaire à leur service, à l'exception des boîtes et potences en fer: le tout moyennant quarante-trois livres douze sous par an pour chaque bec de lampe, à condition qu'il leur serait passé un bail de vingt ans, au bout desquels les réverbères appartiendraient à la ville. Cette soumission fut acceptée par un arrêt du conseil du 30 juin 1769.

Aujourd'hui, après une longue et honorable existence, les réverbères sont à l'agonie. Leur nombre, après s'être élevé de trois mille cinq cents à plus de cinq mille, diminue de jour en jour, et la race des Allumeurs, née avec l'administration de l'éclairage, s'éteindra dans le courant du dix-neuvième siècle.

Le service d'éclairage se fait par entreprise au rabais, détestable méthode qui, en rognant les bénéfices de l'adjudicataire, le met dans la nécessité de s'acquitter le plus mal possible de ses devoirs. L'administration a quatre bureaux, et un entrepôt-général sur la place de la Bastille. Un inspecteur-général de l'illumination surveille la qualité des huiles, dont un échantillon, mis sous le scellé, est déposé à la Préfecture de police.

L'Allumeur commence sa journée par éteindre. Il est tenu d'être à son bureau à six heures, et malheur à lui s'il est inexact! Les fonctions d'Allumeur sont briguées par une foule de surnuméraires, toujours prêts à gagner cinquante centimes en remplaçant les absents. Pareille somme est accordée à celui qu'une maladie retient loin de son poste, et c'est alors le surnuméraire qui touche le prix de la journée du malade: trois francs. Les heures d'allumage et d'extinction sont réglées par le préfet de police.

L'Allumeur se met en campagne, nettoie les réverbères, les chapiteaux, les plaques des réverbères, les porte-mèches, et s'en retourne dans ses foyers. Là, d'autres occupations l'attendent: il fabrique des chaussons ou des souliers, ou va en ville faire des commissions. Il rentre en fonctions, le soir, pour allumer; tâche pénible en hiver, quand le froid engourdit les doigts, quand le vent éteint les lumières naissantes. Il faut que l'allumage soit terminé sur tous les points en quarante minutes, vingt minutes au plus après l'heure déterminée par le préfet. On distinguait autrefois l'allumage en *permanent* et *variable*: une partie des becs se reposait dès que la lune blanchissait les rues de ses pâles rayons. Aujourd'hui l'illumination doit être générale. Les réverbères, ayant peu de temps à vivre, veulent jouir de leur reste, et laisser à la postérité le souvenir de leurs bienfaits.

L'Allumeur ne connaît ni dimanches ni morte saison: rien ne le détourne de sa promenade quotidienne, car ce n'est pas lui qui, dans les fêtes publiques, allume les lampions de l'allégresse et les verres de couleur de l'enthousiasme unanime. Il est voué exclusivement aux réverbères, et marche en tout temps, à moins que des perturbateurs n'aient brisé ses quinquets aériens. Alors, tout en feignant de partager le mécontentement de ses chefs, il rit sous cape, se frotte les mains, applaudit à l'œuvre de destruction. Sa satisfaction est d'autant plus logique, que ses appointements courent durant cette suspension forcée de service.

Gardez-vous d'assimiler l'Allumeur aux parias des autres administrations, au pauvre Cureur d'égouts, au Balayeur, plus misérable encore! L'Allumeur, outre sa paie, reçoit de bonnes étrennes des propriétaires dont l'administration se charge d'éclairer les maisons; et, s'il est frugal, s'il possède une femme laborieuse, il peut éluder l'hôpital, cette antichambre de la tombe pour la majorité des vieux ouvriers.

Le Rémouleur.

XXVII.
LE RÉMOULEUR.

Petit à petit,

L'oiseau fait son nid.

Proverbe.

«Repassir.... ciseaux!» Tels sont les mots consacrés par lesquels le Rémouleur nous avertit de son approche, et vous offre ses services. Mais pourquoi cette locution barbare? Pourquoi «*repassir*... ciseaux,» et non «repasser les ciseaux!» ou «repasseur de ciseaux!» ou «ciseaux à repasser!»

Nous ne pouvons résoudre ce problème, malgré les consciencieuses recherches que nous avons faites à ce sujet. Nous en sommes donc réduits à parcourir le vaste champ des suppositions. La plus juste, à notre avis, est celle-ci: La profession de Rémouleur, comme celle de Ramoneur et autres analogues, est exercée par des Auvergnats, des Savoyards, des Lorrains, des Piémontais, par ces enfants perdus qui, fuyant une contrée stérile, viennent à Paris gagner du pain. Il est donc probable que le barbarisme en usage a été commis par le créateur de l'industrie, pauvre paysan inculte, qui ne connaissait que le patois de son village.

L'état de Rémouleur n'est pas de ceux qu'on adopte par une irrésistible vocation. On le prend parce qu'il est facile, ne demande point d'apprentissage, et procure un salaire presque immédiat. Certaines gens se vouent par inclination à la Typographie, afin de contribuer à la propagation des lumières; à la fabrication des lampes, toujours pour propager les lumières, mais dans un autre sens; à l'Horlogerie, parce qu'ils ont la monomanie de savoir toujours l'heure qu'il est; à la Boulangerie, par amour pour le genre humain; à la Bijouterie, pour faire concurrence à la nature en embellissant la beauté; etc., etc., etc. Mais il est impossible de supposer dans un individu quelconque un vif penchant pour l'état de Rémouleur. La nécessité seule, le besoin de manger, décide le choix qu'on fait de ce métier peu fructueux, si l'on en croit l'ancienne désignation de Gagne-Petit; car tout tend à faire croire qu'on a nommé les Rémouleurs Gagne-Petits, parce qu'ils ne gagnaient pas beaucoup.

L'amour des voyages entre aussi dans les causes dominantes. Il est une race d'hommes inquiets, inconstants, possédés d'un véhément désir de locomotion, qui aiment à changer de place, à errer de ville en ville comme les Bohémiens, et répètent avec Béranger:

Voir, c'est avoir; allons courir;

La vie errante

Est chose enivrante;

Voir, c'est avoir; allons courir,

Car tout voir, c'est tout conquérir.

La passion de la vie nomade et indépendante fournit des recrues au rémoulage.

On n'entend presque plus aujourd'hui crier dans les rues de Paris: «Repassir.... ciseaux!» le métier a été tué par le repassage sur une échelle, qu'ont entrepris les couteliers. Ils mettent prétentieusement sur les panneaux de leurs boutiques cette inscription funeste aux Rémouleurs ambulants: ON REPASSE TOUS LES SAMEDIS, ou tous les lundis, ou tous les mercredis, etc. La plupart des Rémouleurs qui persistent à séjourner dans la capitale ont pris un établissement fixe, ils se tiennent d'ordinaire à l'entrée des marchés, et ont assez de clientèle pour vivre agréablement en gagnant cinquante sous par jour.

Le Rémoulage s'honore d'Antoine Bonafoux, auquel l'Académie-Française a décerné une médaille d'or dans sa séance du 25 août 1821. C'était un Gagne-Petit, natif du Cantal, et vivant modestement de son métier. Au même étage que lui, logeait une pauvre veuve, madame Drouillant. De douze enfants péniblement élevés, elle n'avait conservé qu'un fils, et la mort de son mari lui ôtait toutes ressources. Tant que madame Drouillant avait pu lutter contre la misère, ses relations avec Antoine Bonafoux s'étaient bornées à des causeries sur l'escalier, à des salutations échangées le matin et le soir; mais dès qu'il la vit dans le dénuement, il se rapprocha d'elle, lui rendit plusieurs visites, en accepta de légers services, moins parce qu'ils lui étaient utiles, qu'afin d'avoir un prétexte pour offrir en échange quelques secours à la pauvre vieille.

«Ma bonne dame, lui dit-il un soir, la couture ne vous est pas très-lucrative; vous avez beau travailler jour et nuit, vous épuisez inutilement vos forces; moi, je suis actif et vigoureux. Depuis quinze ans que j'habite Paris, je me suis fait de bonnes pratiques, j'ai des économies qui grossissent tous les jours; acceptez-en une partie; vous me rendrez ça un de ces quatre matins, quand vous pourrez.»

Le brave homme savait parfaitement qu'il plaçait son argent à fonds perdu; mais la voix de l'humanité faisait taire en son cœur celle de l'intérêt, qui parle ordinairement si haut chez les Auvergnats.

A partir de ce jour, la veuve Drouillant fut la pensionnaire d'Antoine Bonafoux; mais un nouveau malheur la menaçait; elle eut une violente attaque d'apoplexie. Cet accident mit la maison en émoi; toutes les commères accoururent auprès de la malade, et tinrent bruyamment conseil, pendant que le médecin la soignait; on avait résolu d'avertir le commissaire de police, et de la faire conduire à l'hôpital, quand Antoine Bonafoux arriva.

«Pas d'hôpital pour cette dame, dit-il; le chagrin d'y être achèverait de la tuer. Donnez-lui des soins ici, monsieur le Docteur; je me charge de payer vos honoraires; faites des ordonnances; j'irai moi-même chez le pharmacien acheter tous les médicaments nécessaires.»

La veuve Drouillant se rétablit lentement; et plus incapable que jamais de travailler, elle continua à recevoir les secours du bon Rémouleur. Il plaça l'enfant en apprentissage chez un poêlier-fumiste, et lorsqu'il remarquait quelque délabrement dans la toilette du jeune ouvrier, il disait à la mère: «Dans mon état, je n'ai besoin que d'une blouse; voici un vieil habit dont vous pourrez faire à Auguste une veste et un gilet; arrangez-vous-en.»

Une seconde attaque d'apoplexie ôta à la veuve Drouillant l'usage d'un bras, et la rendit boiteuse. Antoine Bonafoux redoubla de zèle, et pourvut jusqu'aux derniers moments à tous les besoins de la veuve et de son fils, qui put terminer heureusement son apprentissage.

Une pareille générosité méritait bien une médaille d'or de 400 fr.; elle mérite plus encore: l'estime et les éloges du public.

Le Charbonnier.

XXVIII.
LE CHARBONNIER.

Hommes noirs, d'où sortez-vous?

BÉRANGER.

SOMMAIRE: Allocution.—Effet de neige.—Ouvriers des bois.—Le Charbonnier fabricant.—Chansons populaires.—Recettes médicales.—Vente de charbon à Paris.—Garçons de pelle.—Porteurs de charbon.—Charbonniers détaillants.

Tout en soufflant le feu de vos fourneaux, Cuisinières parisiennes, vous êtes-vous jamais demandé par quels travaux vous était procuré le combustible dont vous faisiez usage? Vous n'avez songé sans doute, ô femmes économes! qu'à en brûler le moins possible, attendu qu'il coûte à Paris 7, 8 ou 9 francs la voie de deux hectolitres. Si l'idée de vous enquérir de son origine ne vous est pas venue, si vous êtes restées ignorantes sur ce point, vous qui savez tant d'excellentes choses, nous allons combler cette lacune de votre esprit; et puissions-nous, en vous dédiant le présent article, calmer la colère qu'ont excitée les traits satiriques précédemment dirigés contre vous.

Il faut d'abord nous transférer loin des villes, dans une clairière écartée. Quel triste voyage! une couche de glace revêt la terre; le vent soulève la neige en blanches volutes; les corbeaux croassent dans l'air; les oiseaux cherchent en piaillant les baies que l'hiver a laissées sur les arbustes. Rencontrerons-nous des hommes dans ces déserts? Oui: voici comme un camp de sauvages, comme une bâtisse de castors, des huttes de terre et de branches mortes. Là dorment sur la paille, là vivent de pain noir, de pommes de terre et d'eau, les sobres ouvriers des bois:

- Les Bûcherons,
- Les Fendeurs,
- Les Leveurs,
- Les Dresseurs,
- Les Scieurs de long,
- Les Équarrisseurs,
- Les Charbonniers.

Nous n'avons à nous occuper ni des Bûcherons, qui abattent, coupent et mettent en corde le bois à brûler; ni des Fendeurs, qui dépècent avec le coutre et polissent avec la plane; ni des Équarrisseurs et des Scieurs de long qui préparent des planches pour les navires, et de la charpente pour les édifices. Mais notre sujet nous appelle à parler des autres travailleurs forestiers.

Les Leveurs mettent en corde le bois à charbon, dont les Dresseurs forment des monticules appelés *fourneaux*. Les Charbonniers recouvrent les fourneaux de feuillages et de terre, allument la mèche préparée par les précédents ouvriers, et veillent jour et nuit auprès du brasier. Pour que la carbonisation ait lieu, il faut éviter tout contact de l'air avec la matière en combustion; et que de peines coûte ce résultat! avec quelle attention on doit suivre, régler, maîtriser les progrès du feu! En raison de ces fatigues continues, n'est-ce pas un salaire bien insuffisant que 4 francs par banne de charbon de vingt hectolitres?

Cependant le Charbonnier n'a pas cette tristesse qu'on pourrait supposer inhérente à son isolement, à sa profession ingrate. Mieux rétribué que les autres ouvriers des bois[44], malgré la modicité de ses bénéfices, il ajoute à son ordinaire quelques morceaux de lard, et un peu de vin ou d'eau-de-vie. Il possède un répertoire de chansons variées, et fredonne, pour tromper l'ennui de son rude labeur:

Par un samedi au soir,

Je m'en vais voir ma blonde;

Ouvrez-moi la porte si vous m'aimez;

Vous êtes à la chaleur et je suis à la *fred*.

ou bien:

J'ai fait une maîtresse,

Trois jours, n'y a pas longtemps;

Elle est jolie et belle,

Elle a beaucoup d'agréments;

Quand je vais voir la belle,

Mon cœur il est content.

> [44] Le bûcheron, auquel la corde est payée de 1 fr. à 1 fr. 50, peut faire, suivant son habileté, trois quarts de corde ou une corde et demie par jour. Le leveur a 30 ou 40 cent. par corde, et le dresseur 60. L'entrepreneur de l'équarrissage nourrit et paie à la journée les fendeurs, scieurs et équarrisseurs.

On ne doit point s'étonner de ce que, dans toutes ces chansons, composées sous les chênes, par des poëtes illettrés,

La rime et la raison ne sont pas trop exactes;

Mais quiconque a voyagé dans les grands bois, entre deux murailles d'arbres géants, par un temps brumeux et triste, se rappelle sans doute de quel frémissement de plaisir il a été saisi, quand des voix humaines ont troublé tout à coup le lugubre silence du désert. N'est-ce pas une douce jouissance, lorsqu'on a laissé derrière soi toute habitation, lorsqu'environné d'une nature désolée, on chemine seul à travers des sentiers à peine frayés, de se sentir brusquement ramené à la vie sociale, en entendant le refrain des Charbonniers?

Le dieu Apollon, le maître des Muses, était en outre père d'Esculape; les Charbonniers qui composent des vers sont aussi un peu médecins. La nécessité, bonne ou mauvaise conseillère suivant les cas, leur apprend à se guérir eux-mêmes de diverses indispositions; la superstition, toujours influente sur l'homme isolé, mêle des formules religieuses à leurs recettes de thérapeutique populaire. Veulent-ils panser une foulure, ils commencent par apostropher le nerf qu'ils supposent malade:

«Nerf, retourne à ton entier comme Dieu t'a mis la première fois, au nom du Père et du Fils et du Saint-Esprit.» Après avoir répété trois fois ces paroles, on applique une compresse d'huile d'olives, de trois blancs d'œufs et d'une poignée de filasse; et, si la douleur est violente, un cataplasme de vieux oing qu'on fait bouillir avec du vin. Un docteur ordonnerait-il mieux?

Quand le Charbonnier des bois a mal aux dents, il se garde bien d'avoir recours aux dentistes; il prend un clou neuf, le met en contact avec la dent malade, le plante dans du bois de chêne, et dit cinq *Pater* et cinq *Ave* en l'honneur de sainte Apolline. Cet homme, dont l'imagination travaille dans la solitude, partage toutes les croyances populaires relativement à l'infaillible puissance de certaines pratiques. Au mois de mai, un essaim d'abeilles, désertant son ancien domicile, est venu se poser sur un arbre; que faire pour l'y retenir? Asperger la terre d'eau bénite le jour de Pâques, avec un rameau de buis consacré le dimanche précédent.

La vie des Charbonniers des bois est plus solitaire encore que celle des bergers; si saint Antoine vivait, il pourrait prendre pour Thébaïde une fosse à charbon. Un Charbonnier diffère peu d'un ermite; il ne se rapproche des cités que rarement, pendant les mois d'été, ou pour conduire les bannes de charbon jusqu'au cours d'eau sur lequel on les embarquera pour Paris.

Les charbons sont divisés en onze classes, selon les pays d'où ils viennent; Paris est approvisionné par l'Allier, l'Aube, la Basse-Loire et les canaux, la Haute-Loire, la Marne, la Haute-Marne, la Haute-Seine, l'Ourcq, l'Yonne, l'Aisne, l'Oise et la Basse-Seine. Les bateaux, à mesure qu'ils arrivent, sont garés au-dessous de la grande estacade et du Pont-Marie. Le charbon est vendu par les marchands ou les facteurs sur les ports de la Tournelle, de l'ancienne place aux Veaux, de la Grève, de l'École des Quatre-Nations, et d'Orsay. Celui qu'on amène par terre ne peut entrer que par sept barrières désignées, et se débite aux places situées rue d'Aval (faubourg Saint-Antoine), et rue Cisalpine (faubourg du Roule).

Comme agents indispensables de la vente, nous apparaissent les Garçons de pelle, nommés par le Préfet de police, sur la présentation du commerce, et dont la tâche est de mesurer à l'hectolitre, *sur bord et non comble*, avec de longues pelles d'une forme déterminée. Puis, viennent les Porteurs aux larges épaules, au dos voûté, à la barbe noire et touffue; une médaille triangulaire décore leur poitrine; ils se courbent sous le poids des sacs énormes, et les portent chez les détaillants ou dans les maisons particulières qu'ils sont chargés d'approvisionner. La police a réglé leur marche, et appréhendant le regrat d'un combustible de première nécessité, elle leur dit: «Vous irez droit à votre destination sans vous arrêter en route. On vous présumerait coupable de fraude si l'on vous voyait sortir avec une charge, d'une maison particulière. Votre devoir est de prendre du charbon au marché et de le transporter aussitôt chez la pratique; mais vous ne pouvez tenir ni magasin, ni dépôt.» Les Porteurs de charbon ont donc à peine le temps de poser leur fardeau sur une planche, à la porte d'un cabaret, pour se rafraîchir d'un *canon*.

Les Porteurs de charbon sont divisés en séries de cent hommes, dont chacune se choisit un chef et un sous-chef. La fraternité est d'autant plus facile à maintenir entre les membres de cette république démocratique, que la plupart sont Auvergnats. La profession de Charbonnier est encore une de celles qu'accaparent les enfants du Puy-de-Dôme et du Cantal. Sur les bateaux comme dans les boutiques, on n'entend que le patois d'Auvergne, ce mélange barbare de latin, de langue romane et de français. Le Charbonnier détaillant, celui qui tient une boutique ouverte, est Auvergnat au premier chef, par les mœurs, par le dialecte, par l'avidité; de même que l'épicier, il revend très-cher en détail des denrées qui lui coûtent en gros bon marché: un sac de charbon de sept francs lui en rapporte quatorze. Il débite des cotrets, de la houille, des briquettes, du poussier, des fumerons, de la braise, et enfin de l'eau filtrée que contient un immense tonneau adossé à l'une des parois de la boutique.

On lit sur sa porte, en lettres majuscules:

BOIS SCIÉ AU POIDS.

BUCHES ÉCONOMIQUES.

EAU CLARIFIÉE.

Il est à croire qu'un commerce aussi étendu conduit le Charbonnier à la fortune, que nous lui souhaitons sincèrement...

Ainsi qu'à vous, cher lecteur.

Le Maçon.

XXIX.
LE MAÇON.

Bon ouvrier, voici l'aurore

Qui te rappelle à tes travaux.

Le Maçon, opéra-comique.

SOMMAIRE: Les ouvriers en bâtiments.—Le chantier.—La journée du Maçon.—Les salaires.—Le Garçon compagnon.—Le dolce far niente.—Le Contre-Maître.—Le repas.—Un tas de plâtre et une pipe.—Le Logeur.—Faire Grève.—Les plaisirs du Maçon.—Les jours de fête.—La pose du bouquet.—La conduite.—Les Combats.—Le compagnonnage.—Diversité d'origines.—Le livret.

Parmi les différents corps de métiers, celui des Maçons ou, pour parler plus exactement, celui des Ouvriers en bâtiments, est un des plus importants, tant par la diversité des travaux que par les fonctions variées qu'il renferme. Jetez en effet un regard autour de vous, du coin de votre cheminée, parcourez de l'œil votre appartement, et vous jugerez aisément combien il a fallu d'ouvriers divers pour que la maison que vous habitez pût vous recevoir convenablement. Nous ne parlerons même pas des tentures, des glaces, de l'ameublement, de tous ces détails qui font le confortable; mais ces murailles solides, formées de blocs considérables qu'on a dû monter jusqu'au dernier étage; cette charpente qui soutient la toiture; ces saillies de la pierre, habilement dissimulées sous des lignes élégantes, parfois sous des sculptures; ces murs légers en moellons, ces cloisons qui divisent commodément l'espace, les parquets, les escaliers, les persiennes, la serrurerie, ont réclamé autant d'ouvriers spéciaux:

- L'appareilleur qui dessine la coupe de la pierre;

- Le scieur de pierres;

- Le tailleur de pierres qui la taille avec son ciseau;

- Le poseur et le contre-poseur qui la placent juste dans la position qu'elle doit occuper;

- Le Maçon, dit Limousin, auquel appartient la construction du mur en moellons;

- Le plâtrier qui fait les plafonds et les cloisons;

- Le charpentier qui établit les grosses pièces de charpente aux divers étages, depuis le rez-de-chaussée jusqu'à la toiture;

- Le menuisier qui pose les parquets, les escaliers, les portes, les persiennes;

- Le serrurier enfin qui fournit et scelle tous les ferrements, qui, les serrures terminées, en remet les clés au propriétaire.

Tous concourent, comme on le voit, à la construction d'une maison, et y laissent également trace de leur habileté et de leur intelligence; mais le titre que nous avons placé en tête de cet article nous ramène plus particulièrement à l'ouvrier chargé surtout des travaux en pierres de taille et en maçonnerie.

Sortez de très-bonne heure, à six heures en été, à huit heures en hiver, dirigez-vous vers une maison en construction, et Dieu merci, ce spectacle n'est pas rare à Paris, vous verrez arriver de tous côtés un régiment d'ouvriers, dont voici le signalement: blouse bleue ou blanche pour les uns; veste de grosse toile pour les autres; poche gonflée d'un paquet de tabac, d'une pipe ordinairement en terre et savamment culottée, enfin, d'un mouchoir de coton à carreaux rouges; pantalon de toile ou de cotonnade bleue; énormes et solides souliers où même la modeste chaussette n'est point admise. Le costume est complété par une casquette d'étoffe de drap, ou un chapeau qu'on soupçonne plutôt qu'on ne le reconnaît, sous le mouchetage qu'y ont laissé le plâtre délayé et la boue jaunâtre que produit le sciage de la pierre. Cette coiffure est déformée d'ailleurs par les coups de poing de l'amitié et de la colère.

Les porteurs de l'uniforme ci-dessus analysé sont les ouvriers du bâtiment qui viennent commencer leur journée.

Puisque aussi bien nous voici sur le chantier, nous y resterons, et tandis qu'ils vont, suivant l'usage antique, se *réchauffer le coffre* d'un canon de blanc ou de rouge, selon les goûts, deux mots au sujet du chantier.

Il se compose d'abord, comme sans doute vous le présumez, du lieu même où s'élève la maison et en outre de la portion de trottoir que l'administration concède à raison de cinq francs par mètre à l'entrepreneur durant toute la durée de la construction. Ainsi, quand on maudit ces clôtures de planches qui, durant plusieurs mois, viennent interrompre la circulation, du moins on a la consolation de penser que cela profitera à cet énorme budget de la ville de Paris qui permet à la municipalité d'accomplir tant d'améliorations en toutes choses; il y a compensation.

Six heures sonnent, et chacun reprend son ouvrage interrompu la veille. Les uns grimpent aux échelles et continuent la pose de leur pierre, les autres préparent le mortier ou le plâtre sur place. Si on a assez d'espace pour scier et tailler la pierre à *pied-d'œuvre*, comme disent les gens du métier, vous entendez de toutes parts grincer la scie, retentir le maillet du tailleur de pierre, sinon les bardeurs arrivent portant sur leur *bar* ou petite charrette à bras, la pierre qu'ils ont été chercher au chantier de sciage; les garçons Maçons ou manœuvres exécutent les ordres du compagnon Maçon auquel ils sont attachés; ils montent le mortier qu'ils ont préparé aux étages supérieurs, ils portent les pierres de petite dimension; enfin, ils rendent à leur compagnon tous les services utiles et souvent de pur agrément que celui-ci réclame avec l'espérance de se faire plus tard servir à leur tour.

Le garçon Maçon est, de tradition, le séide, l'*alter-ego* ou mieux le serviteur fidèle, dévoué d'un maître ou compagnon, d'habitude fort capricieux. Ainsi, un compagnon, perché à l'étage supérieur, appellera son garçon; celui-ci monte les cinq ou six échelles, saute d'échafaudage en échafaudage, de poutre en poutre.

«Dis donc, gamin, dit le compagnon, va me chercher ma pipe,» et la victime redescend avec la perspective de regrimper pour une raison tout aussi sérieuse.

Mais quand l'apprentissage sera terminé, quand il sera compagnon, le manœuvre aussi aura son garçon pour aller quérir sa pipe ou son tabac; et l'on parle des droits de l'homme et de la liberté individuelle!

S'il fallait de nos jours, où les rois sont liés par des chartes, des constitutions et des chambres, personnifier le despotisme, nous ne saurions mieux choisir que le compagnon Maçon et en regard nous mettrions son garçon comme le vivant symbole du dévouement et de l'abnégation; nous disons Maçon pour employer le terme générique sous lequel le monde désigne vulgairement les ouvriers en bâtiments; mais le tailleur de pierres, le poseur, le plâtrier, etc., ont aussi leur garçon.

Au surplus, si vous désirez avoir la valeur de tous ces travailleurs, évaluée en monnaie courante, la voici:

Tailleur de pierres, la journée	4 fr., 4 fr. 50 et 5 fr.
Maçons, poseurs, contre-poseurs, etc., la journée	3 fr., 3 fr. 50, rarement 4 fr.
Garçons Maçons, manœuvres, etc.	2 fr., 2 fr. 50.

Pour l'entrepreneur, il n'y a pas d'autre distinction que celle-ci; pour lui tout se résout en plus ou moins de pièces de cinq francs à donner le jour de la paye. Peut-être bien même, pour beaucoup d'entre eux, l'estime qu'ils accordent à leurs ouvriers est en raison inverse du prix qu'ils leur donnent.

Aux pièces ou à la tâche, comme on évalue le travail plus que le temps, un bon ouvrier peut singulièrement augmenter son salaire et gagner jusqu'à sept et huit francs par jour, principalement les tailleurs de pierres qui, le plus ordinairement, travaillent à la tâche. Si tous ces ouvriers, répandus dans les diverses parties du bâtiment, étaient abandonnés à eux-mêmes, on peut dire sans crainte de les calomnier que la mousse aurait tout le temps de verdir sur chaque pierre et que Paris n'aurait pas vu de longtemps tous ces nouveaux quartiers qui s'élèvent comme par enchantement.

Le Maçon est essentiellement ami du proverbe: Hâte-toi lentement, ou de celui qui dit: Qui va doucement va longtemps (*Chi va piano va lontano*); probablement les plâtriers transfuges d'Italie auront apporté dans le métier cette grande maxime des paresseux, que les Maçons feraient volontiers graver en lettres d'or, dans leurs chantiers et dans leur chambrée. Aussi, cet amour exagéré a-t-il donné lieu à un proverbe caractéristique: Sueur de Maçon vaut un louis. On voit que leur réputation date de loin à cet égard.

Pour surveiller ses dispositions au *dolce far niente*, l'entrepreneur a sur les lieux un contre-maître qui prend le titre de maître compagnon Maçon, chargé de la direction des travailleurs. C'est lui qui gourmande les paresseux, marque les retardataires ou les absents. Il parcourt l'atelier, vérifie partout si le temps est bien employé, si les choses marchent convenablement, bien entendu qu'au besoin il donne çà et là un conseil et un coup de main; et ses services et ses avis sont d'autant plus nécessaires que tout ouvrier qui se trouve en présence d'une difficulté qui lui semble insoluble se croise paisiblement les bras et attend que le ciel ou le maître compagnon lui vienne en aide. On comprend facilement toute l'importance des fonctions de ce dernier et l'attention que l'entrepreneur doit apporter à le choisir. En effet, non-seulement il faut qu'il soit actif, intelligent, mais encore incorruptible, et qu'il sache résister courageusement aux jugements irrésistibles du marchand de vin. Habituellement, toutes ces précieuses qualités sont estimées au prix de 180 à 200 fr. par mois par l'entrepreneur qui garde à l'année et même pendant le temps du chômage, durant l'hiver, cet utile employé.

Pendant que nous avons parcouru le chantier, que nous avons flâné çà et là au milieu des échafaudages, le temps s'est écoulé, il est neuf heures, et au premier son de l'horloge, tout s'arrête; les bras restent en suspens. La pierre qu'on enlevait demeure en équilibre; toutes les mains ont presque lâché le *câble*, comme disent nos ouvriers, avant même qu'on eût donné un point d'appui à la masse menaçante suspendue en l'air; le mortier sèche sur la truelle; toutes les scies ont, d'un commun accord, cessé leur horrible grincement; c'est l'heure du déjeuner, et depuis le dernier manœuvre jusqu'au plus habile tailleur de pierres, personne ne donnerait au travail une minute de plus que le temps qu'il lui doit exactement. On a fait un reproche aux Maçons de cet ensemble admirable, de cette spontanéité touchante et unanime; mais nous demanderons si l'entrepreneur ne se hâte pas *de les repincer au demi-cercle*, pour employer une de ses expressions ordinaires, dès qu'il peut les surprendre en défaut. En exerçant rigoureusement le droit de quitter le chantier pour la table de la gargotte, le chantier est irréprochable; mais quand il faut reprendre le ciseau, quand le temps du repas est écoulé, il montre une conscience beaucoup moins scrupuleuse.

Tandis que les Manœuvres mangent modestement en plein air le morceau de charcuterie, ou l'angle de fromage de Brie, accompagné de l'énorme morceau de pain que vous avez certainement remarqué sous leur bras à leur arrivée au travail, les compagnons Maçons se rendent chez le marchand de vin le plus proche, qui, au moment du déjeuner, a eu l'attention de tremper la soupe, potage plantureux, flanqué de pommes de terre, de légumes, où la carotte tient un honorable rang, et dont le pain, fourni par les ouvriers, forme la base solide. Le tout est arrosé d'un ou deux litres selon le nombre des convives, et après ce repas où se traitent les affaires, où les nouvelles circulent, à la suite duquel le plus lettré lit le *canard* en vogue que le crieur public échange contre la pièce de cinq centimes, vulgairement un sou, chacun emploie le surplus de son loisir à son gré. La pipe en fait principalement les frais, et les Maçons, mollement couchés sur un tas de plâtre au soleil l'été, groupés l'hiver autour du feu, quand par hasard il s'en trouve sur le chantier ou dans les environs, lancent gravement la fumée avec toute l'insouciance du dandy qui vient après dîner fumer son cigare sur le boulevard des Italiens. Pour le Maçon, la distraction c'est le repos, et il abhorre tous les divertissements qui réclament de l'activité.

A dix heures on reprend le travail jusqu'à deux, on mange une seconde soupe, et la journée se termine à six heures. L'ouvrier est libre alors de regagner son gîte, et il faut, je vous assure, les séductions de *ladite* bouteille pour qu'il retarde l'heureux moment où il s'étendra dans son lit.

Les compagnons Maçons, comme tous les ouvriers, habitent à peu près tous les quartiers. Cependant ils se logent de préférence aux environs de l'Hôtel-de-Ville, et les petites rues sales et étroites qui avoisinent le palais municipal, renferment de nombreux garnis. Ils se réunissent pour former une chambrée, et s'installent chez un logeur qui cumule en outre l'office de restaurateur, ou plutôt de gargotier. C'est lui qui prépare le souper; c'est lui qui, dans le moment où le travail manque, fournit les repas à crédit à ceux dont il se croit sûr.

Le rendez-vous général des compagnons Maçons est à la place de Grève. Dès cinq heures du matin ils y arrivent en foule, et non-seulement les ouvriers s'y rendent, soit pour attendre de l'ouvrage, soit pour chercher des camarades; mais le rôleur (on appelle ainsi le compagnon spécialement chargé de trouver des engagements) et l'entrepreneur y viennent pour enrôler des travailleurs, c'est de ce point de réunion qu'est venue l'expression *faire Grève*, appliquée aux Maçons qui sont oisifs, soit faute de travail, soit volontairement. Les compagnons nouvellement débarqués à Paris pour y tenter la fortune, vont tout d'abord à la place de Grève. C'est encore là, chez le marchand de vin, dans cette arrière-boutique garnie de tables grossières dont les nappes marquées de larges taches violettes attestent la qualité du liquide, dans cet obscur refuge de l'ouvrier parisien, qu'on vient tour à tour se payer des *rondes* en attendant l'ouvrage; et souvent bien des coalitions, des complots, parfois d'honnêtes projets pour l'avenir se sont formés là, *inter pocula*, ce que nous traduisons librement par: en face d'une foule de litres, dans les tavernes enfumées où viennent siéger à la fois l'oisiveté, le malheur et la police.

Les charpentiers et les menuisiers font Grève comme les Maçons; pour les serruriers, ils ont élu domicile au Pont-au-Change, où la boutique du marchand de vin est également un annexe nécessaire, un asile rarement désert.

Nous avons longuement insisté sur les occupations des Maçons, parce que c'est au milieu de leurs travaux qu'on les voit avec leur véritable physionomie. Maintenant nous devrions sans doute parler de leurs plaisirs; mais on les connaît, ils sont calmes et se résument le plus souvent dans une consommation extraordinaire de veau froid, de gibelottes plus ou moins authentiques, de salades furieusement assaisonnées, et surtout de vin à six et à huit. Le tout est varié par des promenades de pure observation aux bals qui, dans toutes les saisons possibles, ont le privilége de fournir la banlieue de valses et de quadrilles. Assez fréquemment la journée se termine par des rixes auxquelles les Maçons prennent une part plus active. Nous ne reviendrons donc pas sur les joies un peu grossières qui sont les mêmes pour toutes les classes laborieuses de cette capitale, si fière de son luxe raffiné et de sa civilisation, et nous nous bornerons à nommer les jours de fête du Maçon, ceux où l'habit bleu à larges pans, à boutons de métal, s'étale fièrement au soleil, où l'on chausse les bottes carrées, solides comme les souliers, mais éclatantes d'une magnifique couche de cirage: jours solennels pour lesquels on se pare de la montre d'argent que laissent deviner le cordon de soie flottant galamment sur le gilet, et les breloques d'acier poli.

Le saint Dimanche, le lundi, surtout celui qui suit la paye; la fête patronale que les tailleurs de pierres célèbrent à l'Ascension, les charpentiers à la Saint-Pierre, les menuisiers à la Sainte-Anne, les serruriers à la Saint-Pierre; la Pose du bouquet, la Conduite des camarades à leur départ, sont autant de jours consacrés au repos par les Ouvriers en bâtiment, d'après les souvenirs les plus respectables et certainement les plus respectés.

Dans le nombre, deux fêtes méritent d'être signalées: la Pose du bouquet et la Conduite des camarades.

Quand les Ouvriers ont terminé un bâtiment, lorsque le dernier coup de ciseau est donné, que la dernière pièce de charpente est posée au faîte de l'édifice, ils se cotisent, achètent un énorme branchage encore couvert de sa verdure, qu'ils ornent de fleurs et de rubans; puis, l'un d'eux, choisi au hasard, va attacher au haut de la maison qu'on vient d'élever le bouquet resplendissant des Maçons, et quand tout l'atelier voit se balancer fièrement dans les airs le joyeux signe, quand il voit les faveurs voltiger à chaque brise, le feuillage onduler doucement au souffle du vent, au sommet de cette maison dont on creusait les fondations il y a quelques mois; il applaudit et lance un bruyant vivat. Cette cérémonie accomplie, on prend deux autres bouquets dont les dimensions font la beauté plutôt que le choix des fleurs, et on se rend chez le propriétaire, le bourgeois, puis chez l'entrepreneur. Tous deux, en échange de l'offrande fleurie et parfumée des ouvriers, lâchent quelques pièces de cinq francs avec lesquels on termine gaiement la journée, sans trop se rappeler les fatigues de la veille, sans s'inquiéter non plus des soucis du lendemain. La Pose du bouquet, modeste solennité, charmante des fleurs qui font la parure de ce jour, est une de ces heureuses traditions qu'on retrouve encore, mais trop rarement dans les différents corps de métiers.

La Conduite est une marque d'estime qu'on accorde plus peut-être dans les villes de province qu'à Paris à l'ouvrier qui s'éloigne et qui a su, durant son séjour, obtenir l'estime et l'amitié de sa corporation. Cette bienveillante démonstration est principalement en usage parmi les ouvriers affiliés à quelqu'une des sociétés de compagnonnage. Le jour du départ on se réunit en une troupe nombreuse, chacun revêtu de ses habits de fête, et on accompagne le partant jusqu'à une certaine distance de la ville qu'il abandonne. L'un porte sa canne, l'autre son sac, le reste se charge de verres et de bouteilles; puis on marche en causant, en chantant, en trinquant jusqu'au moment de la séparation; alors on porte une santé générale au voyageur, et l'on se sépare. Malheureusement la Conduite ne finit pas toujours aussi paisiblement, surtout parmi les ouvriers compagnons. Il arrive quelquefois qu'une société rivale, prévenue du départ, se rend sur les lieux;

l'amicale séparation se transforme en une sanglante mêlée; souvent, l'ouvrier qui partait le cœur content, rempli d'espérance, joyeux à l'avance des aventures et de la liberté du voyage, voit son tour de France subitement interrompu, et ne quitte le champ de bataille que pour aller à l'hôpital attendre son rétablissement.

Toutefois, il faut ajouter, à l'honneur de nos ouvriers, que ces rencontres deviennent plus rares de jour en jour; mais les annales du compagnonnage renferment de nombreux récits de ces luttes acharnées.

Ainsi, sans remonter fort loin, en 1816, deux sociétés rivales de Tailleurs de Pierres, excitées par la jalousie, par la concurrence, se rencontrèrent aux environs de Lunel, dans le Languedoc, et en vinrent aux mains avec une fureur extrême. Le combat dura longtemps, et plusieurs combattants des deux parts y perdirent la vie. Comme dans de plus importantes circonstances, les deux partis célébrèrent également la victoire par des chansons. Nous citerons un couplet de l'une d'elles, pour montrer l'ardeur passionnée, barbare, avec laquelle on se combattait alors:

Entre Vergère et Muse, nos honnêtes compagnons

Ont fait battre en retraite trois fois *ces chiens capons*.

Nous détruirons ces scélérats;

Nos compagnons sont bons là.

Fonçons sur eux le compas à la main,

Repoussons-les, car ils sont des mâtins.

REFRAIN.

Pas de charge, en avant!

Repoussons tous ces brigands,

Ces gueux de Dévorants

Qui n'ont pas de bon sang.

On peut juger, par ces brutales expressions, par ces vers horribles que nous empruntons à un livre publié sur le compagnonnage précisément par un ouvrier de bâtiment, un menuisier, de la fureur aveugle avec laquelle, dans trop d'occasions, ces associations ont défendu ce qu'elles appelaient les priviléges et la suprématie de leurs sociétés. Heureusement les mœurs tendent à s'adoucir; les préjugés s'effacent trop lentement, il est vrai, mais les chants des ouvriers sont inspirés aujourd'hui par une muse plus calme, plus bienveillante.

Les Maçons (et nous entendons par là les ouvriers plâtriers et ceux qui font les murs en moellons) s'engagent rarement dans les liens du compagnonnage; mais les menuisiers, les charpentiers, les serruriers, et particulièrement les tailleurs de pierres, qui sont considérés comme les compagnons le plus anciennement réunis, et dont l'affiliation, selon les mythes poétiques du compagnonnage, remonte à la fondation du temple de Salomon, appartiennent tous à des sociétés de compagnonnage. L'origine et la prééminence de ces réunions enfantent les interminables rivalités dont nous venons de parler.

Les compagnons tailleurs de pierres se partagent en deux sociétés: l'une des compagnons *étrangers*, surnommés les *loups*; l'autre des compagnons *passants*, dits les *loups-garous*; et l'animosité en était venue à ce point, qu'il était prudent, dit-on, quand on voulait faire construire un pont par des ouvriers rivaux, de mettre la rivière entre eux; encore cette barrière n'était-elle pas suffisante pour éviter toute querelle. Dans certaines villes, les compagnons se sont partagé les travaux des divers quartiers; et, pour ne citer que Paris, les uns ont adopté toute la partie de la ville située sur la rive gauche de la Seine, et les autres la rive droite.

Maintenant, peut-être désirerez-vous savoir si les ouvriers en bâtiments, ainsi que d'autres travailleurs qui viennent de préférence de certaines parties de la France, sont plutôt enfants du Midi que du Nord; s'ils arrivent des montueuses contrées du Puy-de-Dôme, du Dauphiné ou des plaines uniformes de la Champagne. Non, il n'en est pas de ces compagnons comme des chaudronniers, qui sortent tous des gorges calcinées du Cantal. Bordeaux aussi bien que Lille, les Hautes-Pyrénées et la Moselle, la Creuse et le Haut-Rhin, nous envoient également des ouvriers en bâtiments; et, dans ces patois de toute sorte qui se croisent à l'heure du repos, vous reconnaissez à la fois le vif accent du Provençal, la traînante prononciation du Lorrain, l'inintelligible et dur idiome de l'Alsacien. Ainsi, tout récemment, des ouvriers maçons ont quitté les travaux des fortifications de Paris parce qu'ils ne trouvaient pas la bière à leur gré (c'étaient des Flamands); au chemin de fer de Rouen, des travailleurs ont repassé la Manche pour redemander à la perfide Albion ses brouillards et son ale. Cependant on remarque que les manœuvres sont fournis par l'Allemagne dans une proportion considérable; et parfois leur importation est tellement récente, que le moins ignorant, ou, si vous voulez, le plus savant d'entre eux, doit servir, sur le chantier, d'interprète à ses compatriotes. Les habitants de la Creuse sont aussi assez nombreux pour que leur tranquillité, leur honnête conduite, aient acquis à leur département une honorable réputation de moralité. La Picardie, la

Normandie, le Dauphiné, le département de l'Hérault, donnent d'excellents tailleurs de pierre.

Cependant il nous faut signaler la classe d'ouvriers chargée de *monter les murs*, les Limousins, qui sortent exclusivement du pays de Limoges, et qui ont fait donner aux travaux spéciaux auxquels ils se livrent la désignation caractéristique de *limousinage*. Ceux-ci font corps par leur commune nationalité. Ils témoignent généralement d'une parcimonie que les médisants appellent même avarice. Pendant le temps du chômage, qui commence environ au 20 novembre, et qui dure jusqu'au milieu du mois de mars, les Limousins, soit isolément, soit réunis, regagnent assez habituellement le pays qui leur a donné le jour; ils y apportent leurs épargnes de l'année. Et puis, une dernière fois, ils reviennent dans leur chère patrie pour ne la plus quitter, et narguent alors les maîtres et le chômage.

Dans un pays comme le nôtre, où la police veille avec une si touchante sollicitude sur tous les citoyens, vous devez bien penser qu'elle n'a rien négligé pour maintenir l'ordre, la soumission parmi cette vaste corporation des ouvriers en bâtiments, et pour être à même de vérifier à tout instant leur moralité. L'administration a donc multiplié les règlements, les ordonnances; elle mesure les pas des compagnons, fixe leurs itinéraires, décide des salaires, de la durée du travail, etc., etc.; enfin elle exige de tous un *livret*, qui est, en quelque sorte, le compte-courant de la conduite et de la position du travailleur. Ce sont les mémoires fort abrégés de son existence en même temps que son livre de compte; il y inscrit la date de ses engagements, le nom de ses maîtres, les sommes qu'il reçoit, et sur la première page, les noms, prénoms, professions, etc., etc., selon l'éternelle formule. On le voit, si, pour les mauvais ouvriers, le livret est un acte perpétuel d'accusation, pour les compagnons zélés, laborieux, honnêtes, il devient un véritable livre d'or où sont inscrits ses titres de noblesse, les plus honorables de tous: ceux que donnent l'intelligence, le travail et l'honnêteté.

Aussi sommes-nous sûr que ces illustres industriels qui, par leur active persévérance, sont arrivés des rangs inférieurs à une haute position, ne regardent pas sans orgueil l'humble livret qui fut le confident de leur misère, de leurs fatigues d'autrefois; et on peut calculer avec une certaine fierté ses revenus, quand, après avoir manié des billets de banque, on jette les yeux sur les pages crasseuses et raturées de son ancien livret.